»Der Sieg liegt zum Greifen nah«, so formulierte es Rainer Barzel noch am 17. November 1972. Doch der Tag nach der Wahl war der schwerste für ihn. Das Wahlziel wurde nicht erreicht; die Unionspartei hatte seit ihrer Gründung die größte Niederlage hinnehmen müssen. Während die auf der Strecke Gebliebenen grübeln, ob ihre Lokomotive ein klein wenig überdreht hatte und Demoskopen die Spur verlorener Wahlstimmen aufnahmen, hatte die Personaldiskussion bereits begonnen. Andererseits beweist der Anlauf Willy Brandts zur Kanzlerschaft, daß solche Niederlagen nur statistischen Wert besitzen. Wer aber in der Wahlnacht näher hinsah, bemerkte an Rainer Barzel die Spuren der Niedergeschlagenheit, die einen Mann befallen mußten, dem seine Partei ein erhebliches Maß an Schuld für den Rückschlag beimaß.

Warum scheiterte also Rainer Barzel?

Etwa an seiner Kontaktschwäche – oder an seinen Schwierigkeiten, sich zu profilieren? »Barzel ist ein ehrenwerter Mann. Mehr über ihn zu erfahren, ist freilich schwieriger denn je – jedenfalls dann, wenn man es von ihm selber erfahren will.« So Hermann Schreiber über den Wahlkämpfer Rainer Barzel im SPIEGEL.

Klaus Dreher versucht mit vorhandenem Material und eigenen Recherchen im Gespräch mit Freund und Feind ein Bild von Rainer Barzel zu zeichnen und hat einem nicht der Norm entsprechenden Politikerleben nachgespürt.

Seit der gebürtige Ostpreuße auf der politischen Bühne Bonns agiert, ist er auf das Kanzleramt programmiert. Seine steile Karriere, die ihn vom jüngsten Ministerialrat bis zum jüngsten Kanzlerkandidat führte, hat ihn immer näher an sein Ziel hingeführt, ohne daß er es erreichen konnte. Fast scheint es so, als sei Rainer Barzel, der sich als der Erbe Konrad Adenauers fühlt, zur Opposition verdammt, da er regieren will.

Nur zu leicht wird außer acht gelassen, daß die moderne Politik große professionelle Fähigkeiten erfordert und daß es für einen Polit-Manager von Barzels Format durchaus legitim ist, höchste Ämter anzustreben. Gerade dieses Streben aber ist es, was man ihm so oft verübelt und als mangelnde Integrität angelastet hat.

Eines jedoch ist sicher: Wie immer sich Barzels politische Zukunft entwickeln sollte – ob er wie der Phoenix aus der Asche steigen wird, oder ob er als künftiger Kanzlerkandidat bereits aus dem Rennen ist – mit seinem Namen verbindet sich ein Stück Zeitgeschichte seit 1945.

Klaus Dreher

Rainer Barzel
Zur Opposition verdammt

List Verlag

Umschlagzeichnung und Karikaturen
von Ernst Maria Lang

ISBN 3 471 77314 2

 Printed in Germany. Schrift: Garamond-Antiqua.
Gesamtherstellung: Jos. C. Huber KG, Diessen.

Inhalt

Der falsche Kaplan

An Rainer Barzel fielen Betrachtern gewöhnlich zuerst Äußerlichkeiten auf: der »etwas zu modische Anzug (Stern)«[1], oder die Socken, »die nicht mehr so bunt wie früher sind« (Frankfurter Allgemeine)[2]; wer ihm wohl wollte, notierte, wie der Schriftsteller Hans Habe, die »Jugendlichkeit, die man dem siebenundvierzigjährigen im Fernsehen nicht anmerkt«[3], oder bescheinigte ihm, er sehe »ein bißchen wie Marlon Brando in seiner besten Zeit« aus (Neue Bildpost)[4] – Beobachtungen voller skurrilen Hintersinns. Auch Barzels Verehrerinnen kamen über modische Attribute nicht hinaus. »Er ist ein sehr gepflegter Mann, der den Mut hat, sich modern zu kleiden«, schwärmte Jungstar Uschi Glas, und selbst Frau Kriemhild erwähnte in der Liste der Vorzüge ihres Mannes zuerst, daß er »sehr galant« sei[5]. Hörte man auf das öffentliche Urteil, so wäre Barzel ein Mann von einprägsamer, gepflegter Erscheinung, aber ohne signifikante Eigenschaften. »Nicht einmal zu einer klitzekleinen Barzel-Anekdote reichte es bislang«, klagte die Hamburger Werbeagentur Wilkens, die sich im Auftrag einer Illustrierten Gedanken über das Barzel-Image gemacht hatte[6]. Und »Jasmin« stellte fast bedauernd fest, man habe von Rainer Barzel »– im Gegensatz zu anderen Politikern – noch nie gehört, daß er in eine Frauenaffäre verwickelt gewesen wäre«.

Die Gegner Barzels hielten sich, offenbar in Ermangelung

tiefer liegender Angriffsschichten, gleichfalls an die Oberfläche. »Es klingt immer wie das Wort zum Sonntag«, spottete der Frankfurter Journalist Peter Miska über Barzels Redeweise, »alle zweitausend Worte Ölwechsel«. Herbert Wehner griff in seinen bekannten Zwischenrufen mit Wonne das Wort vom Ölwechsel auf. »Glatt, ölig, scheinheilig, unglaubwürdig« — so zählte ein anonymer CDU-Bundestagsabgeordneter in einem Porträt in »Christ und Welt« kurz vor der Wahl Barzels zum Parteivorsitzenden die »gängigen Vokabeln« über den Kandidaten zusammen[7]. Und es schien, als habe der schreibende Anonymus damit glänzend zum Ausdruck gebracht, welches Bild großen Teilen der Bevölkerung unverändert vorschwebte, wenn sie an Barzel dachte, lange nachdem er CDU-Vorsitzender geworden war: in einer Image-Untersuchung eines demoskopischen Instituts ein halbes Jahr danach wählte die Mehrheit der Befragten, die eine Bühnenrolle beschreiben sollte, die mit Barzel gut besetzt wäre, den »falschen Kaplan«, der sich in der Sakristei mit kleinen Mädchen beschäftigt und auf der Kanzel mit erhobenem Zeigefinger die zehn Gebote Gottes predigt[8]. Mischten sich in diese Antwort auch falsche Vorstellungen vom Priester, so rückten doch auch Barzels Freunde ihn in diese Nähe: Barzels Reden, so schrieb Mainhardt Graf von Nayhauß, ließen an einen »ernsten Berufsprediger« denken[9].

Nicht von ungefähr war Barzel ein dankbares Objekt der Illustrierten, die ihre Leser mit immer neuen Barzel-Geschichten beglückten: er war für sie der »Mann des Jahres« (Stern)[10], ein »idealer Ehemann« (Für Sie)[11] und »Pardon« widmete ihm, chinesisch geschminkt, ein Titelbild mit der Zeile: »Barzel schöööön! Ein Clown will Kanzler werden«[12]. Die oberflächliche Optik hatte viel zu bieten: der bewegliche, dynamische, privat anständige, in der Politik dämonische Managertyp, ein Mann, der schwer durchschaubar war, der lauter Unvergleichlichkeiten produzierte, und der sich unaufhaltsam an die Macht heranrobbte. Spröder wirkten die

Barzel-Bilder in Tageszeitungen, in denen sich die Autoren mühten, subtilere Kriterien heranzuziehen. Sie mußten ehrlicherweise bekennen, daß sie wohl zu dem Phänomen Barzel durchdringen, nicht aber die Persönlichkeit Barzel entschlüsseln konnten.

Rolf Zundel beschrieb in der »Zeit« treffend das Schillernde, Fluoreszierende dieser Erscheinung. »Seine politische Rüstung«, schilderte er Barzel, »hat sich in vielen parlamentarischen Gefechten als nahezu undurchdringlich erwiesen. Was aber für ein Mensch hinter dieser Rüstung steckt – darüber gibt es nur Vermutungen, und manche sind recht unfreundlich. Da er sein Visier nie hochklappt, hält sich der Verdacht, die Rüstung sei eindrucksvoller als der Mensch, der dahinter verborgen ist«[13]. Einen noch genaueren Einblick in die eigenartige Konstruktion eines Menschen, der alles daran setzte, anderen ein tieferes Eindringen in seine Persönlichkeit zu verwehren – man mußte Barzel vielleicht dankbar dafür sein, da er er selbst am besten wußte, warum er sich so verschloß –, erlaubte ein graphologisches Gutachten, das der »Stern« anfertigen ließ. »Das intensive Bemühen des Schreibers«, hieß es darin, »mit Intelligenz und Willen eine gelungene Fassade herzustellen, die keinen Einblick in ungesicherte, schwache Momente zuläßt, könnte darüber hinwegtäuschen, daß hier ein höchst empfindliches Selbstgefühl vorliegt, das durch Ehrgeiz kompensiert wird«[14].

Und ganz verquer lag Barzel mit dem Medium, das am meisten psychische Strukturen enthüllen oder auch verdecken kann: dem Fernsehen. Von Bundestagspräsident von Hassel stammt aus der Frühzeit der Bewerbung Barzels um die Kanzlerkandidatur der Satz: »Wenn es das Fernsehen nicht gäbe, wäre Barzel längst Kanzlerkandidat der CDU.« – Er ist es dann doch geworden; vielleicht, wer weiß, weil Hassel eben auch der allgemeinen Vorurteilswelle erlegen war und in Wirklichkeit die Kamera, wie der Journalist Reinhard Appel in einem Plädoyer für mehr Fernsehauftritte Barzels feststellte, »nicht sein Handicap, sondern seine Chance« war[15]. Mochte das für den Politiker Barzel gelten, der Privatmann verkroch sich vor dem Bildschirm, als gebe es ihn nicht, und Dagobert Lindlau, der eine Fernsehreportage mit ihm drehte, fand es schwer, einen »Film über einen Menschen zu machen, der immer nur auf seine Wirkung, auf sein Image bedacht ist«[16].

Es gab wenige Politiker im Nachkriegsdeutschland, mit denen sich die Profis unter den Beschreibern der politischen Szene so hartnäckig auseinandersetzten und so kläglich scheiterten wie Barzel. Man brauchte nicht darüber zu rechten, ob es an ihnen oder am Gegenstand ihrer Schilderung lag. Über seinen Bekanntheitsgrad hatte Barzel nie zu klagen, da er es war, der ihn geschickt steigerte. Barzel in handlungsfreien Räumen zu schildern, mochte noch angehen; ihn aber in Zeiten der Aktion zu bewerten, war ein aussichtsloses Unterfangen. Auf Leute, die häufig mit ihm zu tun hatten, wirkte er wie Wasser, das ihnen durch die Hände rann. Er wich dem Zugriff auch des schärfsten Verstandes und des feinsten Einfühlungsvermögens aus, und entzog sich jeder konstanten Beurteilung. So kam es, daß die Kriterien, an denen man Barzel maß, so behend wechselten wie er seine Haltung änderte.

Ein Beispiel für die Faszination, der ein großes Publikum erliegen konnte, der Ernüchterung und Enttäuschung auf dem Fuß folgten, sobald sie sich als Bluff herausgestellt hatte, lieferte jene kurze Zeitspanne im Frühjahr 1972 zwischen dem mißglückten Versuch des Oppositionsführers, sich an die Stelle des Bundeskanzlers Brandt zu setzen, und seinem noch gewagteren und gleichfalls gescheiterten Unternehmen, seine Fraktion mit Hilfe Brandts zur Zustimmung zu den Ostverträgen zu bewegen. Da griff in der bundesdeutschen Publizistik so etwas wie ein Wunderglaube daran Platz, daß man sich in Barzel geirrt, daß man ihn unterschätzt habe, daß es einen anderen Barzel gebe als den, den man kannte – um, als er vor den Trümmerhaufen aller seiner Bemühungen stand, ins Gegenteil umzuschlagen. Günter Gaus gab diesem Lernprozeß im »Spiegel« mit den verletzten und verletzenden Worten Ausdruck: »Als man noch dabei war, sich an einen neuen Barzel zu gewöhnen, war er auch schon wieder ganz der alte: in jeder politischen Hinsicht eine Nummer zu klein[17].«

Die Leser jener »Christ und Welt«, die mit Barzel vor dem Saarbrücker Parteitag noch so scharf ins Gericht gegangen waren, erfuhren in der Mitte seiner taktischen Manöver, als das Ende noch nicht absehbar war, daß Barzel nur der »angeblich Ölige, angeblich Aalglatte, angeblich nur Kalkulierende, Drahtziehende« war; der Autor sah schon die »Wende in Rainer Barzels Schicksal eingeläutet«[18]. Und ein dritter Autor der gleichen Zeitschrift, einer der früheren Mitarbeiter des CDU-Generalsekretärs Heck, Ludolf Herrmann, reduzierte Barzel nach Ende der Frühjahrskrise wieder kalt auf einen »unverzichtbaren technischen Faktor der Fraktion«[19]. Mit ebensolchem staunenden Schwanken verfolgte die »Frankfurter Allgemeine« die Verwandlungen des Rainer Barzel. Für sie zeichnete er schon am Abend der baden-württembergischen Landtagswahl am 23. April 1972, als sich nach einem hohen Wahlsieg der CDU die Umsturzpläne Barzels festigten, da er den »triumphalen und sozusagen vorbehaltlos öffentlichen Auftritt« vermieden habe, eine »weitere Linie in das Bild des Staatsmannes Barzel ein«[20]. Doch nur drei Wochen später, als alles vorüber war, hatte der Fraktionsvorsitzende für den Geschmack der FAZ schon »eine Probe auf Wendigkeit zuviel« abgelegt und sie forderte von ihm »Beweise einer überlegenen Angriffsstrategie, um die Schäden, die die letzten Tage an seinem schon so sicher aufgerichteten Staatsmann-Standbild doch wohl angerichtet haben, wieder auszuputzen«[21]. Die Zitate wären beliebig vermehrbar; sie zeigten die Ratlosigkeit mit einem Mann, der es jedem Beobachter seiner schwungvollen Karriere un-

möglich machte, sich ein treffendes Bild von ihm auszumalen. Doch gab es auch differierende Aussagen, die von einem ganz anderen Barzel wissen wollten als demjenigen, den die Öffentlichkeit präsentiert bekam. Ottfried Hennig, fast fünf Jahre persönlicher Referent des CDU/CSU-Fraktionsvorsitzenden, von ihm zum Bundesgeschäftsführer berufen, berichtete von einem »Schlüsselerlebnis«: während der Asien-Reise Barzels im Frühjahr 1971 wurde die kleine deutsche Delegation in Hongkong vom örtlichen Vertreter der Lufthansa betreut. Sie fuhren miteinander in Dschunken durch den Hafen, aßen in chinesischen Restaurants, besichtigten die Stadt, zwei Tage gab sich Barzel so gelockert, wie er auf Reisen zu sein pflegte, oder im Urlaub, wenn er sich von den Fesseln und Zwängen befreit fühlte, die ihn in Bonn drückten. Am Ende des Besuchs sagte der Lufthansa-Mann zu Hennig: »Ich weiß jetzt, wie Sie in den nächsten 20 Jahren alle Wahlen gewinnen können: Sie brauchen nur jeden Deutschen mit Barzel zusammenbringen[22].«
In die gleiche Richtung zielte die Düsseldorfer Werbeagentur Troost, die in einer fiktiven Werbekampagne für Barzel die Bundesbürger aufforderte, an den Oppositionsführer zu schreiben und Barzel vorschlug, jede Woche 50 Briefschreiber zu empfangen[23] – glänzende Einfälle, die nicht realisierbar waren. Es war die Auffassung inzwischen so allgemein verbreitet, Barzel sei in kleinen Zirkeln, unter Freunden und hinter abgedichteten Türen ein anderer als der Barzel, den man von öffentlichen Auftritten kannte, daß man schon wieder an ihrer Richtigkeit zu zweifeln begann. Gab es aber eine Aufspaltung der Rollenfunktionen, so war sie um so verräterischer, da sie zeigte, daß Barzel etwas darstellen wollte, was er nicht war. Konrad Kraske, der Barzel seit dem nordrhein-westfälischen Wahlkampf 1958 kannte, der als CDU-Geschäftsführer mit ihm zusammenarbeitete, dann mit dem CDU-Vorsitzenden Generalsekretär der Partei wurde, nannte dies den »Kernpunkt« der Selbstdarstellung Barzels: daß er

das Gefühl habe, er müsse in bestimmten Situationen eine Figur machen, die man von ihm erwarte. »Es fehlte ihm der Mut«, sagte Kraske, »der zu sein, der er im vertrauten Kreise ist[24].« Hennig sagte, er habe bis heute das Erlebnis nicht völlig aufgearbeitet, »daß der Barzel, den ich vorgefunden habe, ein anderer war als der, den ich zu kennen glaubte«. In den Jahren seiner Zusammenarbeit habe es »menschlich nie eine schwierige Situation, nie eine Trübung« gegeben. Und Kraske erinnerte sich, daß während der komplizierten Gespräche über die neue Führungsspitze vor dem Saarbrücker Parteitag, da er oder Richard von Weizsäcker als Generalsekretär zur Debatte standen, »alles loyal zugegangen« sei, was für Barzel spreche.

In Barzels Wahlkreis Paderborn war die Beurteilung nicht anders als in Bonn. »Was ihm schlecht gelingt, sind Auftritte vor dem Fernsehen«, bemerkte Landrat Lahkämper, eine der Paderborner CDU-Größen. »Der Unbeteiligte hat leicht das Gefühl, er sei aalglatt. Aber wir kennen ihn und sind für ihn[25].«

Die eigentümliche Aufspaltung Barzels in zwei Verhaltensweisen, eine für den inneren Betrieb und eine für die Außenwelt, festzustellen war leichter, als die Ursachen dafür zu entdekken. Denn der Kanzlerkandidat verstand es so geschickt, seine Deckungen zu wechseln und einem Fuchs gleich seine Spuren zu verwischen, daß nicht einmal die Voraussetzungen, unter denen er zu beurteilen sei, feststanden; man wußte nicht: spielte er Komödie, wenn er sich selbst darstellte, oder gab er seine Persönlichkeit preis, wenn er sich verstellte? Die einen gingen davon aus, er weigere sich, »sich ein besseres Image polieren zu lassen« (die Berliner Werbeagentur OTW), die anderen waren davon überzeugt, er beschäftige sich mit nichts anderem als sein Image auf Hochglanz zu polieren. Hatten auch andere Politiker Image-Probleme, wie etwa Willy Brandt, den seine Werbeberater im Wahlkampf 1961 zum intellektuellen Kennedy-Typ hochzustilisieren suchten, der er nicht

war, so lagen doch bei ihnen die Schwierigkeiten eher umgekehrt: während sonst Wahlkampfmanager aus ihren Opfern Figuren zu machen suchen, die dem Publikumsgeschmack entsprachen, wollte Barzel so erscheinen, wie er glaubte vom Publikum gern gesehen zu werden, und ihm seine Berater zuredeten, sich zu geben wie sie glaubten daß er war. Zu dieser Verstellung gehörte Barzels Satz: »Deutschland muß mich so nehmen wie ich bin.«
Psychologisch gesehen trat bei Barzel eine Doppelnatur zutage, die den denkenden und den handelnden Politiker regelrecht spaltete. Er war Akteur und Souffleur, Berichterstatter und Zensor, alles in einem: der Zensor gab dem Agierenden während des Handelns ständig Korrekturen durch, so daß sich Barzel I von Barzel II unsicher machen ließ und ihn zugleich davon zu überzeugen suchte, daß er doch recht habe. Der Zwiespalt drückte sich schon in seiner Physiognomie aus, der hohen lastenden Stirn, die zu dem eng zusammengeordneten unteren Teil, der um die Mund-Nasen-Partie leicht wehleidig wirkte, nicht passen wollte. Da die Identität von Inhalt und Ausdruck nicht funktionierte, gab sich Barzel immer anders als ihm zumute war: wenn er vor den Kameras Sätze formulierte, die er für bedeutungsvoll hielt, unterspielte er den Ton aus Furcht, in Pathos zu verfallen, blickte aber vielsagend in die Linse, und Mimik und Sprechweise liefen nicht synchron. Sagte er bewußt Belanglosigkeiten auf, so legte er, um nicht banal zu wirken, einen Schmelz in seine Stimme, der mit seinen Worten so übereinstimmte als führe ein Operettenbuffo eine Sterbeszene bei Shakespeare auf.
Bei jeder Gelegenheit, bei der ihm mehr als ein Gesprächspartner gegenüber saß, stand Barzel unter dem Eindruck, die Augen der Weltöffentlichkeit blickten auf ihn. Da er überzeugt war, jedes seiner Worte werden in den internationalen Zentren der Macht auf die Goldwaage gelegt, und seine Reden würden vor allem von seinen zahlreichen Gegnern mit mehr Aufmerksamkeit gelesen als er sie geschrieben hatte,

feilte er an ihnen in qualvollen Prozessen solange, bis jede Spontaneität und Natürlichkeit aus ihnen herausdestilliert waren; es blieb ein trockenes Gerüst von sogenannten Kernsätzen stehen, die weiter nichts waren als Gemeinplätze, die er im Manuskript auch noch unterstrich. Ebenso hatte er sich eine besondere Gestensprache zurecht gelegt; wenn er die Brille abnahm oder eine bestimmte Handbewegung machte, wollte er seine Zuhörer auf etwas aufmerksam machen – nur, daß die Chiffren seines Geheimkodex' von den wenigsten verstanden wurden.

Einen »Computer im Maßanzug« nannte Martin Bernstorf in »Christ und Welt« den eben gekürten CDU-Vorsitzenden[26]. Kontrolle war ein Code-Wort, das einen Zugang zu Barzels Persönlichkeit eröffnete; er war so kontrolliert, daß man nicht mehr wußte, wo bei ihm Natur war. Es wäre für alle, für ihn am ehesten, ein befreiender Akt gewesen, wenn er einmal ein unbeherrschtes Wort gesagt hätte. Er war wohl imstande, sich einmal zu vergaloppieren, und Frau Kriemhild meinte, er explodiere auch einmal, aber selbst seine Wutausbrüche wirkten gespielt, eingeplant und exerziert. Der Fraktionsvorsitzende war genau der Mann, dem der Psychiater jeden Tag Lockerungsübungen verschrieben hätte. So wirkte denn Barzel auch noch am aufrichtigsten, wenn er improvisierte. Aber dazu gab er sich selten Gelegenheit. Selbst im Wahlkampf, wenn andere aus der Haut fuhren, blieb Barzel beherrscht, ein »Hochleistungs- und Präzisionsinstrument zum Stimmengewinn«, wie die »Zeit« im baden-württembergischen Landtagswahlkampf im Februar 1972 beobachtete, ein »Muster an organisatorischer Disziplin[27]«. Die publizistische Leibgarde Barzels entwickelte daraus sogar ein Prinzip, das »Barzel-Prinzip«: »Der Mann wirkt immer präsent«, schrieb »Bild-am-Sonntag«-Kolumnist Peter Bachér, »nie gehetzt. Nicht überfordert. Er vermittelt das Gefühl, sich selber gut in der Hand zu haben ... Wer Größeres will, muß auf Kleineres verzichten[28].«

Barzel gehörte durchaus zu den Leuten, die glaubten, mit kontrollierten und kontrollierbaren Abläufen, einer perfekten Koordination und der Beherrschung der richtigen Kontakte alle Probleme lösen zu können. Er bekannte einmal, gelegentlich wundere er sich bei einem Vortrag vor Parteigremien, daß manche Leute mit vergrämten Gesichtern zugehört hätten, wenn er Vorschläge gemacht habe, und dann sei ihm eingefallen, daß er sie nicht vorher informiert habe. Barzels Mitarbeiter lobten seine »Begabung für Zahlen, Daten und Fakten« (Hennig) und sein »System, Dinge zu archivieren« – wie er in seinem Fraktionsarchiv nur Dokumentarisches sammeln ließ. Daß der Oppositionsfüherer jeden seiner ungeheuer angestrengten Arbeitstage, die randvoll mit Kontakten gefüllt waren, frühmorgens mit dem Studium der Zeitungen begann, verstand sich von selbst: Er betrieb Erfolgskontrolle der Medien und bereitete sich auf den Tag vor, der mit der Präzision eines Uhrwerks ablief. »Stern«-Reporter Peter Grubbe zitierte einen CDU-Abgeordneten, der über Barzel gespöttelt habe: »Er hat eine Uhr im Kopf. Diese Uhr klingelt, wenn er einen Termin hat, jedenfalls, wenn er wichist, aber Termine, die für ihn unwichtig sind, macht Barzel ohnehin nicht.« Und der Pressereferent des Fraktionsvorsitzenden, Eduard Ackermann, ergänzte: »Er teilt eben seine Zeit richtig ein. Er verquatscht sich nicht, er kommt immer sofort aus das Wesentliche[29].«
Welchen Apparat auch immer Barzel in die Hand bekam, er machte sofort einen bürokratisierten Betrieb daraus – eine für einen Christdemokraten untypische Leidenschaft. In Barzels Wahlkreis Paderborn war die Partei das Muster einer Behörde, allein darauf abgerichtet, ihm zuzuarbeiten und jede erreichbare Stimme zuzuführen. Wer eine Bittschrift an den Abgeordneten schickte, bekam zuerst einen Brief, in dem der Eingang seines Briefes bestätigt wurde; kurze Zeit darauf ein zweites Schreiben mit einem Überblick über den Stand

der Bemühungen; und nach Abschluß der Tätigkeit die Erfolgs- oder (in seltenen Fällen) Mißerfolgsmeldung.
Auch die Bundestagsfraktion wuchs sich unter Barzels Hand zu einer in normalen Zeiten mustergültig arbeitenden Verwaltungsapparatur aus, ausgestattet mit Stäben und Planungsbüros, hierarchisch nach oben gegliedert, einem Ministerium vergleichbar, dessen Minister auf peinliche Sauberkeit, Ordnung und Überschaubarkeit achtete. Und nachdem Barzel Fraktions- und Parteivorsitz plus Kanzlerkandidatur in einer Hand vereinigt hatte, sicherte er alle Reibungsflächen mit allen nur erdenklichen Kontroll- und Lenkungsmechanismen ab, erschreckte auch die Mitarbeiter der CDU-Bundesgeschäftsstelle damit, daß er ihnen ihre Erzeugnisse mit Randbemerkungen zurückgab und zur Behauptung den Beweis und die Quellen forderte – eine erstaunliche Liebe zum Detail. So war es auch früher gewesen: während der Zeit, in der er – Anfang der 50er Jahre – die Bonner Landesvertretung Nordrhein-Westfalens leitete, war er – so sagte ein Mitarbeiter – durchaus beliebt, er war »rührig und emsig«, der »Laden mußte laufen«. Josef Rösing, Parlamentarischer Geschäftsführer der CDU/CSU-Fraktion, der damals gute Beziehungen zur Landesregierung hatte, bemerkte: »Barzel hatte nicht nur Fähigkeiten, er war auch ein fleißiger Arbeiter. Die Landesregierung war immer über das, was in Bonn geschah, informiert[30].«
Das gleiche galt für die Zeit, in der Barzel – 1962/63 – Gesamtdeutscher Minister war, da er administrieren durfte und das auch konnte. »Er setzte sich morgens um neun Uhr hin und las Akten«, wußte Ludwig Rehlinger, der damals Barzels Berliner Ministerbüro leitete und später dem Büro des Kanzlerkandidaten vorstand. »Er forderte die Leute«[31]. Franz-Josef Busch, CDU-Kreisgeschäftsführer in Paderborn, kannte auch die Kehrseite der Medaille. »Barzel ist ein organisatorisches Talent; aber er kann keinen Leerlauf vertragen[32].«
Was Barzel von seinen Mitarbeitern verlangte, forderte er

noch mehr von sich selbst. Den Aufgaben, die er übernommen hatte, widmete er sich mit eiserner Disziplin und einem Fleiß, der seine Umgebung erschreckte. Er stand früh auf und machte sich sogleich an die Arbeit. Es war keine Seltenheit, wenn er morgens mit einem dicken Manuskript im Büro erschien. Er achtete peinlich auf seine Gesundheit, darauf, daß er immer »topfit« war, schwimmen, lange Spaziergänge, Schlittschuhlaufen gehörten zu seinem Training. Er trank wenig Alkohol, niemand konnte sich erinnern, erlebt zu haben, daß er einmal über die Stränge schlug. Selbst die Zigarre versagte er sich tagsüber seiner Stimme wegen. Geschäftsführer Busch registrierte, man habe ihn noch nie betrunken oder auch nur angetrunken erlebt, er singe auch nicht, wenn andere ein Lied anstimmten, er »lebt wie ein Sportler, asketisch«. Kameraderie lag Barzel ohnehin nicht und selbstverständlich war er ein »Pünktlichkeitsfanatiker« (so der Paderborner CDU-Kreisvorsitzende Paul Schmidt). »Wenn er eine Uhrzeit festsetzt, dann hält er sie ein[33].«

Mit seinem Pünktlichkeitsfanatismus erregte Barzel freilich auch den Spott der Öffentlichkeit und seiner Parteifreunde. Als Barzel in Saarbrücken zum Parteivorsitzenden gewählt worden war, und sich seine Anhänger Freudenfesten und Siegesfeiern hingaben, fehlte der Sieger; Barzel leerte abends im Hotelzimmer mit Familie und einigen Mitarbeitern ein Glas Sekt und schickte sie dann zum Essen. Er schloß sich ein, überarbeitete seine Rede für den nächsten Tag und legte sich um zehn Uhr zu Bett wie an jedem Routinetag, um am nächsten Tag frisch und ausgeruht vor den Delegierten erscheinen zu können — das, glaubte er, sei er ihnen vor allem schuldig.

Und doch, das war das seltsame, ging Barzel ein ganz anderer Ruf einher, der Ruf eines Mannes, der mit atemberaubender Wendigkeit seine Positionen wechselte, der so allgegenwärtig war, daß man seinen Standort nie ausmachen konnte. »DAS BARZEL« spotteten die Bonner Journalisten im »Bestiarum« des Presse-Almanachs von 1962, »gehört zur Familie der

Schwarzhörnchen. Es ist von munterer Geschäftigkeit und versucht, trotz begrenzten Klettervermögens unentwegt in den höchsten Baumkronen herumzuturnen. Auch schmerzhafte Stürze bezähmen seinen Ehrgeiz nicht[34]« — eine Beurteilung, die auch zehn Jahre später noch zutraf. Der »Spiegel« schrieb im Jahr darauf über Barzel: »Seit seiner Einstellung ins christdemokratische Korps des Bonner Parlaments hat er sich als Hansdampf in allen Gassen rheindeutscher Politik hervorgetan[35].« Und abermals ein Jahr später ironisierte Ulrich Blank in der »Süddeutschen Zeitung« den Tatendrang Barzels: »Bis in die letzten Ecken und Windungen des Regierungslagers erstreckt sich heute das Mitspracherecht des Fraktionschefs. ›Ohne ihn ist nichts zu machen, ohne ihn da geht es nicht‹, war schon für Wilhelm Busch die Schlußfolgerung aus solcher allgegenwärtigen Aktivität. Was immer heute in Bonn geschieht — Barzel ist dabei[36].« Auch eine Kontinuität.

Niemandem ist es bislang gelungen, die widersprüchlichen Barzel-Bilder zur Deckungsgleiche zu bringen. Vielleicht lag es an seinem Unvermögen, sich selbst darzustellen. Wohl aber auch daran, daß er von Natur aus mehr Erwartungen erwecken als erfüllen konnte. Am Ende der Frühjahrskrise 1972, die er heraufbeschworen hatte, präsentierte sich der designierte Bundeskanzler der Unionsparteien der Öffentlichkeit als einer, der nicht mehr imstande war, sie zu lösen. Da erlebte das schockierte Publikum einen Barzel, der sich zermürbt, ratlos, unsicher gab, es womöglich auch war, der, in den langen Debatten über die Ostverträge, lauthals beklagte, daß für Lastkraftwagenfahrer und Flugzeugpiloten Bestimmungen gälten, die sie vor Überarbeitung schützten, nicht aber für Politiker; einen Vorsitzenden, der, übermüdet, ins Stocken und Stottern geriet, da ihm doch sonst der Redefluß so glatt von der Zunge strömte, der, stets sportgestählt, braungebrannt, ausgeschlafen, von einem Unwohlsein befallen den Plenarsaal verlassen und sich ein Stärkungsmittel verabreichen lassen mußte; der plötzlich vor seiner Allwissenheit kapitulierte

und bekannte: »Ich gucke da nicht mehr durch«, oder dem sich die Sprachbilder verwirrten: »Die Fraktion hat sich unterbrochen zu einem Abendbrot ...«
Und als der Krisenapparat, sich verselbständigend, auf seiner rasenden Talfahrt am niedrigsten Punkt angelangt war, am Abend des 9. Mai 1972, da die Sowjetregierung gegen die von Bundesregierung und Opposition ausgehandelte Entschließung des Parlaments, die nach Barzels erklärtem Willen die Verträge retten sollte, Bedenken erhob, oder auch nur Klarstellungen wünschte, da das Geschick dieser Verträge buchstäblich am seidenen Faden hing, und auch das des Oppositionsführers, der sich mittlerweile mit ihrem Erfolg identifiziert hatte, da war derjenige, der sie retten konnte, unerreichbar: Barzel lag im Bett und holte Schlaf nach. Bundesaußenminister Scheel, der abends die ihm günstige Nachricht telefonisch übermitteln wollte, man sei mit den Sowjets klargekommen, wurde auf den anderen Tag vertröstet, und ein Eilbrief, den er daraufhin schrieb, wurde abgefangen, bis der Fraktionsvorsitzende ausgeschlafen hatte. Bis dahin aber hatte sich das Mißtrauen in der CDU/CSU-Fraktion so festgefressen, daß sie Barzel nur noch mit einer Vertagung davon abhalten konnte, mit »nein« zu stimmen.
Der Vorgang enthüllte vor aller Augen, daß Barzels verwundbarste Stellen diejenigen waren, die man allenthalben für seine stärksten hielt: man glaubte, er sei ein Organisationsgenie; aber Barzel war nur ein Superorganisator, weil ihm die Begabung fehlte, die Richtlinie auszugeben. Man glaubte, Barzel sei immer präsent, stets beherrscht und völlig kontrolliert; in Wirklichkeit versagte die antrainierte Routine bei jeder Überbelastung und schlug in Schwäche um. So stellte denn auch die »Süddeutsche Zeitung« fest, man wisse wohl, daß die Flucht in die tatsächliche Erschöpfung »keineswegs bloß eine menschliche Regung war, sondern auch ein Zurückweichen vor der eigenen Fraktion[37]«. Und »Christ und Welt« fand, die »Meute der Fraktion« habe staunend bemerkt, daß

Barzel ihrer Beharrlichkeit nicht gewachsen gewesen sei; sie habe »mit der kalten Präzision, mit der Kollektive die Schwäche ihres Vormannes wittern, die Diskrepanz zwischen äußerer Routine und innerer Hilflosigkeit erspürt[38].«
Seines unermüdlichen Strebens nach höheren Zielen wegen, die sich immer wieder zu verflüchtigen schienen, wenn er sich ihnen näherte, und die er aus eigenem Versagen verfehlte, nicht wegen der Schuld anderer, wirkte Barzel wie die Figur des ewigen Zauberlehrlings: der, sobald der Meister weg war, den Besen zum Wasserholen brachte, dann aber, als ihm die Elemente entglitten waren, die Formel nicht zur Hand hatte, sie wieder zu bändigen, ja, den Besen sogar spaltete, so daß zwei Unholde Wasser hereinschleppten und das Haus überfluteten. Es fehlte der Glaube, er könne, was er anzettelte, auch zu einem guten Ende führen. Der Vergleich, vom Verfasser vor Jahren im »Monat« gebraucht[39], wurde nach dem Saarbrücker Parteitag von Hermann Schreiber im »Spiegel« aufgenommen: nun, meinte Schreiber, habe der ewige Zauberlehrling seinen Meisterbrief und traue sich zu, »den Besen in die Ecke zu kriegen[40]«. Aber er traute es sich eben nur zu. Als bei der Beratung der Ostverträge der Partei, die Barzel mit seinen Zauberkunststücken in heillose Verwirrung gebracht hatte, das Wasser bis zum Hals stand, war es der alte Hexenmeister Franz-Josef Strauß, dem die Bann-Formel zur Hand war und der die tobenden Geister wieder einfing.
Die Natur mochte Kompensation gewollt und Barzel mit den Fähigkeiten eines Stehaufmännchens bedacht haben. Seine Leidensfähigkeit war so unterentwickelt wie seine Möglichkeiten, das Leiden anderer nachzuempfinden. Der Saarbrücker Parteitag, auf dem Barzel erreichte, was das Ziel seiner ehrgeizigen Wünsche gewesen war, und ihm dennoch ihre Erfüllung entzog: er hatte Kanzler werden wollen und war nur Kanzlerkandidat geworden, hatte durchaus zwei Seiten: obzwar Barzel mit einer Mehrheit gewählt wurde, die größer

war, als er es hatte hoffen können, trat auch die Gegnerschaft derer deutlicher zutage, die ihm nicht zutrauten, wofür er sich fähig hielt. Aber als der neue Vorsitzende kurz danach einen Kreis von Journalisten zu sich bat und seine Erlebnisse von Saarbrücken rekapitulierte, waren ihm nur die angenehmen Seiten reproduzierbar geblieben: es habe ihm, bekannte er sentimental, wohl getan, daß sich für ihn, der sich vorher immer nur für andere geschlagen habe, andere eingesetzt und gesagt hätten: »Barzel ist der beste.« Und nachdem er gleich zweimal unterlegen war, beim Mißtrauensantrag gegen die Koalition und bei den Ostverträgen gegen die Fraktion, erstaunten Journalisten, die ihn bald darauf besuchten, daß ihm nicht das mindeste anzumerken war; er hatte sich wieder völlig in der Gewalt.

So perfektionierte Barzel auch sein System, andere von Plätzen zu verdrängen, die er einnehmen wollte, ohne daß er zu ihnen mit geborenem Führungsanspruch gebracht worden wäre, sondern die er sich raubend erobern mußte. Der Schock für seine Umwelt, als er sich zum ersten Male vom Klischee des Schleppenträgers mächtiger Männer befreite und – 1966 – half, den Bundeskanzler Erhard zu stürzen, war nicht deshalb so nachhaltig, weil er bei der Entmachtung mitwirkte, sondern weil man ihm bei allem Ehrgeiz so hohe Ambitionen nicht zugetraut hätte. Er startete zu früh, und er zog die Lehren aus der Empörung der Öffentlichkeit, die den Verrat vergaß, aber dem Verräter nicht verzieh. Bei der Entfernung Kiesingers aus dem Amt des Parteivorsitzenden wurde Barzels Anteil nicht mehr bemerkt; der Brutus-Vorwurf, der Barzel noch bei Erhards Sturz als Mann mit dem Dolch im Gewand sah, wurde nicht mehr erhoben. Noch geschickter ging Barzel bei der weiteren Steigerung vor, als er es unternahm, sich an die Stelle des Kanzlers Brandt zu setzen. Alle seine Spuren verwischend, gelang es dem Fraktionsvorsitzenden, den Eindruck zu erwecken, zögernd und zaudernd, von seinen Parteifreunden getrieben, habe er nach der Macht gegriffen: Barzel hatte seine Rolle des potentiellen Angreifers auf angestammte Plätze sublimiert, im gleichen Maß wuchs seine Zuversicht. »Sie wissen«, sagte er kurz vor der Auflösung des Bundestags im Herbst 1972 zu Journalisten, »beim dritten Mal klappt's bei mir immer[41].«

Der Vetter beim Theater

Die beste Auskunft über Rainer Barzel aber gab Rainer Barzel selber. In seinem Buch »Gesichtspunkte eines Deutschen« entwarf er das beklemmende Porträt eines Mannes, wie es seiner Meinung nach die Demokratie nicht brauchte, von dem sie aber zu viele hatte; eine Karikatur, wie sie sich nur jemand ausdenken konnte, der viel mit dem Gegenstand in Berührung gebracht wurde und den man beschuldigt hatte, eben so zu sein – er schrieb sie nieder, als wolle er sich endlich von ihr befreien. Barzel nannte seine Figur den »Vielen-Gerechten«, der blühe, wo der Proporz regiere: »Stellen Sie sich vor: der Mann wäre katholisch; in erster Ehe war er mit einer evangelischen Frau verheiratet und hatte einen katholisch erzogenen Sohn; nach dem Tode der ersten Ehefrau war er erneut verheiratet, dieses Mal mit einer Katholikin, die aus ihrer ersten Ehe zwei evangelisch erzogene Töchter mitbrachte; unser Mann ist zwar Vertriebener, sein Geburtsort ist aber linksrheinisch; er ist beruflich selbständig gewesen, jetzt aber ist er Prokurist; seine Gewerkschaftsmitgliedschaft hat der kluge Mann seit seinen jungen Jahren erhalten wie seine Rentenversicherung; er ist nicht nur im Kirchenvorstand, sondern auch im örtlichen Fußballclub; und seine Frau hat einen Vetter beim Theater[1].«

Eine so verzwickte Kombination konnte sich nur ein subtil angelegtes Gehirn ausdenken. Der Konfessionsproporz war vollkommen: der Mischehe, in der der Sohn protestantisch erzogen wurde, folgte die rein katholische Ehe, die mit zwei protestantischen Töchtern belastet war. Die landsmannschaftlichen Spuren waren gleichfalls so verwischt, daß der Mann beides für sich reklamieren konnte, Vertriebener und Einheimischer zu sein. Er war Arbeitgeber und wurde Arbeitnehmer. Die Zugehörigkeit zur Gewerkschaft bedeutete für ihn einen Sicherheitsfaktor wie die Lebensversicherung. Seine Konfessionszugehörigkeit bewährte sich im Kirchenvorstand wie sein Honoratiorentum im Fußballclub; und über den Vetter der Frau hatte er auch noch Beziehungen zum Theater. Man ging nicht fehl in der Annahme, hier habe Barzel einen Anti-Barzel gezeichnet, der barzel'sche Züge verwischte: Barzel war katholisch, mit einer katholischen Frau verheiratet, die Tochter wurde katholisch erzogen, das Protestantische war ein Wunsch- und ein Feindbild. Barzels Wanderung durch die Landschaften erfolgte in umgekehrter Richtung: Als Ostpreuße kam er über Berlin ins Linksrheinische; der Makel des Geburtsortes haftete. Seine Mitgliedschaft bei den Gewerkschaften hatte Barzel aufgegeben, aber sein soziales Bewußtsein erhielt er sich, teils aus seiner Nähe zu den Sozialausschüssen in den Anfangszeiten seiner Laufbahn, teils als Feigenblatt, zum Teil auch als Pflichtübung. Und die Mitgliedschaft in örtlichen Vereinen war ihm ein Bedürfnis, schon allein, weil man sich dort sehen lassen mußte. Der Vetter beim Theater schließlich deutete auf eine entfernte Neigung zur Kunst, die weniger einer geistigen Verwandtschaft oder einem inneren Bedürfnis entsprang als dem Wunsch nach gesellschaftlicher Reputation.

Einen Konflikt bezog Barzel nicht in sein Proporz-Muster ein, und das war derjenige der Generationen, unter dem er besonders litt. In einer längeren Auseinandersetzung mit der Jugend, die ihm, wie er wohl wußte, seinen Platz streitig machen wollte, noch ehe er ihn eingenommen hatte, schrieb er, sich außerhalb sich selbst stellend: »Politiker und Staatsmänner erscheinen einigen jungen Menschen zu sehr als Krisenmanager denn als Reformer; eher als Leute, die mühsam den nächsten Tag gewinnen denn als solche, die nach einer großen Idee Tag für Tag die Zukunft gestalten[2]« — auch hier Selbsterkenntnis und Wunschvorstellung in einem Satz. Alexander Mitscherlich hat in seiner berühmten Barzel-Analyse nachgezeichnet, wie, als Barzel neun Jahre alt war, Hitler, der neue Übervater, hinter dem Vater erschien, der die Väter abwertete. Doch dann entpuppte sich auch der Übervater als Versager. Von nun an könne man die Persönlichkeit Barzels gut verstehen als eine »Persönlichkeit, die ständig auf der Suche nach Vätern ist, die ihr Halt geben«, bemerkte Mitscherlich[3]. Das Erlebnis des untauglichen Übervaters — im übertragenen Sinn der Krieg, der verloren ging — teilte Barzel mit seiner Generation. Er war in gewisser Weise das personifizierte Schicksal, das ihr bestimmt war: in eine Welt des ständigen Umbruchs hineingeboren zu sein, in der sie immer zu kurz und immer zu spät kam.

Als der Krieg begann, war Barzel mit 15 Jahren zu jung, um schon gefestigt zu sein, aber alt genug, um bewußt zu erleben; Diktatur und Widerstand hatten sich schon etabliert, als er aufwuchs. Nach Kriegsende ergriff die vor-hitler'sche Generation der älteren Männer das Ruder, begannen die Patriarchen zu regieren. Die Schwierigkeit in der Politik lag für die Jüngeren darin, ihre Leitbilder akzeptieren und sich zugleich gegen sie auflehnen zu müssen. Der permanente Generationenkonflikt gerade in der Union zwang den Nachwuchs dazu, sich entweder der etablierten Führungsschicht anzupassen oder gegen sie zu rebellieren. Barzel versuchte das eine wie das andere. Es mochte sein, daß er die Eierschalen der jugendlichen Periode, in der er sich mühsam in die politische Eliteschicht hocharbeiten mußte, nie ganz abgelegt hat. Da ihm offene Rebellion nicht lag, die er gar nicht wollte, da er nicht zu erneuern, sondern nur zu bewahren suchte, und — in vielen Fällen — einfach überzeugt war, er könne, was andere betrieben, an ihrer Stelle mit den gleichen Mitteln besser machen, ohne es prinzipiell ändern zu wollen, begnügte er sich damit, das Werkzeug der Rebellen zu handhaben, ohne von ihrem Geist inspiriert zu sein.

Immerhin, mit 47 Jahren Kanzlerkandidat der größten Partei zu sein, das hat noch keiner außer Barzel geschafft. Er hatte es weit gebracht und dennoch war er nie zufrieden. Niemandem wäre es je eingefallen, Barzel einen »Politiker der jüngeren Generation« zu nennen: er war immer irgendwie da, kam schon woher, war immer so smart wie heute, immer dabei, die Fehler von vorgestern aufzuarbeiten. Der Öffentlichkeit hatte er sich lange eingeprägt als der »junge Mann« irgendeiner politischen Größe: er lernte bei Carl Spiecker und bei Karl Arnold, er wurde geführt von Heinrich Krone und diente unter Konrad Adenauer, er unterlief Ludwig Erhard, und er arbeitete fleißig unter Kurt-Georg Kiesinger; er wechselte die Väter und blieb sich gleich, ein Musterschüler, der wirkte, als trage er aus einem exklusiven Internat, etwa einer Jesuitenschule, stets brillante Noten nach Hause, könne es aber nie zum Klassensprecher bringen. Trotz vieler unnachahmlicher Leistungen, einer einzigartigen Intelligenz und Auffassungsgabe und einer hervorragenden analytischen Begabung, schaffte er niemals den Nachweis, er werde ein einziges Mal eine große, unvergeßliche Tat vollbringen. Alterslos wie er war, fiel die Vorstellung schwer, er sei jemals jung gewesen, wie es einem an Phantasie fehlte, sich auszudenken, er werde einmal zu den »großen alten Männern« gehören. Barzel hatte von sich eine andere Vorstellung als die Öffentlichkeit. »Ich glaube«, sagte er, »daß ich sehr viel ruhiger geworden bin; Sturm und Drang liegen hinter mir[4].« Wobei er unter Sturm und Drang vermutlich einige Fehlhandlungen eines nicht mehr ganz jungen Mannes verstand, der zu ungeduldig seine Karriere angepackt hatte, der er vieles unterordnete. Mitscherlich meinte, die »politische Zeit des Sturms und Drangs« sei bei Barzel ohnehin knapp bemessen gewesen. Er hat sich stets diszipliniert, und gerade in der Zeit, in der andere junge Männer die Grenzen ihrer Belastbarkeit vorrückten und die ihrer Umwelt erprobten, unterwarf sich Barzel der Selbstbescheidung der Laufbahn wegen — ein ungleich gewachsener Baum. So war das barzel'sche Verhaltensmuster auch der Ausdruck seiner Generation, der Durchgangsgeneration von Diktatur über Krieg zur Demokratie. Wenn Barzel über seine Jugend sprach, kam ein wehleidiger Ton auf, wobei er besonders beklagte, daß die Jüngeren heute aus den Erfahrungen der Älteren nicht lernen wollten: ein Unvermögen auf beiden Seiten. Einer Angestelltengeneration zugeordnet, die technokratisch wirkte, weil ihr das Genialische abging, machte Barzel den Eindruck, als sei er aus der Retorte entsprungen: ein Mann mit einem Computer im Kopf und einer Datenbank in der Brust. »Das Management hat seinen Einzug in Bonn gehalten«, schrieb der »Stern« 1966, die Fassade sei noch ehrwürdig, sentimental, wenn auch schwach, aber die »harten Manager« stünden dahinter bereit, und Rainer Barzel sei ihr Prototyp[5].

Das Pubertäre, Unfertige, das sich hinter Barzels Managerfassade verbarg, kam gelegentlich in seinem Wunsch zum Ausdruck, ein netter Mann zu sein, einer zum liebhaben. Mit Gemüts- und Gefühlswerten nur dürftig bedacht, mußte sich Barzel den Vorwurf gefallen lassen, er sei kalt, unberührbar; er parierte mit Gegenbeispielen: die meisten, die sich in Diskussionen ein Bild von ihm machen könnten, hätten einen anderen Eindruck, fand er. »Oft höre ich sie nach Hause gehen und sagen: der Junge hat ja Herz[6].« Doch glaubte er selbst nicht lange daran und begann sich einzureden, es könne sogar von Vorteil sein, wenn ihm herzliche Empfindungen wie Zuneigung und Sympathie verweigert würden. Er meinte dann, mit Respekt ersetzen zu können, was ihm an wärmender Ausstrahlung abging. In einem Fernsehinterview postulierte er, wichtiger als alles andere sei für einen Politiker »daß er anerkannt wird in der sachlichen Arbeit, die er leistet. Daß er, wenn Sie so wollen, Respekt genießt[7].« Barzels Bemühungen, respektabel zu wirken, nahm man ihm aber erst recht nicht ab; es mutete eher peinlich an, wenn er sich päpstlich neben sich stellte und von sich als »Rainer Barzel« sprach, so, als er, nachdem ihm am 30. November 1971 auch die CSU in der Bayerischen Landesvertretung Bonns ihren Segen zur Kanzlerkandidatur gegeben hatte, eine Position, die er als »Nummer 1« umschrieb, gefragt, wie er die kommenden Aufgaben anzupacken gedenke, erwiderte: »So, wie Rainer Barzel Politik zu treiben pflegt.« Den Reporter der »Stuttgarter Zeitung« veranlaßte die Wortwahl der dritten Person zu der Bemerkung, sie lasse wenigstens psychologisch erkennen, daß sich Barzel »offenbar selbst nicht für den unbezwingbaren Supermann hält, dem die Erfolge wie James Bond in den Schoß fallen[8]«. Oder auch, wenn Barzel vor der Fraktion seine Amtsbezeichnung gebrauchte und, wie »Christ und Welt« beobachtete, eine Wortmeldung mit dem Bemerken zurückstellte: »Der Fraktionsvorsitzende muß erst einmal nachdenken.« Solches Pathos, urteilte der Betrachter, sei Barzel in der Blüte seiner taktischen Kunst gerade noch als »verzeihliche Marotte« abgenommen worden; aber »in der Hochspannung entscheidungsvoller Stunden wirkte diese Attitüde ungefähr so passend wie ein Paar Lackschuhe auf der Baustelle[9].« Und es mochte sein, daß Barzel, der Frühvollendete, zu früh zu große Schuhe anzog: viele Reibungen, bemerkte CDU-Generalsekretär Kraske, seien »an dem für diese Aufgaben sehr jungen Alter« entstanden und daran, daß er nicht schon, wie andere, als gemachter Mann in die Politik gekommen sei, sondern »den Befähigungsnachweis noch hat bringen müssen[10]«.

So stellte sich Barzel unter einen Leistungsdruck, mit dem er sich zwang, ständig neue Erfolge vorweisen zu müssen. Einem Spitzensportler gleich, der sich nur vorn halten konnte, wenn er seine Rekorde brach, befand sich Barzel permanent im Trainingslager, um sich fit zu machen für den nächsten Spurt.

Für Sport hatte er etwas übrig, auch ausübend; der CDU-Vorsitzende war nicht nur ein versierter Schlittschuhläufer, sondern, was weniger bekannt war, auch ambitionierter Bergsteiger, jedenfalls in seiner jüngeren Zeit. Es trieb ihn, Berggipfel zu erklimmen – so meinte der Journalist und gute Bekannte der Familie, Ludwig von Danwitz – »stets von neuem auch das Bedürfnis, zu wissen, was er sich körperlich zumuten konnte«. Aber: »Wenn's schwierig werden sollte, nicht ohne Bergführer[11]!« Das Risiko mußte kalkulierbar bleiben.

Je höher Barzel nach oben stieg, desto dünner wurde die Luft, die ihn umwehte. Niemand hatte sich je ernstlich bemüht, zu untersuchen, wie typisch Barzel eigentlich für die Union war, in der er bis zur Spitze aufsteigen konnte. Kaum hatte sie ihm den Höhenflug ermöglicht, breitete sich bei ihr auch schon der Zweifel aus, ob es richtig gewesen sei, ihm den Platz des Kanzlerkandidaten zu überlassen. Daß sich in der CDU die Meinung verbreitete, er könne es mit seiner vom Licht der Vergangenheit verklärten Vorgängern in ihrer Blütezeit nicht aufnehmen, mochte Barzel noch hinnehmen; peinigender war für ihn der Gedanke, in seiner eigenen Mannschaft nicht als der erste zu gelten. Zeichnete sich sein designiertes Kabinett – manche argwöhnten, dahinter stecke Methode – schon nicht allenthalben als besonders zugkräftig aus, so überragten doch einige ihrer Mitglieder den Chef: Hans Katzer war kämpferischer, Gerhard Schröder staatsmännischer, Franz-Josef Strauß phantasievoller, Richard von Weizsäcker zukunftsbezogener, Manfred Wörner konservativer.

Niemanden konnte es wundern, daß der nächste Auftritt Barzels vor seiner Truppe nach Saarbrücken, der CDU-Parteitag Mitte Oktober 1972 in Wiesbaden, der als Wahlauftakt gedacht und dazu bestimmt war, einen »neuen Barzel« zu präsentieren, ein Fiasko wurde; da taktisches Vermögen nicht gefordert, sondern Programmatisches angeboten wurde, kam der Vorsitzende »immer wieder ins Stolpern, war weder ganz der, der er jetzt sein sollte, noch der, der er eigentlich war« (Die Zeit[12]). Von der Überlegung der Werbefachleute überzeugt, daß sich ein Image kurzfristig nicht ändern lasse, probierte die Wahlkampfmannschaft, ob sie ein Persönlichkeitsbild Barzels entwerfen könne, das den Vorbehalten gegen ihn nicht widersprach, sie aber ignorierte und stattdessen alle jene positiven Eigenschaften herausstrich, die ihm auch und möglicherweise fälschlich zugesprochen wurden. Der Leiter des Sozialwissenschaftlichen Instituts der Konrad-Adenauer-Stiftung, Professor Kaltefleiter, brachte das auf die Formel, beim Barzel-Image stehe die sachliche Leistungserwartung obenan wie bei seinem Gegenspieler Willy Brandt die persönliche Integrität – eine Einschätzung, die sich mit dem Bild des Oppositionsführers deckte[13].

Daß aber auch eine solch behutsame Image-Kosmetik nicht unbedingt zum gewünschten Ziel führte, machte der Parteitag deutlich. Barzel im Gewand des leistungsstarken Politikers vermochte die nach wie vor skeptischen Parteikohorten so wenig zu überzeugen wie der Barzel, den sie zu kennen glaubten. Das lag nicht etwa daran, daß das Regierungsprogramm der CDU/CSU und diejenigen, die es erläuterten, nicht sachbezogen gewesen wären, sondern daran, daß die »politische Konzeption des Parteitags« versagte (Christ und Welt[14]). Barzel präsentierte sich als der Chef-Koordinator der Union, dem es in einem bis dahin unbekannten Umfang gelungen war, die verschiedenen Gruppen von CDU und CSU mit Toleranz zusammenzuführen, aber nicht als ihr geistiger Führer; er stellte einen säuberlichen Proporz zwischen konservativen und progressiven Kräften her und integrierte sogar Strauß, aber ihm fehlten Ausstrahlung und Autorität, die Richtung zu weisen. Fein umschreibend enwarf der Chefredakteur der »Welt«, Herbert Kremp, ein treffendes Barzel-Bild:

»Er repräsentiert nichts Utopisches und auch nichts allzu Phantasievolles. Er leugnet Konflikte nicht, sondern versucht sie zu neutralisieren und zu Ergebnissen zu verarbeiten.

Teamgeist entspricht einer solchen Haltung eher als die Entwicklung eines Turmprofils. Die Union würde sich in ihrer gegenwärtigen Verfassung und Entwicklung wohl auch jedem autoritären Griff entziehen[15].« Der schwarze Riese, der immer kopflastig gewesen war, litt jetzt unter bleiernen Füßen.

Doch war der Kanzleranwärter auch ein Opfer des Loyalitätsdefizits der Partei, die er führte. Sie sprach ihm von vorneherein die Fähigkeit ab, wie seine Vorgänger eine »Wahllokomotive« zu sein. Die Partei projizierte ihre Furcht und ihre Unsicherheit, die sie angesichts der Tatsache befiel, daß sie, statt wie früher sich selbst zu preisen, gegen einen Gegner antreten mußte, der Bilanzen vorlegen konnte, in ihre Spitzenfigur hinein. Sie wirkte wie eine Membrane, die alle Fehler und Schwächen Barzels verstärkt wiedergab. War es schon das süße Gift der Resignation, oder der aufkeimende Verdacht, es genüge nicht, nur ein Erbe zu verwalten, das zudem fragwürdig geworden war – die Union wirkte im Wahlkampf 1972 nicht wie eine politische Kraft, die sieghaft in die Zukunft aufbrach. Das groteske daran war, daß die CDU Barzel in Saarbrücken den Vorsitz der Fähigkeiten wegen übertragen hatte, die sie bald darauf als ungenügend erachtete, nämlich um seiner Einsetzbarkeit, Verwendbarkeit und immerwährenden Bereitschaft willen; und daß sie von diesen Eigenschaften auch profitierte, ohne daß sie dem zugute kamen, der sie ihr zur Verfügung gestellt hatte.

Barzel selbst wußte das alles am besten – und er litt darunter. Des »höchst sensiblen Rainer Barzel« eigentlicher Kummer, schrieb Hans-Ulrich Kempski, sei, »daß die meisten Bundesbürger den Meinungsbefragungen zufolge ihn ganz anders bewerten, als es seiner Selbsteinschätzung entspricht[16]«. Gegen Urteile, die er als ungerecht empfand, war Barzel um so anfälliger, als er konfliktscheu, kontaktarm und mißtrauisch war. Danwitz berichtete, was Barzel bei seiner Jungfernrede im Parlament am stärksten irritiert habe, sei »die plötzlich auftauchende Erkenntnis (gewesen), daß ihm ein Teil des Hauses nur zuhörte, um ihn noch schroffer, noch unerbittlicher abzulehnen[17]«. Er traf mithin gleich bei seinem ersten öffentlichen Auftritt auf die Konstellation, vor der er immer wieder stehen sollte: er hegte den Wunsch, ruhig und besonnen Argumente vorzutragen, aber offenbar wirkte die Art, in der er es tat, so provozierend, daß er jeden reizte, der sich nicht in vorgegebener Übereinstimmung mit ihm befand. Die Unfähigkeit, sich gradlinig darzustellen, traf sich mit dem Unvermögen seiner Umwelt, ihn als einen Mann zu begreifen, der es ehrlich mit ihr meinte. Das »Hinunterwürgen einer bitteren Enttäuschung, das rasche Wieder-fit-werden nach einer Unterbewertung, die unter die Haut gegangen war« (Danwitz) wurde ihm als Dickfelligkeit und Karrierestreben ausgelegt. Er beurteilte seinen Reifeprozeß anders als diejenigen, die ihn beobachteten. Von Günter Gaus im Fernsehen gefragt, wie er eigentlich all die Rückschläge seiner Karriere überstanden habe, antwortete Barzel: »An alledem wächst man, reift man, kriegt einen Blick für Menschen, wächst an sich selbst.«

Die Ursache vieler Mißverständnisse war wohl in dem eklatanten Ungleichgewicht zwischen Barzels ausgeprägtem Erkennungsvermögen und seiner Standfestigkeit zu suchen. Was ihn in dem Maß auszeichnete, in dem es ihm hinderlich war, das war seine, wie CDU-Geschäftsführer Hennig es nannte, »politische Nase«. Hennig war »oft verblüfft, wie er Dinge erkannte, die sich noch gar nicht abzeichneten«. Und er räumte ein, dies sei eine Eigenschaft, die »Leute, die ihm nicht wohlwollen, als Opportunismus brandmarken«. Barzel, mit – wie es sein Büroleiter Rehlinger formulierte – »unheimlichen Sensoren für untergründige Strömungen« ausgerüstet, benahm sich wie ein Wild, das in den Wind schnupperte und erst dann die Lichtung betrat, wenn es an ihrem Rand keine Gefahr witterte. Immer den neuesten Entwicklungen auf der Spur, hatte er die Witterung schon in der Nase, wo sich Mehrheiten bildeten, noch ehe sie selbst diejenigen erkannt hatten, die sie ausmachten, um sich dann an ihre Spitze zu setzen und das als sein Verdienst auszugeben, was ohne ihn zustande gekommen war. Es war Barzel, der im Dickicht der Schlußbehandlung der Ostverträge nach dem Urteil von »Christ und Welt« nur Situationen entstehen ließ, in denen er »immer an der Spitze des Marsches zum einzigen Ausweg« stehen konnte. So war er es auch, der schließlich der Fraktion empfahl, sich bei der Abstimmung der Stimme zu enthalten, obzwar der Gedanke weder von ihm stammte noch er die Enthaltung gewollt hatte.

Mit Gedanken und Reden immer freigebig und verschwenderisch umgehend, konnte dennoch niemand ausmachen, welches eigentlich seine Position war. Barzel-Bewunderer Hans Habe meinte zwar, der Oppositionsführer sei ein Mann, der »ein Programm für Deutschland, nicht für Barzel hat[18]«. Doch er kehrte nur die allgemeine Vorstellung von Barzel um, und welches das Programm sei, konnten weder er noch sein Idol sagen. Allenfalls reichte es zu sauber durchnumerierten »Stufenplänen« für Deutschland oder für Europa, die auch wieder nur bestenfalls eine Strategie entwickelten, nicht aber Prinzipien formulierten. Auch in allen Richtungskämpfen hat es Barzel stets sorgfältig vermieden, Partei zu ergreifen; er war weder bei den Gaullisten noch bei den Atlantikern, er hat sich weder für eine konsequente West- noch Ostpolitik entschieden. Wäre Barzel nicht ein Dogmatiker gewesen und zwar auf zwei Gebieten, auf denen seine Partei längst zum Rückgang geblasen hatte: dem Katholizismus und dem Antikommunismus, hätte er als der Typ eines modernen, pragmatischen Parteiführers gelten können. Aber Barzels Dogmen befähigten ihn auch nur zu erbaulichen Sentenzen (»treu auf dem eigenen Standpunkt zu stehen[19]«, — »Wer C sagt, weiß, wohin er aufzustehen hat, wenn er gefallen ist[20]«) oder zu sozialen Postulaten: »Ich sehe in dem Arbeiter einen Unternehmer, alles andere ist von gestern[21]«. Und sein Parteiverständnis war fast ausschließlich auf Kompromißbereitschaft abgestellt: So wie Koalitionsregierungen einen Kompromiß ihrer Partner voraussetzten, »so setzt die Existenz politischer Parteien den Zusammenschluß von Menschen auf der Basis von Kompromissen voraus« (Barzel in den »Gesichtspunkten«[22]). »Man arbeitet in der Partei mit, die den eigenen Vorstellungen am nächsten kommt ... Politische Parteien sind in sich Koalitionen.«

Auf dem Gebiet der Prinzipien hatte Barzel allenfalls Marginalien beizusteuern; gut entwickelt war hingegen der Taktiker. Das katholische Groschenblatt »Bildpost« fragte vor dem Saarbrücker Parteitag zweifelnd: »Kann Barzel Kanzler werden, wenn er weiterhin taktische Anpassung auf weicher Welle offenbar mehr bevorzugt als grundsatztreue Führung im harten, kompromißlosen Kampf um die Freiheit[23]?« Es waren seine Freunde, die seinen Mangel an Grundsätzen beklagten, nicht seine Feinde. Und die »Welt« registrierte in einem Porträt nach dem »Niederschlag« beim mißglückten Mißtrauensantrag gegen Brandt, der Politiker Barzel sei »ein operativer Typ, dem die taktischen und prozeduralen Regeln, die Analyse der logischen Zusammenhänge, in denen er handeln muß, wesensnäher sind als das Bekenntnis zu Grundsätzen und unveränderlichen Leitbildern[24].«

Der durchtriebenen Schläue wegen, mit der man ihn ausgestattet wußte, dem heißherzigen Machthunger, der ihn anspornte, der taktischen Anpassung, der er alle anderen Anforderungen unterordnete, neigte die Öffentlichkeit eine Weile dazu, Barzel zu dämonisieren. Sein Gesichtsausdruck, der stets großes Wissen um mächtige, womöglich verheerende Dinge zu verbergen schien, sein Gang, der sich, auch wenn er allein war, wie durch große Menschenmassen, die ihn fasziniert anstarrten, einen Weg bahnte, seine Art, so zu tun, als komme er gerade von einer Verschwörung oder begebe sich in eine, man könne ihm aber trauen, er werde das Schlimmste schon verhüten, verliehen ihm etwas Düsteres. Man traute ihm zu, so etwas wie die Bonner Miniaturausgabe eines Mc-

Carthy zu sein, der nur auf die Gelegenheit wartete, die Hexenjagd und Teufelsaustreibung zu beginnen. Hatten Barzels Kontrollen auch noch immer funktioniert und seine Sperren vor Verlassen der legalen Sphäre eingehakt, so ließ er es aber auch nicht an Verdacht fehlen, er werde, einmal an der Macht, ziemlich rigoros in der Staatsstube aufzuräumen beginnen. Oder vielleicht war auch die Angst vor denen, die mit ihm kämen, einem Strauß oder Dregger, größer als die Furcht vor ihm. Die Dämoniker waren die, die ihm folgten, er glich eher einem erloschenen Vulkan.
Da er seinem Ziel sehr nahe gekommen war, wurde der Kanzlerkandidat als wesentlich harmloser angesehen als während der Zeit, in der er sich hochgearbeitet hatte; ein Faktum, das die Aufmerksamkeit hätte schärfen sollen, da bei Barzel der äußere Anschein oft das Gegenteil dessen besagte, was in ihm vorging. »Kein Gegner, Kinder, mit dem zu rechnen ist«, beruhigte sich SPD-Wahlhelfer Günter Grass[25]. Und sein Schriftsteller-Kollege Helmut Heißenbüttel verglich Barzel mit dem Tobias Knopp von Busch, der eingefleischten Spießerfigur, der nichts über jene Zufriedenheit ging, die sich bei einer treuen Befolgung der Gesetze entwickelte. Der Dichter freute sich, »daß, um nur ein einziges Beispiel zu nennen, ein so charaktervoller Knopp wie Rainer Barzel die Fraktion der CDU/CSU im Bundestag leitet[26].«

Das Kanzler-Image

Der 34 Jahre alte Abgeordnete Barzel, Neuling des Parlaments, näherte sich voller Respekt und Bewunderung dem mehr als doppelt so alten Bundeskanzler Adenauer; nicht ohne Bewegung schilderte Barzel später in seinem Buch »Gesichtspunkte eines Deutschen« die erste Begegnung im Kanzleramt (im Jahre 1958), bei der ihm Adenauer den Rat gab, der ihm über die Jahre im Ohr geblieben sei: »Es ist ganz schön, viele Gedanken und immer neue Ideen und Vorschläge zu haben. Aber es ist wichtiger, einen Gedanken zu haben, ihn stetig zu verfolgen und durchzusetzen[1].« Der greise Kanzler mag die Empfehlung anders gemeint haben als sie derjenige verstand, dem er sie gab. Aber hier im Palais Schaumburg stand der junge Abgeordnete zum ersten Male auf dem Boden, den als Gastgeber zu betreten er sich bald danach vorgenommen haben mochte. Seit Barzel in Bonn agierte, war er auf das Kanzleramt fixiert, mindestens ebenso lange wie Brandt darauf vorbereitet war, Bundeskanzler zu werden, wenn auch nicht allemal legitimiert und sichtbar herausgestellt, so doch innerlich eingestellt, die Erbschaft eines Tages anzutreten. Diese Fixierung Barzels auf das eine Ziel, die der Besessenheit eines Mannes glich, der tagsüber einem ihn nicht erfüllenden Beruf nachging, und abends an einer Erfindung bastelte, die ihn mit einem Male berühmt machen sollte, verleitete ihn zur Gleichgültigkeit gegenüber allen anderen

Bezugspunkten. Er sollte das Kanzleramt noch oft besuchen, unter Adenauer als Minister, unter Erhard und Kiesinger als Fraktionsvorsitzender in einer Position, von der aus institutionell der Sturm auf das Amt des Regierungschefs am ehesten hätte möglich sein müssen (Helmut Kohl löste in Rheinland-Pfalz als Fraktionsvorsitzender den Ministerpräsidenten Altmeier ab), unter Brandt dann als Oppositionsvorsitzender und schließlich Kanzlerkandidat, der Mann, der das Mandat seiner Partei hatte, um die Kanzlerschaft zu kämpfen.

Adenauer war ein eiserner Familienvater, der es dem jungen Barzel, dem glänzenden Protegé anderer Ziehväter, nur aus der Distanz erlaubte, sich ihm zu nähern. Er war ihm selbst in seiner Altersschwäche zu mächtig. Der Patriarch, der Stammvater der Unionschristen, ihr leuchtendes Vorbild bis zum heutigen Tag, hielt auf Disziplin, und der einzige, dem er erlaubte, sich undiszipliniert zu benehmen, war er selber. Dennoch – als sich Adenauer im April 1959 entschloß, Bundespräsident zu werden, und im Juni des gleichen Jahres seinen Entschluß widerrief, da er es »vor seinem Gewissen nicht würde verantworten können, dem Bundestag Erhard als Bundeskanzler vorzuschlagen«, war Barzel unter denen, die seine Rückkehr mißbilligten. Adenauer vergaß nicht, es im letzten Band seiner Memoiren zu erwähnen, in dem er abrechnete mit seinen innerparteilichen Gegnern. Am 5. Juni 1959, in der Fraktion, »erhob sich eine sehr heftige Debatte, in der sich vor allem die Abgeordneten Barzel, Gerstenmaier, Hoogen, Müller-Hermann und Toussaint gegen meinen Entschluß wandten« (Adenauer-Erinnerungen[2]). Ja, der weithin unbekannte Barzel ging sogar so weit, seine Ansichten im Parlament vorzutragen. Der Entschluß Adenauers, Bundeskanzler zu bleiben, habe alle, auch die CDU/CSU »durcheinander gerüttelt«, sagte er. »Ich war zum Beispiel anderer Meinung als der Herr Bundeskanzler.« Die Tatsache, daß Barzel-Biograph Danwitz die Episode in seinem Buch »apropos Barzel« breit ausmalte, ließ darauf schließen, daß ihr Gegenstand

Wert darauf legte, seine erste öffentliche Beschäftigung mit dem Amt zu notifizieren[3] – die erste, noch subtile Form des Kanzlersturzes war es auch.
Der Sturm auf den Vorsteher mißlang, doch vier Jahre später rückte Erhard ins Palais Schaumburg und als Adenauer dann mehr gezwungen als auf eigenen Wunsch im Februar 1966 auch den Parteivorsitz niederlegte, schob sich Barzel sofort zwischen sie. Daß er 1959 und 1963 auf der Seite Erhards gestanden hatte, hinderte ihn nicht, jetzt nach dem Parteivorsitz zu greifen, der ihm – wie 1971 – zur Kanzlerschaft verhelfen sollte; manche Bewegungen der Geschichte wiederholen sich. Damals mochte sich Barzel, der das brummelnde Wohlstandssymbol Erhard auf der politischen Bühne vor sich herschob, in der Rolle des Kronprinzen gesehen haben, des eigentlichen Nachrückers im Stammbaum der Unionskanzler, dessen erworbener Anspruch sich nun gleichsam von selbst verwirklichte. Und erst als er zweimal unterlegen war, einmal bei der Bewerbung um den Parteivorsitz und einmal bei der Wahl des Nachfolgers Erhards, zog sich Barzel zurück – aber auch wieder nur nach außen, innerlich so entschlossen wie je, bei der nächsten Gelegenheit nach den Kanzlerwürden zu streben. Denn seine Rückschläge waren nie derart, daß sie für ihn endgültige Niederlagen bedeuteten. Im Gegenteil: Je mehr ihm die Partei bekundete, daß sie ihn zum ersten Mann nicht haben wollte, desto unersetzlicher wurde er ihr auch, und es konnte nur eine Frage der Zeit sein, daß sie an ihm nicht mehr vorbei kam.
Die große Koalition war für Barzels Ambitionen unergiebig; er beschränkte sich darauf, seine Stellungen auszubauen. Kiesinger, der Kanzlerschaft und Parteivorsitz an sich genommen hatte, und die große Koalition waren für Barzel nur ein Interregnum. Wie eine Offenbarung muß in der Wahlnacht 1969, da sich die CDU/CSU als nicht stark genug erwies, eine Regierung ohne sie zu verhindern, dem Fraktionsvorsitzenden die Erkenntnis gekommen sein, daß er damit der

Realisierbarkeit seiner Wünsche näher rückte als jemals zuvor. Zu der klassischen pubertären Zwangsbindung zwischen Sohn und Vater gehört auch der Komplex des Sohnes, sich mit einem Akt der Gewalt vom Vater befreien zu müssen, da er freiwillig seinen Platz nicht räumte. Gegen drei politische Kanzlerväter hatte sich Barzel aufgelehnt, ohne daß es ihm gelungen wäre, die Verfügungsgewalt über die Erbmasse in die Hand zu bekommen. Mit Brandt aber ergriff ein Kanzler das Ruder, der erstmals nicht zur Familie gehörte; ihn zu verdrängen, konnte sogar als ein legitimer Akt gelten. Was Barzel mißriet, solange die CDU/CSU an der Macht war, das konnte gelingen, da sie in die Opposition kam. Er wußte sehr wohl, daß sich alle seine Konkurrenten, die sich den Purpur der Staatsgewalt so gern um die Schultern legen ließen, die harte Arbeit des Oppositionsführers scheuen würden. Er aber stand bereit, mit seiner Arbeitskraft zu ersetzen, was ihnen an Reputation fehlte. Auf dem Umweg über die Opposition ins Kanzleramt, das war Barzels Rezept. Und als er in Saarbrücken Parteivorsitzender geworden war, konnte er, »gerüstet als Gegenkanzler zum Sturm antreten auf das Vaterbild« (Hermann Schreiber[4]).

So begierig war der Oppositionsführer, sich unter dem Beifall der Partei, dessen er jetzt sicher sein konnte, auf Brandts Stuhl zu setzen, daß er sich schon ein Jahr nach der Wahl, im Oktober 1970 ausrechnete, daß »der Versuch des Kanzlersturzes durch die Wahl eines neuen Regierungschefs während des nächsten Jahres auf jeden Fall« kommen werde (so Hans Reiser in der SZ), gleichgültig, wieviele Überläufer die CDU/CSU noch beehren würden[5]. Indessen begann sich Barzels Verhältnis zu Brandt im Lauf der Zeit zu komplizieren. Doch auch Staatsbürger und Untertan, fühlte der Führer der Opposition in seinem Herzen ein Stück Loyalität gegenüber dem Bundeskanzler, der entgegen allen Erwartungen in seinem Psychogramm die Rolle Adenauers, Erhards und Kiesingers einnahm, und er entwickelte eine einseitige Bin-

dung zu ihm, die dadurch nur erschwert wurde, daß Brandt zugleich SPD-Vorsitzender war. Das Abhängigkeitsverhältnis war so installiert, zugleich die Abwehrreaktion dagegen so heftig, daß sich Barzel stets in Extremen um Brandt herumbewegte: auf der einen Seite war der Wunsch stark, bevorzugt behandelt zu werden, auf der anderen attackierte er ihn, wie es seine Gefolgsleute von ihm erwarteten. Zeitweise hatte man das Gefühl, Barzels höchstes Glück habe darin gelegen, vom Regierungschef als erster und einziger ins Vertrauen gezogen zu werden. Ein Indiz dafür war seine hartnäckige, immer erneuerte Angebotskette zur Kooperation, die er behandelte wie einen kostbaren Schmuck, dessen Wert in diesem Land nur zwei Personen zu ermessen wußten. Beleidigt schlug er zurück, wenn er abgewiesen wurde, da in seinen Anträgen doch auch immer ein Stück Übervorteilung lag, das die andere Seite mißtrauisch machte, einem enttäuschten Liebhaber gleich, um bald darauf die Annäherung von neuem zu wagen. In gewissen Perioden reduzierte sich Barzels Opposition auf ein zum Grundsätzlichen hochstilisiertes Bemühen um eine Abstimmung der Terminkalender. Wenn die Umgebung des Bundeskanzlers zu der Ansicht kam, statt Brandt solle der Außenminister den Oppositionsführer unterrichten, zog es Barzel vor, uninformiert zu bleiben — wie der Bundeskanzler darauf verzichtete, sich vor oder nach Auslandsreisen von Barzel ins Vertrauen ziehen zu lassen.
Geschmeidig reagierte Barzel auf alle Ehrungen, die Brandt zuteil wurden; kaum war ihm der Friedensnobelpreis verliehen, eilte der CDU/CSU-Fraktionsvorsitzende zum Rednerpult des Parlaments und hielt eine Rede über den »Inneren Frieden«, der als Versuch zum Abbau der Konfrontation verstanden wurde. Aber das Gegenteil war der Fall: nichts konnte für Barzels Pläne hinderlicher sein als der Beginn eines Nachruhms zu Lebzeiten, und bald danach konkretisierten sich in der CDU-Spitze die Pläne für einen Sturz Brandts. Vor den Olympischen Spielen 1972 in München

schlug Barzel dem Bundeskanzler eine Art politischen Burgfrieden für die Zeit der Spiele vor, brauste sofort gereizt auf, als er glaubte, Brandt habe ihn gebrochen, um wenige Tage darauf wieder, als sich die Rentenberatungen im Parlament festgefahren hatten, ein »Spitzengespräch« anzuregen, das Brandt wiederum ausschlug. Überhaupt kühlte sich von seiner Seite das Verhältnis zu Barzel in dem Maß ab, in dem er ihn genauer kennenlernte, auch mit dem Binden des eigenen Ruhmeskranzes mehr beschäftigt als darauf aus, mit der CDU/CSU Gemeinsamkeiten zu haben, von denen nur sie profitierte. Nachdem sich bei der Beratung der Ostverträge herausgestellt hatte, daß sie sich nicht verstanden, auch nichts erreichten, behandelte Brandt den Oppositionsführer so, wie frühere CDU-Kanzler mit ihrem sozialdemokratischen Gegenpart umgegangen waren: als einen grünen Jungen, den man nur aufwertete, wenn man sich mit ihm einließ.

Auf der gleichen Linie lagen die Warnungen Barzels an die Regierung, ohne Parlament und ohne Mehrheit noch bindende Verträge abschließen zu wollen, die von ihr ignoriert wurden. Dieser wie allen anderen Äußerungen Barzels lag eine präzise und zutreffende Analyse zugrunde, nur die Art, in der er ihr Ergebnis vortrug, war so, daß er ihren Wert minderte. Für Sozialdemokraten war es eine neue Erfahrung, daß derselbe Barzel, der in der großen Koalition von seinem SPD-Gegenpart, Helmut Schmidt, als ein »zuverlässiger Tarifpartner« gelobt wurde, an dessen Wort man sich halten konnte, als Führer der Opposition Versprechen abzugeben schien, die er nicht hielt oder nicht halten konnte. Es war ein schwer zu deutendes Phänomen, daß Barzel unberechenbar wurde, was er keineswegs immer gewesen war, und die Erklärung konnte nur darin liegen, daß ihn seine Rolle als beauftragter Kanzleranwärter in Widersprüchlichkeiten verwikkelte, die er nicht beabsichtigte.

Die psychologische Enge, in der sich Barzel mit Brandt befand, die durch die Gegenüberstellung der beiden Spitzenfiguren im Wahlkampf noch objektiviert wurde, rief beim Kanzlerkandidaten der Union einen Neidkomplex hervor, der deswegen so bohrend war, weil der Bundeskanzler geschafft hatte, was ihm versagt blieb. Er sah Brandt, das uneheliche Kind mit dem angenommenen Namen, den Emigranten, den vielfach Geschlagenen, nach Jahren der Verteufelung in die Rolle einer Integrationsfigur hineinwachsen, die in weiten Teilen der Bevölkerung, über Parteigrenzen und zumal im Ausland Respekt und Sympathie genoß, ein Mann, dem man Glaubwürdigkeit, Gutartigkeit und Moralität zubilligte und den man für unfähig hielt, Intrigen anzuzetteln und finstere Spiele um die Macht zu veranstalten. Der Konflikt war um so schärfer, als Brandt gerade mit den Eigenschaften aufwartete, die man Barzel absprach, und sich so auch noch die gängigen Klischees verfestigten, die über die Parteien im Umlauf waren, die sie führten. Während Brandts Ansehen in vielen Gruppen der Bevölkerung stieg und seine Zustimmungswerte hoch über denen der SPD lagen, konnte Barzel allenfalls als Repräsentant des christlich-konservativen Lagers gelten und seine Partei war besser angesehen als ihr Führer, so daß Meinungsforscher vor der Bundestagswahl 1972 die Frage so gestellt sahen: Wie bringt es die CDU/CSU fertig, trotz Barzel die Mehrheit zu bekommen, und wie kann Brandt gewinnen, obwohl er die SPD führt?

Das Institut für angewandte Sozialwissenschaft in Bad Godesberg fand bei Befragungen heraus, daß etwa 95 Prozent der SPD-Anhänger zu Brandt standen, aber nur 70 Prozent der CDU/CSU-Anhänger zu Barzel. Das veranlaßte den Leiter des Instituts, Klaus Liepelt, zu der Bemerkung, es seien mehr CDU/CSU-Wähler unsicher bei Barzel als SPD-Wähler bei Brandt; oder mit anderen Worten, die Partei hindere, daß Barzel in der Wählergunst weiter abfalle, die Polarisierung aber verhindere auch, daß eine nennenswerte Schar von

CDU/CSU-Wählern zu Brandt überlaufe, während sich Meinungslose und Wechselwähler im Verhältnis von zwei zu eins für Brandt entschieden[6]. Was die Wechselwirkung zwischen der Union und ihrem Kandidaten betraf, so ließ sich freilich auch das Gegenteil behaupten. Doch war für die Union gefährlich, sich auf eine Konfrontation zwischen Brandt und Barzel einzulassen, da einmal Brandt das leichter verkäufliche Image hatte, sich das Idealbild der Bevölkerung am jeweils amtierenden Kanzler ohnehin orientierte und Brandt noch der »Amtsbonus« zugute kam.

Eine Profil-Studie der Arbeitsgruppe für psychologische Marktanalysen kam im Frühjahr 1972 zu dem Ergebnis, daß sich das Image des CDU/CSU-Fraktionsvorsitzenden gegenüber den früheren Vorurteilen um kein Jota geändert hatte, obgleich Barzel hart daran gearbeitet hatte, es zu verbessern. Sein persönliches Erscheinungsbild werde von Arroganz und Machtstreben bestimmt, fand die Mehrzahl der Befragten. Nach Eigenschaften gefragt, fiel den meisten »schmierig, glatt, schleimig, mit allen Wassern gewaschen« ein. CDU/CSU-Wähler meinten in Übereinstimmung damit anerkennend, er schwimme immer oben; sie fanden Barzel intelligent und gewandt, aber persönlich unsympathisch, während ihn SPD- und FDP-Wähler für einen guten Oppositionsführer hielten: »Er hält die CDU/CSU auf Trab.« Er sei ein guter Taktiker; aber er war für sie politisch nicht akzeptabel. Die Studie kam zu dem Ergebnis, bei einer positiven politischen Kompetenz Barzels bestimmten »weitgehend persönliche Antipathien sein Image, so daß er fast als Antityp des idealen Politikers« anzusehen sei.

Anders Brandt, den ein großer Teil der Befragten für einen persönlich integren und toleranten Politiker hielt. »Tolerant, sachlich, besonnen, nüchtern, verständnisvoll, offen, diskussionsbereit, liberal«, waren die Begriffe, die sie mit ihm assoziierten. Aber auch bei Brandt waren alte, vorgefaßte Meinungen noch latent wirksam, selbst wenn sie in den Hintergrund gedrängt wurden: Ansatzpunkte zur Kritik, so stellte die Arbeitsgruppe fest, zeigten sich in seinem Verhalten während des Dritten Reichs und darin, daß er »etwas zu zaudernd« sei[7]. Bemerkenswert war, daß sich das Image Brandts gegenüber der Untersuchung eines anderen Instituts zu einer anderen Zeit ebenfalls kaum verändert hatte, wiewohl er nun in einem Amt war, um das er sich damals noch bewarb. Das Institut für Motivforschung in Eichholz fand im Oktober 1968 – Brandt war zu dieser Zeit Bundesaußenminister – heraus, er gelte als redlicher, fleißiger Politiker, dem jedoch »Würde, Entschlossenheit und Mut abgehen«. Auch fehle ihm eine charismatische Ausstrahlung, weil er zwar guten Willens sei, aber hölzern, schwerfällig und ein miserabler Redner[8]. Im August 1972 wurde nach einer Umfrage des Instituts für Demoskopie in Allensbach an Brandt kritisiert, er könne sich gegenüber seinen Ministern nicht durchsetzen, er sei ein »schwacher Kanzler, er läßt die Dinge zu sehr treiben, statt endlich ein Machtwort zu sprechen« (bei den Kritikern) oder er habe »eben einen anderen Führungsstil. Er läßt den Ministern bewußt einen größeren Spielraum für ihre Entscheidungen und greift erst dann ein, wenn es wirklich nötig ist« (bei den Wohlwollenden[9]).

Die Konstanz der Bewertungen, auch wenn sie unterschiedlich nuanciert wurden, ließ den Schluß zu, daß artikulierte, häufig wiederholte Beschreibungen und Urteile auch dann so falsch nicht sein konnten, wenn sie auf eine knappere Formel gebracht wurden als erlaubt war. Konnte Barzel auch bei einem Vergleich der Sympathie- und Zustimmungswerte gegen Brandt nicht bestehen, so bot ihm das Beispiel des Bundeskanzlers doch zugleich Ansporn und Trost: Zehn Jahre war Brandt Kanzlerkandidat gewesen, ehe er Kanzler wurde, zweimal hatte der Berliner Bürgermeister Anlauf genommen und einmal hatte er schon resigniert, da er überzeugt war, das Wählervolk der Bundesrepublik wolle einen Mann wie ihn nicht zum Regierungschef haben, und hätte seine Partei und fast nur sie nicht so treu zu ihm gestanden, hätte er sich endgültig zurückgezogen. Er wurde, wie er einmal sagte, Kanzler, als er »im engen Sinn keine politischen Ambitionen mehr hatte[10].« Selbst im Amt des Außenministers und nicht einmal in dem des Oppositionsführers, die im umgekehrten Verhältnis zu ihrer Bedeutung bewertet wurden, wurde Brandt 1968 nach der Eichholz-Studie nur von 17 von 100 Befragten für einen geeigneten Bundeskanzler gehalten, Kiesinger aber von 46 (entgegengesetzt zu 1972 stand die SPD besser da als die CDU/CSU). Welche in Details differierenden Umfragen man auch zur Hand nahm, solange Brandt Kanzlerkandidat war, erreichte er immer nur Qualifikationswerte, die weit unter denen des jeweiligen CDU-Kanzlers lagen. In dem Augenblick aber, in dem er ins Palais Schaumburg eingezogen war, stieg die Zahl derer, die ihn für einen geeigneten Kanzler oder den fähigsten deutschen Politiker hielten, um das Doppelte an — gleichsam über Nacht wuchs ihm mit dem Amt ein Vertrauen zu, das er allein mit seiner Persönlichkeit niemals erreicht hätte, er verstand es freilich zu mehren, denn es war ein Kapital, das auch leicht zu verspielen war.

Deshalb konnte Martin Bernstorf in »Christ und Welt« die Überzeugung äußern, »Rainer Barzel werde ehestens als Kanzler sein Negativ-Image ändern können[11]«. Diese Überlegung mag bei Barzels Plänen für einen Mißtrauensantrag eine Rolle gespielt haben: Wenn er sich als Kanzler einer Wahl stellte, würden ihn die Wähler anders beurteilen denn als Kandidat. Ein tief verwurzeltes Obrigkeitsdenken der Deutschen mochte dazu beitragen, daß die Amtsperson gleichzeitig Respektsperson war, derjenige aber, der sich um das Amt bewarb, allein schon deshalb suspekt war, mochte er sonst noch so akzeptable Eigenschaften haben. Monatliche Meinungsumfragen über die Kanzlerkandidaten der Parteien im Auftrag des »Stern« ließen den Schluß zu, daß die Öffentlichkeit auf den Regierungschef sensibler reagierte als auf sein institutionelles Gegenüber: seit April 1972 war die Linie Barzels konstant, während diejenige Brandts (weit über ihm) im gleichen Rhythmus nach oben oder unten stieg wie die Zahl der Unentschiedenen zu- oder abnahm[12]. Daß allerdings in anderen westlichen Demokratien die Ausgangslage ähnlich war, entging Barzel auch nicht; daher führte er als Beispiele für überwundene Niederlagen und überraschende Siege häufig Präsident Nixon oder Premierminister Heath an — Vergleiche, die nicht ganz stimmten, auch nicht unbedingt zur Zuversicht beitragen konnten.

Erschwerend wirkte sich für Barzel die Konstellation der zweiten Männer der großen Parteien aus. Nicht nur wurde das etwas mühsam aufrecht erhaltene negative Image des CSU-Vorsitzenden Strauß demjenigen des CDU-Vorsitzenden von den innenpolitischen Gegnern sozusagen als Gewicht angehängt und verbreitet, Barzel stehe in seinem Schatten, Strauß galt auch — so die Profilstudie — als der »Prototyp des gerissenen, machthungrigen Politikers«, was nicht hinderte, daß man ihm mehr als jedem anderen Politiker zutraute, das beherrschende Thema des Wahlkampfes zu meistern und die Preise zu stabilisieren[13]. Er besetzte also Felder, auf denen sich Barzel bewähren sollte, er galt als dynamisch, leistungsstark, intelligent (auch amoralisch). Ein ähnliches Profil wies Helmut Schmidt auf, in dem viele einen programmlosen, machthungrigen Politiker sahen, mit dem sie jedenfalls Kampfgeist, Entschlußfreude, Härte und Mut assoziierten[14], so daß Schmidt das Persönlichkeitsbild Brandts ergänzte, während Strauß in Konkurrenz zu Barzel stand.

Auch schlug dem Kanzlerprätendenten der Union die geballte Wut derer ins Gesicht, die zähneknischend mitangesehen hatten, wie die CDU/CSU 20 Jahre die Macht in Händen gehalten, sie mißbraucht und sich an ihr verbraucht hatte. Da das Pendel umgeschlagen war, wagten sich viele feindselig gegen die Partei, an die sie sich vorher geklammert hatten. Mit der SPD waren Leute angetreten, die keineswegs

ein so verklemmtes Verhältnis zur Macht hatten wie manche glaubten; es waren vielmehr machtgewohnte und (in den Bundesländern) machtgeübte Leute, die praktizierten, was Helmut Schmidt auf dem Dortmunder Wahlparteitag im Oktober 1972 in ein Zitat von André Malraux kleidete: mit der Macht flirte man nicht, die Macht heirate man und — so nun Schmidt — man lasse sich nicht von ihr scheiden. Freilich, die Rolle des Mannes, der eine Oppositionspartei führte, von der Leidensfähigkeit erwartet wurde, war mit Barzel falsch besetzt: er eignete sich nicht, es Unterlegenen zu erlauben, sich mit ihm zu identifizieren.
Das Beispiel Brandt hätte Barzel aber auch zur Warnung dienen müssen. Seit Adenauer hatte bis 1972 kein Bundeskanzler mehr länger als drei Jahre regiert. Das Amt des Bonner Regierungschefs war mit Verschleißerscheinungen behaftet, die mit nichts sonst auch nur annähernd vergleichbar waren. Barzel mochte sogar so etwas wie Bedauern, gemischt mit Triumph, verspürt haben, als er Brandt die Mehrheit im Parlament unter den Fingern zerrinnen sah, als er beobachtete, wie sich die Regierung, die, jubelnd angetreten, mit Jubelrufen begrüßt, in Lähmung, Kabinettsintrigen, Rückzügen auf der Reformfront und eine ständige personelle Auszehrung verbrauchte. Der Verfall ihres Ansehens kam Barzel wie die Bestätigung des alten Syndroms vor: wieder erlebte er die öffentliche Entwertung eines Vatersymbols in den erbarmungslosen Kämpfen um die Macht, zu der er abermals beitrug, in dem anderen Über-Ich zugleich ein Stück von sich zerstörend. Oder, wie es Hermann Schreiber ausdrückte, gezwungen, gegen einen Mann zu kämpfen, »den er in Wahrheit nacheifert[15].« Es waren alles Anzeichen, die bei Barzel die Alarmglocke hätten schrillen lassen müssen, wäre er nicht so in die Rolle eines Mannes verstrickt gewesen, der sich auf dem langen, beschwerlichen Marsch ins Palais Schaumburg befand.

Die ostpreußische Herkunft

Landschaften formen die Menschen, die in ihnen leben, wie umgekehrt. Rainer Barzel hat nie viel davon hergemacht, daß er aus Braunsberg in Ostpreußen stammte, einer kleinen Stadt im Ermland, heute Braniewo in Polen, also Vertreibungsgebiet. Er hat auch nicht lange in Braunsberg gewohnt, etwa bis zu seinem sechsten Lebensjahr, dann siedelte die Familie Barzel nach Berlin über; so nannte sich Barzel lieber einen Berliner. Im amtlichen Lebenslauf des Bundestagshandbuchs stand Braunsberg auch nur als Geburtsort, »Volksschule und Gymnasium in Berlin«, hieß es weiter. Das ostpreußische Erbe – beide Eltern waren Einheimische – mag ihm zuweilen eher lästig gewesen sein; als dickfellig, schwerblütig, mundfaul und unzugänglich galten die Ostpreußen in dem Landstrich, in dem Barzel später leben mußte, unter den Rheinländern, die eine andere Lebensart haben. Das Ermland aber, in dem der kleine Rainer aufwuchs, als zweitletztes von sieben Kindern – die Ermländer waren traditionell kinderreich – war ein sonderbarer Landstrich, dessen Bewohner anders geartet waren als die benachbarten Ostpreußen.

Das Ermland, das sich »wie ein abgestumpfter Keil in das übrige Ostpreußen (schob), von seiner unteren breiten Kante des südostpreußischen Seengebiets aus nach Norden bis zum Frischen Haff sich verjüngend« (so eine Heimatbeschreibung[1]), war katholische Diaspora. Eine Gründung der Deutschordensritter, welche die weltliche Macht übernahmen und die kirchliche den Bischöfen überließen, unterstellte sich das Ermland im 15. Jahrhundert dem polnischen König; Kirche und Polen unterdrückten gemeinsam die Reformation. So wurde das Ermland zur katholischen Exklave, umgeben vom anderen protestantischen Ostpreußen. Seine Bewohner widersetzten sich konfessionell dem Preußentum, fühlten sich landsmannschaftlich aber Deutschland zugehörig, eine Zwitterstellung, deren Pressionen sich verschärften, als nach dem ersten Weltkrieg der Korridor durch Polen nach Ostpreußen geschaffen wurde; vom »Reich« fuhr man in verplombten Zügen in die ostpreußische Provinz. Abgeschnürt in einer Insellage, entwickelte sich im Ermland auch eine besondere Spielart des Katholizismus, die eine stark nationale Komponente hatte.

»Es kam hinzu«, sagte Ludwig Kayser, 1. Bürgermeister in Braunsberg von 1929 bis 1935, später als Pensionär in Münster in Westfalen lebend, »daß im Unbewußten und Halbbewußten evangelisch mit Deutsch, katholisch mit Polnisch gleichgesetzt wurde[2].« Auch der CDU-Bundestagsabgeordnete Georg Kliesing, der längere Zeit im Ermland war, spricht von dieser doppelten Bewußtseinslage der Ermländer. »Sobald sich die Kirchentüren hinter ihnen geschlossen hatten, waren sie typisch katholisch, unduldsam, dogmatisch. Aber wie sie aus der Kirche herauskamen, mußten sie beweisen, daß sie nicht ›polnisch‹ waren. Die Ermländer haben das Taktieren gelernt[3].« Paul Franken, Direktor der Bundeszentrale für Politische Bildung a. D. war, als er 1925 nach Ostpreußen kam, »entsetzt, wie militärisch die Umgangsformen in dem bedrohten Land waren[4]«, und auch Kayser meinte, wenn es ans Militärische ging, hätten die »katholischen Ermländer zeigen wollen, daß sie Deutsche waren, daß sie national gesinnt waren«.

Dieser Zwang zur Doppelbödigkeit – sich in der Kirche zu

einem Glauben bekennen zu müssen, den man außerhalb verleugnete –, der Widerstreit der eigenen Gefühle, die Spannung zwischen dem Katholischen und dem Nationalen, dem Preußischen und Antipreußischen, sie bewirkten, daß die Ermländer eine eigentümliche Mentalität entwickelten. In Barzels Psyche kehrten sie in anderer Form wieder. Seine Herkunft hat seine Veranlagung zur Anpassung, zur Trennung zwischen dem repräsentativen und dem privaten Ich bestärkt. Zwar erlebte er die Kluft bewußt in Braunsberg noch nicht mit; aber in seinem Elternhaus bestand sie fort, auch als man nach Berlin übergesiedelt war. Der Vater Candidus Barzel, landesüblich »Väterchen« genannt, gehörte in Braunsberg, einer kleinen Stadt von 15000 Einwohnern, zur geistigen Elite. Braunsberg war die »Schulstadt des ganzen Ermlandes« (Kayser), es hatte eine Universität, die staatliche Akademie mit theologischer und philosophischer Fakultät, und zwei höhere Schulen. Vater Candidus war Studienrat am Gymnasium Hosianum, einer Jesuitenstiftung. Er lehrte Turnen und Deutsch. Er war einer der drei Stadtverordneten des Zentrums, die Familie lebte in einem Mietshaus in der Neustädtischen Marktstraße (später Hindenburgstraße), den äußeren Umständen nach wohl bescheiden. Candidus Barzel war Reserveoffizier und ein leidenschaftlicher Sportler. »Wenn vom Sport die Rede war, war Barzel da«, erinnerte sich Bürgermeister Kayser. Er gründete im Ort einen Ruderverein. Bilder aus jener Zeit zeigten »Väterchen« Barzel als einen kleinen, drahtigen Mann, einen Offizierstyp, das Haar kurz geschoren und gescheitelt. »Er war weithin von Ostpreußen beeinflußt«, merkte sich Paul Franken, »militärisch exakt, genau, energisch im Auftreten; ich habe ihn immer als geistig einfach empfunden.« Kayser charakterisierte Vater Barzel als einen Mann, dessen Grundauffasung und Lebensweise eher konservativ gewesen seien, der dennoch aufgeschlossen war und recht lebhaft und fröhlich sein konnte. Die Kaysers und die Barzels fuhren gelegentlich zum Picknick in die nahen Wälder. Frau Barzel war, wie man sich eine Ostpreußin vorstellt, rundlich, das Haar straff am Kopf, ein breites Gesicht, mindestens so groß wie ihr Mann, eine Frau, die »mit unendlicher Liebe die Familie pflegte« (Franken), übrigens hat auch er sich »sehr um seine Familie gekümmert« (Kayser).

Franken traf Candidus Barzel 1943 in Rom. Er war Major im Stab der Luftwaffe. Obwohl ihn Zentrumsherkunft und der strenge Glaube – er war aktiver KV-er – in eine Antihaltung zu den Nationalsozialisten brachten, war er leidenschaftlicher Soldat, vom Pflichtgefühl gegenüber dem Vaterland beseelt – wieder diese Spaltung. Franken, der dem Widerstand angehörte, fand, man habe sich bei jener Begegnung gegenseitig nicht viel zu sagen gehabt, beide waren zu unterschiedlich eingestellt, nach 1945 habe man nicht mehr darüber gesprochen.

Um das Jahr 1930 wurde Candidus Barzel zum Oberstudienrat befördert und nach Berlin versetzt, wo er Leiter einer staatlichen Stelle im Kultusministerium wurde, die mit der Betreuung von Schulen beauftragt war. Die Versetzung muß sich auch auf das Lebensbild der Familie ausgewirkt haben: In die Hauptstadt gerufen zu werden, das war »das höchste Leistungszeugnis, das ein ermländischer Studienrat erbringen konnte, es war sozusagen seine Legitimierung« (Kliesing). Vom bedrohten Außenposten »ins Reich«, in die Zentrale zu gehen, bedeutete gesellschaftliche Höherstufung.

Dennoch suchten die Barzels in Berlin gewissermaßen Braunsberger Zustände aufrecht zu erhalten. Die Kinder wurden tagsüber in eine Jesuitenschule geschickt, das Gymnasium am Lietzensee (ein Sohn schlug denn auch die theologische Laufbahn ein, die in Braunsberg für gehobene Schichten traditionell war). Manfred Klein, der in die gleiche Schule, wenn auch nicht in die gleiche Klasse wie Rainer Barzel ging, später Mitarbeiter in der Bundeszentrale für Politische Bildung wurde, sagte, das Lietzensee-Gymnasium sei Oppositionsschule in der NS-Zeit gewesen[5] — sie wurde dann auch 1940 aufgelöst. Beide hatten den gleichen Lehrer, Pater Drüding, ein »schlichter, einfacher, überzeugter Mensch« (Klein). Die Jesuiten behandelten im weltanschaulichen Lehrstoff den Nationalsozialismus und den Kommunismus, die beiden diktatorischen Mächte, gegen die sie gleichermaßen Widerstand leisteten. Für Rainer Barzel wurden hier zwei Maßstäbe gesetzt, die er nie mehr aus den Augen verlieren sollte: Die Antipathie gegen den politischen Radikalismus und gleichzeitig die Verehrung für die katholische Kirche. So lehnte er politische Diktaturen ab, aber dem Herrschaftsanspruch der Kirche unterwarf er sich — wobei er sich jenen geschmeidigen Katholizismus zu eigen machte, den die Jesuiten praktizierten.

In jener Zeit unter der Schirmherrschaft der Jesuiten trat Rainer Barzel in den Bund Neu-Deutschland ein, eine gemäßigte Reformbewegung innerhalb des Katholizismus, die den »akademischen Dünkel von CV und KV abbauen wollte« (ND-Mitglied Klein): In den Männerkreis konnten auch diejenigen eintreten, die nach dem Abitur ins Berufsleben gegangen waren. Die Jugendgruppen des ND, in der Aufbruchzeit der bündischen Hohen-Meißner-Bewegung gegründet, die aus dem streng bürgerlich-konservativen Katholizismus auszubrechen versuchten, wurden von Patres auf der geistlichen und älteren Jungen auf der weltlichen Seite geführt; sie huldigten einer gewissen Lagerfeuerromantik, machten Fahrten, sehnten sich nach gewissen Freiheiten.

Nach Kriegsende hatte Barzel eine kurze Phase, in der er sich im ND betätigte und auch Anschluß an Ostpreußische Vertriebenengruppen suchte. Über den Bund Neu-Deutschland fand er auch Kontakt zu Heinrich Krone, der 1946 noch Kulturreferent in der Berliner CDU Jakob Kaisers war. In der Bundesrepublik betrieb der Bund über die CDU wie die Korporationsverbände CV und KV Personalpolitik, bekam aber nie den Einfluß auf Stellenbesetzungen wie sie.

Vermutlich strebte Rainer eine zeitlang seinem Vater nach, dessen Name »Candidus« er als zweiten Vornamen mitbekommen hatte. Wie Candidus Barzel, so adaptierte Sohn Rainer offensichtlich widerspruchslos, ja mit einer gewissen sportlichen Begeisterung das soldatische Ethos, sonderte davon aber die Politik ab und blieb im Herzen treuer Diener der Kirche. Nach dem Notabitur meldete sich der knapp 17jährige im Jahr 1941 freiwillig zu den Offiziersbewerbern und kam zur Luftwaffe: Er flog als Beobachter bei den Seeaufklärern Einsätze am Schwarzen Meer und in Norwegen. Seinem damaligen Staffelkapitän Nagel fiel an dem blutjungen Leutnant nichts besonderes auf: »Er war bei seinen Kameraden sehr beliebt und hat seine Pflicht wie alle anderen getan[6]«. Barzel wurde mit dem Eisernen Kreuz zweiter Klasse und der Goldenen Frontflugspange ausgezeichnet. Aus dieser Zeit, in der er sich nicht sonderlich engagierte, behielt er nur einige Ausdrücke aus der Fliegersprache bei.
Wie es der Natur Barzels entsprach, ließ er sich später nicht mehr anmerken, ob der Zusammenbruch des Nazi-Regimes auf ihn irgendeinen Eindruck gemacht hat. Dem Reporter Peter Grubbe erzählte er beiläufig, vom Tod Hitlers habe er bei einem Abendessen mit Kameraden auf Sylt gehört, er war nun bald 21 Jahre. »Es war ein ganz unemotioneller Abend«, stellte Barzel fest. Doch das besagte nichts über seine Empfindungen. Die Aussage zeigte lediglich, daß sich Barzel schon in jener Zeit fest in der Hand hatte, seine Gefühle sorgfältig unter Kontrolle hielt und jeweils die Haltung einnahm, die von ihm erwartet wurde: Soldaten hatten den Tod ihres Obersten Kriegsherrn mit Haltung hinzunehmen. Irgendwie gelang es ihm dann, der Kriegsgefangenschaft zu entgehen.
Töricht wäre es, Barzel wegen seines Verhaltens im »Dritten Reich« Vorwürfe zu machen; es gab nichts zu loben und nichts zu tadeln. Er war ein Produkt seiner Umwelt und Erziehung und es lag ihm fern, sich dagegen aufzulehnen. Daß

Brandt 1933 mit 19 Jahren bei Nacht und Nebel in einem Fischerboot Deutschland verließ, lag eben auch an seiner anderen Herkunft. Man konnte von einem jungen Mann in diesem Alter nicht verlangen, daß er emigrierte oder Widerstand gegen das Regime leistete, wenn er nicht von ihm selbst dazu gezwungen wurde. Barzel war nicht gefährdet wie Brandt, mit den Nationalsozialisten hatte er nicht sympathisiert, er tat eben seine Pflicht.

Als der Krieg vorüber war, siedelte sich Rainer Barzel in Köln an. Der Umzug wurde von ihm gern als das Ergebnis einer Liebesromanze geschildert. In seinem letzten Schuljahr, so berichtete er[7], habe er sich in die Kölner Drogistentochter Kriemhild Schumacher verliebt, die als Bombenflüchtling in Berlin Zuflucht gefunden habe; nun habe er sie in Köln wiedergefunden und Vater Schumacher beim Aufbau seiner Drogerie geholfen. »Er war schon höflich und ritterlich, als wir uns kennenlernten«, bemerkte Kriemhild Barzel[8] – ein altkluges Paar. Es war jedenfalls auffallend, daß der junge Barzel nicht nach Berlin zurückkehrte, wo er immerhin die letzten zehn Jahre vor seinem Fronteinsatz gelebt hatte. Offenbar war er nun entschlossen, sich vom Elternhaus zu emanzipieren – er sagte sich von ostpreußischen und preußischen Traditionalismen los, indem er in das antipreußische Köln umzog (die Eltern folgten ihm dann nach, die Mutter lebte noch in Köln). Nur an einer überlieferten Familienherkunft hielt er fest: Der Zuwendung zum Zentrum, sich somit vom Vater befreiend und doch nicht völlig von ihm lösend.

Auch insofern wechselte Rainer Barzel die Richtung, als er nicht das herkömmliche Studium der Theologie oder Philosophie ergriff, auch nicht den Lehrerberuf, sondern sich an der Universität Köln für Rechtswissenschaften und Volkswirtschaft einschrieb. Sogleich begann er, sich politisch zu interessieren und zu engagieren: Er kandidierte für die katholische Studentengemeinde des Asta. Er war ein braver junger

Mann und schon sehr strebsam. »Alkohol hat er kaum getrunken. Er war ja verlobt«, lobte Erich Mende, der das gleiche Fach belegt hatte; das Kneipen mit Kommilitonen scheint Barzel nicht gelegen zu haben, der in den ersten Monaten wie die meisten ehemaligen Kriegsteilnehmer im alten Soldatenmantel durch das unvorstellbar zerstörte Köln stiefelte.

Neben der Aufbauhilfe für den künftigen Schwiegervater, neben dem Studium und dem Aufbau der eigenen Existenz beschäftigte sich Barzel auch mit der Geschichte der Parteien. Im Jahr 1946 schrieb er jenes schmale Bändchen »Die geistigen Grundlagen der politischen Parteien«, das ihm nachher so viel Ärger eintrug, weil es eine Option für das Zentrum und eine Absage an die CDU enthielt. Man sagte, Barzel habe später versucht, der Exemplare dieser Ausgabe habhaft zu werden, wohl um sie aus dem Verkehr zu ziehen. Es erschien dann auch 1952 eine Neuauflage »Die deutschen Parteien«, die man nun in den öffentlichen Bibliotheken finden konnte – die Passage über die CDU war hier völlig umgearbeitet, aus der, gelinde gesagt, kritischen Distanz des Autors war hingebungsvolle Bewunderung geworden. Wie Barzel mit der ersten Fassung gleich zur Zentrumsführung vorgedrungen war, brachte er das Kunststück fertig, mit der zweiten die Einlaßkarte in die inneren Führungszirkel der Union zu erwerben; als er es schrieb, war er persönlicher Referent des nordrhein-westfälischen Ministers für Bundesangelegenheiten in Bonn, Carl Spiecker. Bald nach dem Erscheinen des veränderten Erstlings begann Barzel in der Hierarchie aufzurücken.

Daß Rainer Barzel gerade in Köln der CDU eine Absage erteilte, wird er sich später nie verziehen haben, noch weniger, daß er es auch noch in einem schriftlichen Bekenntnis aktenkundig machte. Denn Köln war – neben Berlin – eine der Geburtsstätten der Union. Die Kölner CDU hatte schon im Herbst 1945 – vor allen anderen Parteigruppierungen – ein

Programm, ein fortschrittliches dazu. In der Zentrumshochburg Köln sagten sich die Christdemokraten besonders eindrucksvoll vom alten Zentrumsturm los, hier wuchs ihre Bewegung rasch und mächtig. Als Barzel, vermutlich in einem Notquartier hausend, schlecht gekleidet und ernährt, den geistigen Grundlagen der Parteien nachspürte, war Konrad Adenauer bereits Vorsitzender der rheinischen CDU und der CDU der britischen Zone; hielt er in Köln, in der Universität, zündende Reden, vor Tausenden von Menschen; konstituierte sich der erste Landtag in Düsseldorf, in dem die CDU zuerst die zweitstärkste Partei nach der SPD war (sie hatte dreimal so viele Abgeordnete wie das Zentrum), und, nach unerwartet hohen Wahlsiegen bei den Gemeindewahlen, zur stärksten Fraktion aufrückte; schlug sich einer der späteren Mentoren Barzels, Karl Arnold, schon für die CDU. Allein der sonst so fixe Barzel, später groß im Erkennen politischer Entwicklungen – der auch nie der Jungen Union angehörte, sondern sich in der Katholischen Jugend, der Katholischen Arbeiterbewegung und der Kolpingfamilie betätigte – war von der Idee des politischen Katholizismus so geblendet, daß er sich einer Bewegung anschloß, deren größte Stärke ihre Vergangenheit war. Die Partei, deren Vorsitz er sich 25 Jahre später erkämpfen sollte, erschien ihm noch als eine »Utopie« – ein Begriff, mit dem man etwas ganz Abwegiges belegte. Konnte man älteren Politikern, die in den Traditionen der Weimarer Republik großgeworden waren, noch nachsehen, wenn sie sie fortzusetzen wünschten – bei einem jungen Mann wie Barzel zeugte die Vorliebe für's Zentrum weder von großer Weitsicht noch von Beherztheit.

Wie später häufig auch, legte der Student Rainer Barzel allerdings in seiner Parteienschrift weder eine begründete eigene Meinung dar noch suchte er streitbar die Welt zu verändern; sondern er sammelte Zitate, die er geschickt und gescheit zusammenstellte und mit einem Text verband, durch den er Neigung und Abneigung bloß durchschimmern ließ. Zu Recht

sagte Josef Rösing, diejenigen, die sie damals druckfrisch gelesen hätten, seien der Auffassung gewesen, daß das Zentrum »besser wegzukommen schien« als die CDU[9]. Und er fügte hinzu, der Autor habe sich »viel Mühe gemacht, die Verhältnisse zu studieren«. Es war eine tendenziöse Bestandsaufnahme, in der der Autor viele vorteilhafte Zitate über das Zentrum sammelte, auch dessen Geschichte ausführlich darstellte, während er von der CDU meinte, sie sei noch zu jung, um sie ausführlicher abzuhandeln.
So schrieb er: »Den Anspruch, auf dem gleichen Boden der christlich-naturrechtlichen Lehre zu stehen wie das Zentrum, erhebt die Christlich-Demokratische Union, die neue große Partei, deren Vertreter rechts in den Parlamenten sitzen.« (Der Unterschied war klar herausgearbeitet: Die CDU erhob den »Anspruch«, aber, so hieß es an anderer Stelle: »Auf dem Boden der aufgezeigten christlichen, aus dem Naturrecht abgeleiteten Grundsätzen steht die Zentrumspartei«.) Die Union, schrieb Barzel weiter, sei entstanden unter dem Druck der Nationalsozialisten gegen beide Bekenntnisse, gefestigt durch die gemeinsame Leidenszeit und das Attentat auf Hitler vom 20. Juli 1944, um festzuhalten: »Kritiker sehen hier bereits die Utopie: Beide Konfessionen sollen vereint kämpfen. Die Politik soll aus dem Glauben kommen. Der protestantische und der katholische Glaube weisen aber starke Divergenzen auf. Wo bleibt da die einheitliche christliche Grundlage? Diese Kritik geht aber weiter. Sie sieht im Vornamen ›christlich‹ ein schmückendes Beiwort und nicht mehr. Drei Gründe werden für diese Behauptung ins Feld geführt. Erstens: Die Christlichen Demokraten erstreben die Vereinigung mit den Liberalen. Zweitens: Die ersten Worte der Präambel des ersten Programms: ›Gott ist der Herr der Geschichte und der Völker, Christus die Kraft und das Gesetz unseres Lebens‹, sind gestrichen worden. Drittens: Ehemalige Mitglieder aller möglichen Parteien schließen sich in der Christlich-Demokratischen Union zusammen. Aus alle-

dem folgert man, daß das Wort christlich nicht mehr ist als eine Flagge, unter der zur Zeit gut segeln sei.«

Die Schlußfolgerung mußte Barzel später, als er konvertierte, besonders eingeleuchtet haben. Damals gab er mit akribischer Genauigkeit die Vorwürfe über die CDU wieder, die man vor allem vom Zentrum gegen sie vorbrachte; er machte sich dabei nicht einmal die Mühe, wenigstens das zu zitieren, was sie zu ihren Gunsten ins Feld führte. Stoff hätte ihm zumindest das zweite CDU-Programm, das er nicht nannte und das Konrad Adenauer geschrieben hatte, geliefert. Er merkte wohl an: Der CDU-Parole des ersten Wahlkampfs: Christus oder Marx, seien »Millionen Deutscher« gefolgt. Aber er fügte fast feindselig hinzu: »Ob aus wirklichem Christentum oder aus Opportunität, wie die Kritik behauptet, kann hier nicht untersucht werden[10].«

Nach der Erinnerung Rösings, der Barzel einmal auf einer Zentrums-Veranstaltung gesehen hatte, gab ihm der Verleger Götz Schwippert einen Fahnenabzug dieses ersten Barzel-Manuskripts. Rösing empfahl es Spiecker und dem Zentrumsführer Muckermann. Sie seien sehr angetan gewesen, wie sich vorstellen läßt, Auszüge seien in der von ihnen geleiteten Zeitung im Vorabdruck erschienen. Spiecker habe den jungen Mann, der noch unter der richtigen Flagge segelte, zu sich bestellt und habe ihn dann, als er seinen Referendar gemacht habe und Spiecker Minister wurde, in nordrhein-westfälische Landesdienste übernommen. Nach anderen Berichten ging Barzel seinerseits »wiederholt den nach den Maßstäben dieser Zeit linken Zentrumsmann Spiecker an«[11],

Weder stimmt aber die oft kolportierte Behauptung, Spiecker habe nach 1945 »das alte Zentrum wiederaufbauen« wollen, noch diejenige, Spiecker sei »gegen die CDU« gewesen[12]. Carl Spiecker war eine der ebenso phantasievollen wie Verwirrung stiftenden Figuren, die wechselvolle Zeiten hervorbringen, der frühere Reichskanzler Brüning, der Spiecker in der Weimarer Zeit zu seinem Sonderbeauftragten für die

Bekämpfung der Nationalsozialisten ernannt hatte, nannte ihn später einen Intriganten, das Zentrums-Nachkriegsblatt »Neuer Westfälischer Kurier« hieß ihn »erfindungs- und listenreich wie Odysseus«. Spiecker war mehr ein Mann publizistischen Einflusses als der Tat: In der Weimarer Republik war er Direktor des Berliner Zentrumsorgans »Germania«, in der Emigration in Frankreich, Amerika, Kanada und England betätigte er sich publizistisch, im Herbst 1945 nach Westdeutschland zurückgekehrt, gelang es ihm mit zwei anderen Zentrumsleuten, die Lizenz für die Essener »Rhein-Ruhr-Zeitung« zu bekommen. Barzel mochte in dem sehr viel älteren Spiecker, einem kleinen, dicklichen Mann, der auf Fotografien wenig eindrucksvoll aussieht, eine Art geistigen Ziehvater gesehen haben. Spiecker hatte etwas, was Barzel fehlte: Den Mut, neue Ideen durchzuspielen, ohne viel Rücksicht auf Erfolgsquote; davon machte er vielleicht zu viel Gebrauch. Denn er geriet damit zugleich ins Zwielicht und zwischen die Fronten der sich rasch verfestigenden parteipolitischen Lager.

Der junge Barzel hatte entweder vieles von der politischen Vorstellungswelt Spieckers übernommen oder sie fanden sich in ähnlichen Anschauungen. Von der gleichen Voraussetzung wie Adenauer ausgehend, daß die Deutschen dem Weltanschaulichen zu sehr ergeben seien, kam Spiecker aber zur entgegengesetzten Schlußfolgerung: »Weltanschauung und Politik (sollen) voneinander getrennt werden[13].« Spieckers Idealvorstellung war, als er nach Deutschland kam, eine Art Arbeiter-Partei nach britischem Vorbild. An der CDU behagte ihm nicht, was auch Barzel nicht gefiel: daß sie das »Christliche« im Firmennamen trug; das Zentrum glaubte Spiecker noch entideologisieren, entkonfessionalisieren, zu einer »Kraft der Mitte« ausbauen zu können, die die schmerzlichen Wunden, die sich die weltanschaulich gebundenen Gegner in der Weimarer Republik geschlagen hätten, heilen könne. So einleuchtend solche Maximen gewesen sein moch-

ten, so vage waren sie doch in Hinsicht auf ihre Verwirklichung. Auch dürfte Spiecker zu jenen Männern gehört haben, die zwar gern von Prinzipien sprachen, aber im Grunde Taktiker, ja Übertaktiker waren – hier fand man die Verwandtschaft zu seinem Schüler Barzel.
Mit der Adenauer-CDU wollte Spiecker ebenso wenig zu tun haben wie mit dem dogmatischen Hamacher-Zentrum. Eine zeitlang hoffte er, das Zentrum mit dem linken CDU-Flügel fusionieren zu können. Mit Ministerpräsident Arnold führte Spiecker 1947 geheime Fusionsverhandlungen, die einer der engsten Mitarbeiter Arnolds, der Geheimrat Katzenberger, publik werden und die Adenauer platzen ließ. Bei dem häufig wechselnden Zentrumsvorsitz bekam auch Spiecker diesen Posten; zugleich ernannte Arnold ihn im Frühjahr 1947 zum Vertreter des Landes Nordrhein-Westfalen im Ministerrang beim Länderrat der Zweizonenverwaltung in Frankfurt (CDU, SPD und Zentrum bildeten die Regierungskoalition). Noch im Mai 1948, als der rheinische CDU-Vorsitzende Adenauer ihn aufforderte, in die CDU einzutreten, antwortete Spiecker hochfahrend: »Es geht nicht um die Feststellung, ob Herr Dr. Adenauer ein ebenso guter oder ein besserer Katholik ist, als ich es bin, sondern nur darum, ob die wirtschaftliche, soziale und allgemeinpolitische Einstellung des Herrn Adenauer mit der meinen übereinstimmt[14].« Ein dreiviertel Jahr darauf kapitulierte Spiecker und versuchte, das Zentrum in die CDU einzubringen. Als auf einem Parteitag in Oberhausen die übergroße Mehrheit der Delegierten sich weigerte, legte Spiecker verärgert den Parteivorsitz nieder, und bald darauf schloß ihn, gleichfalls verärgert, die Zentrumspartei aus ihren Reihen aus; auch die Zeitungslizenz wollte man ihm entziehen. Seine einstigen Parteifreunde spuckten Gift und Galle über ihn. Die CDU aber nahm Spiecker im März 1949 unter ihren weiten Mantel und jetzt war er auch zu der Erkenntnis gekommen, »daß sich die beste gedankliche und politische Zentrumstradition

nach Lage der Dinge am ehesten in der CDU verwirklichen läßt« (So in einem Brief an Adenauer und Arnold)[15].
Spiecker wechselte rechtzeitig aus dem lecken Zentrumsboot in das prächtige CDU-Schiff: Das Zentrum zerfiel, im Düsseldorfer Landtag traten nach der Oberhausener Affäre vier Abgeordnete zur Union über, im Frankfurter Wirtschaftsrat blieb dem Zentrum von vier Abgeordneten nur noch einer erhalten (auch Mathias Hoogen, der später Wehrbeauftragter wurde, ging zur CDU); im Lauf der ersten beiden Bundestagsperioden wurden die Überreste der Weimarer Zeit, in der Bundesrepublik zur Bedeutungslosigkeit verurteilt, von der gewaltig wachsenden CDU aufgesogen.
Mit Barzel wurde Spiecker schon 1948 handelseinig. Man wartete nur noch ab, bis der Student sein Referendarexamen abgelegt hatte; am 1. Januar 1949 begann Barzel seine Laufbahn als Referent im Frankfurter Stab Spieckers. Er war einer von vielen und niemand hätte vorherzusagen gewagt, wie weit er es bringen würde. Noch war Barzel parteilos und er blieb es auch mehrere Jahre; daraus konnte man schließen, daß er sich noch nicht entschieden hatte, ob er die Beamtenleiter hochklettern wollte. Womöglich war ihm auch der CDU-Boden noch zu unsicher. Er begann seine Arbeit, als sich sein Chef gerade vom Zentrum lossagte, eine dramatische Zeit, die spurlos an Barzel vorüberzugehen schien.
In seinem ersten Referentenjahr promovierte der 25jährige Barzel bei Professor Ernst von Hippel über das Thema: »Die verfassungsrechtliche Regelung der Grundrechte und Grundpflichten des Menschen – zugleich eine rechtsvergleichende und rechtshistorische Studie«, mit der Note »sehr gut«. Es entsprach nicht der Not der Zeit, sondern Barzels Auffassung von einem erfolgreichen Lebensweg, daß er nicht das Studium fortsetzte und auf die zweite Staatsprüfung verzichtete, denn auch anderen riet er, lieber früh in die Praxis zu gehen; Hilfestellung und Leistung, so glaubte er wohl, könnten besser weiter helfen als Wissen und Titel.

Nach der ersten Bundestagswahl im Herbst 1949, nachdem die Frankfurter Institutionen aufgelöst worden waren, zog Spiecker mit seinem Stab nach Bonn um. Am 1. April 1950 wurde er zum Minister des Landes Nordrhein-Westfalen für Bundesangelegenheiten in Bonn ernannt. Der junge Barzel erhielt nun eine herausgehobene Stellung in untergeordneter Position: Er wurde Spieckers persönlicher Referent.

Vom Ministerialrat zum Paderborner Abgeordneten

Persönliche Referenten sind gemeinhin die nicht sonderlich geachteten Aktentaschenträger ihrer Chefs; nur in seltenen Fällen ist der Posten Durchgangsstation für eine höhere politische Laufbahn. Im Fall Barzel erwies sich das bescheidene Amt an der Seite des Ministers Spiecker als Sprungbrett. Geschick, Fleiß, Protektion und eine gehörige Portion Glück halfen ihm dabei, die Sprossenleiter der Karriere rascher zu erklimmen als andere. Barzel wußte umsichtig die Möglichkeiten zu nutzen, sich als persönlicher Referent alle Verbindungen zu den wichtigen Männern zu erschließen. Nicht nur Spiecker »hat große Stücke auf ihn gesetzt« (Josef Rösing[1]), sondern auch der frühere Zentrums-Ministerpräsident Amelunxen »schätzte Barzel sehr« und sein Nachfolger seit dem Sommer 1947, Ministerpräsident Arnold, habe gar — so Rösing — von Barzel »geschwärmt«. Aber Barzel machte sich nicht nur Liebkind bei seinen Protektoren, er leistete auch Schreibtischarbeit. Spiecker war älter geworden, zermürbt von den Richtungskämpfen zwischen Zentrum und CDU; so nahm Barzel die Fäden in die Hand und wurde zum Bonner Verbindungsmann des Düsseldorfer Regierungschefs an dem zweiten Mann in der Landesvertretung vorbei, der ein Sozialdemokrat war. Arnold hätte in Barzel den Nachfolger Spieckers gesehen, hätten ihm nicht einige beamtenrechtliche Voraussetzungen gefehlt. Aber auch so betraute ihn der

Ministerpräsident mit Aufgaben, die ihm der Rangliste nach nicht zustanden: Er wurde zum Kontaktmann der Landesregierung bei der Montanunion ernannt. Rösing, den Spiecker gelegentlich abfragte, was sich im Bundeshaus tat, deutete ihm an, als er die Stimmung nach dieser unüblichen Ernennung erkundete, man hätte allgemein erwartet, daß ein Fachmann mit diesem Auftrag betraut worden wäre. Spiecker tat die Einwände der Fraktion ab: »Die Montanunion müssen wir politisch sehen. Das Fachwissen kann sich einer aneignen. Barzel ist versiert und er ist geeignet.« Drei Jahre lang, vom August 1950 bis zum November 1953, aß Barzel in der Landesvertretung Nordrhein-Westfalen das harte Brot des Mannes in untergeordneter Stellung, der sich in der Hierarchie des Hauses auf nichts anderes stützen konnte als auf das Vertrauen der Oberen, denen er mehr zu verdanken hatte als es seine Position rechtfertigte, und die von ihm mehr erwarten durften als es seinem Rang entsprach, eine Art »graue Eminenz« in jugendlichem Alter. Am 16. November 1953 starb Spiecker und damit rückte Rainer Barzel, noch nicht 30 Jahre alt, mit einem gewaltigen Sprung auch in der Repräsentation nach vorn.

Gerade rechtzeitig hatte Barzel seinen parteipolitischen Befähigungsnachweis geliefert: 1951 schrieb er sein Parteienbüchlein um, weil ihm »eine direkte Neuauflage ... in Anbetracht der parteipolitischen Entwicklung« nicht angebracht schien (Vorwort). Er wechselte den Verlag, das Kapitel über die CDU rückte nun nach vorn und nahm mit mehr als 20 Seiten den größten Raum ein, von einer »Utopie« war nicht mehr die Rede, und jetzt trug der Autor auch reichlich Zitate der CDU zur Selbstausschmückung bei, er zog Reden von Arnold bis Adenauer an, gab Entschließungen, Programme und selbst Aussagen im Parlamentarischen Rat wieder. Wie um seine eigenen, noch immer nicht ganz besänftigten Zweifel zu zerstreuen, setzte sich der Autor vor allem mit dem Anspruch der CDU auseinander, die christlichen Konfessionen zu einen, und jetzt schien es ihm möglich, ja wünschbar, was er fünf Jahre zuvor noch für absurd gehalten hatte. Unter Hinweis darauf, daß sich frühere Zusammenschlüsse der Protestanten »Union« nannten, der Katholiken »Liga«, subsummierte er: »Und denkt man gar an Leibniz' Pläne zur Union der Christenheit, so liegt in dem Parteinamen das Verlangen, Protestanten und Katholiken vereint im politischen Raum für die Verchristlichung der Welt streiten zu lassen.« Und er führte ausführliche Passagen aus dem »Politischen ABC« des Sekretariats der CDU der britischen Zone auf, in dem es hieß: »Christentum ist keine Privatsache. Es erhebt den Anspruch, das gesamte öffentliche Leben mit seinen Grundsätzen zu erfüllen.«

Dem Anspruch der Union, eine Weltanschauungspartei zu sein, widersprach Barzel nun nicht mehr. Lobend nannte er die CDU sogar die »einzige Verfassungspartei«, weil die anderen Parteien dem Grundgesetz entweder nicht zugestimmt oder Änderungen in wichtigen Punkten beantragt hätten. Daß er die »soziale Marktwirtschaft«, den Gegenpart zur »Planwirtschaft«, lobte, verstand sich von selbst. Und zum Schluß ließ er, Abschied von der Idealvorstellung einer katholischen Partei nehmend, seine Bedenken doch noch durchblicken: »Die Programmatik der CDU, so weit sie bisher erkennbar ist, entspricht nur zum Teil der von den Päpsten verkündeten christlichen Gesellschaftslehre; der christlichen Gesellschaftslehre am nächsten kommt die kultur- und die verfassungspolitische Programmatik der Union, am weitesten entfernt von ihr ist die Wirtschafts- und Gesellschaftsproblematik«, – auch diese Bedenken gaben sich später noch[2].

Die Darstellung der Zentrumspartei hingegen war fast an den Schluß gerückt; sie rangierte noch hinter der Bayernpartei. Sie begnügte sich im Wesentlichen mit einem historischen Abriß. Die Wendung war, jedermann sichtbar, vollzogen. Wie das erste Parteienbrevier eine als Zitatensammlung getarnte Werbeschrift für die Zentrumspartei war, so war das zweite eine Ergebenheitsadresse an die CDU, zugleich eine ziemlich barsche Absage nicht nur an den Marxismus und den Sozialismus, sondern auch an den Liberalismus (hier versteckte sich noch ein Zipfelchen Zentrumstradition). Es war zugleich in dieser neuen Verbindung eine überschwengliche Lobeshymne auf die »christliche Gesellschaftslehre« mit den Merkposten Schutz der Familie, Konfessionsschulen, päpstliche Enzykliken und katholische Erbauungsschriften, aus denen er etwa zitierte: »Familienmütter sollten in ihrer Häuslichkeit und dem, was dazu gehört, ihr hauptsächlichstes Arbeitsfeld finden in Erfüllung ihrer hausfraulichen Obliegenheiten« — ein echtes Schatzkästlein.

Nach dem Tod Spieckers hätte Arnold gewiß Barzel gern zum Minister in Bonn ernannt; der junge Mann hatte sich für ihn in jeder Weise durch treue Dienste qualifiziert. Arnold mochte es ihm nicht antun, ihm einen anderen Mann vorzusetzen. Aber ihn ins Kabinett zu nehmen, hätte unweigerlich einen politischen Skandal hervorgerufen. So fanden der Regierungschef und seine Mitarbeiter einen Ausweg, den sie für sehr elegant hielten, der dennoch nicht so einwandfrei war, daß er Barzel nicht sofort und später öffentlich als Protektorenkind ausgewiesen hätte. Barzel war Oberregierungsrat; Arnold beförderte ihn zum Ministerialrat — Barzel bekam seinen ersten Superlativ, er war der jüngste Ministerialrat der Bundesrepublik. Zugleich nahm der Ministerpräsident ab Januar 1954 die Geschäfte der Landesvertretung in seine Kompetenz. Der leitende Beamte des Hauses, der, ohne diesen Rang zu haben, die Funktion eines Staatssekretärs bekleidete, Ministerialdirektor Wolfgang Schmidt (SPD), wurde zurückgezogen und Barzel übernahm seine Stelle; er wurde also »kommissarischer« Leiter der Landesvertretung.

Bis heute rätselt man, wie ein solcher Aufstieg beamtenrechtlich möglich war. Es gab nämlich ein Gesetz, das zwingend vorschrieb, daß ein Regierungsdirektor 35 Jahre alt sein müsse, dann noch ein Jahr Wartezeit zu absolvieren und

sechs Beamtenjahre vorzuweisen habe. Die Bestimmung fiel später weg, dennoch waren die jüngsten Ministerialräte Nordrhein-Westfalens allenfalls 35 Jahre alt. Barzel aber übersprang den Regierungsdirektor, eine Möglichkeit, die zwar im Laufbahnrecht eingeräumt wurde (die Beamten nannten sie »Sprungbeförderung«), von der aber selten Gebrauch gemacht wurde. Überdies fehlten Barzel drei rechtliche Voraussetzungen zum Ministerialrat: Das Assessor-Examen, das erforderliche Alter und die Dienstzeit. Arnold führte einen Kabinettsbeschluß herbei, obwohl auch nicht alle CDU-Minister einverstanden waren; es protestierten Sozialdemokraten und der Beamtenbund. Zur Verteidigung führten die einen an, damals habe es nur wenige Leute gegeben, die sich in der Politik engagiert hätten und so habe man jedes Talent aktivieren müssen[3]; andere, in jener Zeit sei es schon einmal vorgekommen, daß es jemandem aus Entnazifizierungsgründen nicht möglich gewesen sei, das zweite Staatsexamen zu machen[4], so daß Ausnahmen in der ersten Nachkriegszeit eher möglich gewesen seien als später.
Wie dem auch sei, Barzel hatte »zum Leidwesen vieler Beamter« (Rösing) einen dem Minister vergleichbaren Rang eingenommen, der ihn zum Gegenstand des Neides in den eigenen Reihen machte und Angriffsflächen bei den politischen Gegnern bot. Im gleichen Jahr, also ziemlich spät, erwies Barzel der Partei, die ihn hatte groß werden lassen, seine Referenz: Er trat in die CDU ein.
Beschreiber des Lebensweges Barzels verfielen gelegentlich in einen vorwurfsvollen Ton, wenn sie auf den Wechsel Barzels von Spiecker zu Arnold zu sprechen kamen. Aber in Wirklichkeit wechselte Barzel damals nur einmal seine Position, und zwar vom Zentrumsanhänger zum CDU-Befürworter; Spiecker war ihm dabei vorausgegangen. Seitdem zogen Spiecker und Arnold an einem Strang. Beide versuchten nach der Bundestagswahl von 1949, eine große Koalition mit der SPD im Bund zustande zu bringen, scheiterten aber an

Adenauer. Es lag nahe, daß Barzel dann gleich zu Arnold überwechselte, und seine engen Beziehungen zum Landeschef datierten von der Zeit an, in der er auch sein unmittelbarer Vorgesetzter war.

Keinem anderen Politiker und Gönner hatte Barzel mehr zu verdanken als Karl Arnold. Der damals 53 Jahre alte Ministerpräsident mochte an seinem 22 Jahre jüngeren Ministerialrat die intellektuelle Präsenz schätzen, mit der er ihm überlegen war – so bat er Barzel, ihm Reden vorzubereiten. Arnold war einfacher Leute Kind aus dem Schwäbischen; er hatte über Volksschule und Lehre als besoldeter Sekretär zu der Christlichen Gewerkschaftsbewegung gefunden und sich schlecht und recht durch die nationalsozialistische Zeit geschlagen. Nach dem Krieg betätigte er sich in der Einheitsgewerkschaft, die er gründen half, und wurde Repräsentant des in Nordrhein-Westfalen starken »linken Flügels« der CDU, der Sozialausschüsse. Mancher wollte in Arnold ein Gegengewicht gegen den »bürgerlichen« Adenauer aufbauen, aber dazu fehlten ihm sowohl Schlauheit als auch Beharrlichkeit. Arnold war ein sehr sanftmütiger Mann, der Konflikten lieber aus dem Weg ging als sie auszutragen. Doch eignete ihm, was man moralische Integrität nannte. Bis 1950 Regierungschef einer großen Koalition, dann mit dem Zentrum, ab 1954 mit der FDP regierend, lavierte Arnold oft recht mühsam zwischen dem Autoritätsanspruch Adenauers, den Ansprüchen des linken Flügels in den eigenen Reihen und den Forderungen der Sozialdemokraten, die ihm nicht unsympathisch waren. Arnold war ein Mann des Kompromisses und er war ein Produkt des Kompromisses zwischen den Machtgelüsten Stärkerer, zwischen denen er sich zerrieb.

Zwei Jahre dauerte die nicht formalisierte Regentschaft Barzels in der Bonner Landesvertretung Nordrhein-Westfalens. Anfang 1956 schlossen sich kühne und vorwitzige Freie Demokraten mit der SPD zusammen und versuchten, was ihnen erst mehr als zehn Jahre später gelingen sollte: miteinander im Bund und im größten Bundesland zu regieren. In Düsseldorf wurde Ministerpräsident Arnold mit einem konstruktiven Mißtrauensvotum gestürzt, dieser Sturz sollte, wie Barzel schrieb, »der Wendepunkt der deutschen Nachkriegspolitik werden und die Voraussetzungen für die Ablösung Konrad Adenauers in Bonn schaffen«[5]. Adenauer allerdings wußte sich, auf der Höhe seiner Macht, seiner Gegner zu erwehren. Barzel war während des Regierungswechsels in Düsseldorf auf Reisen in Amerika; als er zurückkehrte, »fand er eine neue politische Landschaft vor« (Rösing). Fritz Steinhoff von der SPD war Ministerpräsident. Der Ministerialrat kam der Regierung zuvor, die ihn sicher abgeschoben hätte, und ließ sich »ohne Dienstbezüge« beurlauben. Er nahm damit Abschied von der Beamtenlaufbahn.

Seine Karriere wurde fürs erste nicht nur abgebrochen, sondern auch noch abhängiger von der Gunst Arnolds: Barzel wurde der Sekretär des Ministerpräsidenten a. D. Und als die CDU des Landes, wie immer in Notzeiten, Anstalten machte, enger zusammenzurücken, und die rivalisierenden Landesverbände Rheinland und Westfalen-Lippe ein gemeinsames Landespräsidium bildeten, übernahm das Gespann Arnold-Barzel die Zügel: Arnold wurde Präsidiumsvorsitzender (ein Posten, der aufgehoben wurde, als die CDU wieder regierte, und wieder geschaffen, da sie erneut in Opposition kam, dann übernahm ihn Heinrich Köppler), Barzel wurde Geschäftsführer des Präsidiums, er nannte sich Generalsekretär: er wurde also besoldeter Mitarbeiter der Partei auf einem Posten, der nicht sonderlich hoch angesehen war, und abermals war er entschlossen, sich hochzuarbeiten.

Vieles sprach dafür, daß sich Barzel jetzt mit einer gewaltsamen Anstrengung von all den Abhängigkeiten und Unterwürfigkeiten befreien wollte, denen er bislang ausgesetzt war. Die Politik sollte für ihn das Medium werden, das ihn aus untergeordneten Stellungen zur freien Selbstentfaltung emportrug: Barzel beschloß, Bundestagsabgeordneter zu werden. Wie immer, war er auch als Geschäftsführer des Landespräsidiums sehr fleißig, und neben seiner Arbeit für Arnold engagierte sich Barzel in den Wahlkampfvorbereitungen zur Bundestagswahl 1957. Arnold versprach ihm, er solle die Früchte seiner Arbeit auch ernten. Da die CDU-Spitze des Landes nicht sicher war, ob sie in Düsseldorf an die Macht werde zurückkehren können, drängte sie nach Bonn: Arnold, Franz Meyers, Barzel und andere bewarben sich um ein Mandat im Bundestag. Was gestandenen Männern wie Arnold und Meyers auf Anhieb gelang, erwies sich für den weithin unbekannten Barzel als ein fast aussichtsloses Unterfangen. Zunächst glückte es Arnold zwar, den CDU-Präsidiumsvorstand des Landes zu gewinnen, Barzel auf der Landesliste, auf der 30 bis 40 Plätze aussichtsreich waren, den Platz 20 zu reservieren.

Die Liste mußte jedoch von einer gewählten Delegiertenversammlung bestätigt werden. Mit Widerstand rechnete Arnold offensichtlich nicht. Dem Vorstand war aber, wie Rösing meinte, eine »Dummheit passiert«: Er hatte den Arbeitnehmervertreter Scheppmann, Vorstandsmitglied der IG Bergbau und Industrie, Westfalen, MdB seit 1949, nicht mehr auf die Liste gesetzt, über die er bis dahin in den Bundestag eingerückt war. Den zweiten Fehler machte Arnold, als er in der Delegiertenversammlung, die am 26. Juli 1957 in den »Weinstuben am Burgplatz« in Essen zusammentrat, ziemlich autoritär und brüsk erklärte: »Über die Kandidatur des Herrn Barzel gibt es keine Diskussion.« Die »Welt« schrieb in einem Bericht unter der Überschrift »Niederlage für Arnold«: »Die Delegierten waren verdrossen. Eine ›Nun-erst-recht-Stimmung‹ ging durch den Saal. Einige Delegierte besannen sich darauf, daß Barzel noch recht jung sei und erst ein Jahr praktische Parteiarbeit leiste. Sie erinnerten sich auch daran, daß Kreisgeschäftsführer nicht kandidieren dürfen, während ein junger Sekretär einen sicheren Listenplatz bekommen soll[6].« Was Barzels größter Triumph werden sollte, wurde zu seiner ersten großen Niederlage: Die 118 Delegierten setzten an seiner Stelle Scheppmann auf Platz 20, der Name Barzel wurde von der Landesliste gestrichen. Es war nicht genau auszumachen, wem der Denkzettel mehr galt, Arnold oder Barzel; vermutlich beiden, wahrscheinlich dem Ticket, dem Protektor und dem Protegé. Arnold nahm den Nasenstüber hin, Barzels politische Laufbahn schien beendet, ehe sie begonnen hatte.

Seine Gegner aber sollten jetzt erfahren, daß sich Barzel so leicht nicht unterkriegen ließ; er glich einem Boxer, der, eben auf die Bretter geschickt, gleich darauf wieder in seiner Ecke zur nächsten Runde bereitstand. Über die Zurechtweisung trauerte Barzel nicht lange – im Gegenteil, er ergriff eine viel verheißungsvollere Gelegenheit, in den Bundestag zu kommen, die sich ihm inzwischen eröffnet hatte. Was andere niedergestimmt, entmutigt hätte, Barzel kümmerte es nicht. Er verfügte mindestens über die eine der Gaben des Politikers, Niederlagen klaglos hinzunehmen und sofort zum nächsten Vorstoß zu rüsten.

Inzwischen war folgendes geschehen: Im westfälischen Wahlkreis Paderborn-Wiedenbrück konnten sich die beiden örtlichen Parteiorganisationen nicht auf einen Kandidaten einigen. Die bisherige Abgeordnete, Frau Maria Niggemeyer, hatte aus Altersgründen auf eine Wiedernominierung verzichtet. Für die Paderborner Kreispartei kandidierte der Landgerichtsrat Wurm, für Wiedenbrück ließ sich der Kreisgeschäftsführer Anton Basliemke aufstellen. Beide Verbände stellten in der gemeinsamen Delegiertenversammlung je 20 Delegierte, sie konnten sich also gegenseitig blockieren. In der Nominierungskonferenz Ende Juni 1957 im Restaurant Laumes Kamp in Delbrück gelang es Basliemke, zwei Paderborner Delegierte zu sich herüber zu ziehen: Er wurde mit 22 gegen 18 Stimmen gewählt.

Für die Paderborner CDU war das ein harter Schlag, den

kampflos hinzunehmen sie nicht gewillt war. Man mußte wissen, daß die Paderborner »das Selbstbewußtsein einer alten Hansestadt« hatten (so der CDU-Geschäftsführer Busch)[7]. Paderborn, uralter Bischofssitz (die Bevölkerung der Stadt war zu 80 Prozent katholisch) gab sich vornehm und fein; in der Weimarer Republik herrschte hier das Zentrum, nach dem Kriege beherrschte die CDU unumstritten das Feld. Wie bei feudalen Gesellschaftsstrukturen üblich, bestimmten einige wenige alte, mächtige, reiche Familien, die um den Dom und das Rathaus ihre Geschäfte und Wohnungen hatten, die Geschicke der Stadt. Auf alles, was abseits des Hochstifts lag, und schon gar auf Wiedenbrück/Gütersloh (hier war die Bevölkerung überwiegend evangelisch mit puritanischem Einschlag) sah man in Paderborn verächtlich hinunter.

Es gibt keine zermürbenderen politischen Kämpfe als die zwischen zwei benachbarten Kreisverbänden, die miteinander rivalisieren. Vor und nach der Delegiertenversammlung »gingen die Wellen hoch« (der Wiedenbrücker Landrat Paul Lahkämper)[8]. Am 6. Juli 1957 schrieb die Paderborner CDU-Ratsfraktion, wenig später auch der örtliche Parteiverband, an den westfälischen CDU-Landesvorsitzenden Lambert Lensing, sie protestiere einmütig gegen die Wahl Basliemkes. »Wir wünschen in Paderborn nicht einmal die Kandidatur eines Parteigeschäftsführers im Rat der Stadt«, schrieb die Paderborner CDU hochmütig. »Viel weniger aber, daß das einzige Mandat eines großen Wahlkreises einem Angestellten der Partei übertragen wird[9].«

Nebenbei wurde eine Menge schmutziger Wäsche gewaschen: Basliemke habe nicht einmal die Volksschule zu Ende besucht, warf man ihm vor, seinen neun Kindern lasse er auch keine geregelte Erziehung zukommen, er habe nie lange einen festen Arbeitsplatz gehabt, so daß er zu Unrecht in Anspruch nehme, Mitglied der Sozialausschüsse zu sein – kurz, ein Asozialer. Der heutige Paderborner CDU-Kreisvorsitzende, der Einzelhändler Schmandt, sah die Sache etwas nüchterner: »Basliemke war ein guter Organisator, aber damit war's am Ende«, sagte er[10].

Am 22. Juli 1957 – also vier Tage vor der Landesdelegiertentagung in Essen – antwortete Lensing der Paderborner CDU, der westfälische Landesvorstand habe einstimmig beschlossen, gegen die Wahl von Basliemke Einspruch zu erheben. Tatsächlich besagten die Statuten der Landespartei – sie wurden inzwischen in diesem Punkt geändert –, daß, wenn ein hauptamtlicher Angestellter der Partei zum Landes- oder Bundesparlament nominiert würde, der Landesvorstand die Wahl genehmigen müsse oder Einspruch erheben könne.

Der westfälische Vorstand empfahl zur Neuwahl vier Kandidaten: Frau Niggemeyer, Ministerialrat Rainer Barzel, einen Landrat Heinrich Glasmeyer und den ehemaligen Landesschatzmeister Josef Schirpenbach. Man konnte Barzel – wie das später häufig geschah – daraus formal keinen Vorwurf machen. Den Texten und Statuten war juristisch Genüge getan. Barzel wußte lediglich, als er in Essen von der Reserveliste gestrichen wurde, daß er in Paderborn zur Kandidatur angemeldet war. Er hatte nicht insistiert, aber es wurde doch wieder der »Einfluß vieler Leute« (Rösing) sichtbar, die Barzel nach oben schieben wollten; es verwendeten sich auch die Westfalen für ihn. Allerdings wurde der Widerspruch nicht aufgeklärt, der darin bestand, daß der Geschäftsführer Basliemke nicht kandidieren durfte, wohl aber der Geschäftsführer Barzel, der den gleichen Parteistatus hatte, nur auf einer höheren Ebene; hier wurde mit zweierlei Maß an ein und derselben Sache gemessen.

Die drei anderen Kandidaten, die der westfälische Vorstand mit ihm benannt hatte, waren nur »Zählkandidaten«. Sie verzichteten denn auch, noch ehe die Neuwahl stattfand, oder wurden zum Verzicht bewogen; auch der frühere Paderborner Kandidat Wurm ließ sich nicht wieder aufstellen. Nur Basliemke gab nicht auf und so stand dann in der zweiten

Delegiertenversammlung am 2. August 1957 — nun also eine Woche nach der Essener Sitzung — Barzel, den die Paderborner CDU favorisierte, gegen den Wiedenbrücker Basliemke. Für Barzel stand einiges auf dem Spiel: Unterlag er, mußte er entweder in die Dienste der SPD-FDP-Zentrums-Regierung eintreten oder er mußte aus dem Beamtendienst ausscheiden, womit er auf seine Versorgungsansprüche hätte verzichten müssen; nur Parlamentskandidaten konnten einen mehrmonatigen Urlaub in Anspruch nehmen.

Den Ministerialrat kannte im Wahlkreis kaum einer. Aber er hatte die Paderborner für sich, da sie gegen den anderen Bewerber waren. Aus der Versammlung im Restaurant »Funke« in Rietberg wurden, als die Diskussion begann, dieses Mal selbst die CDU-nahen Journalisten hinausgeschickt, die sonst allen Veranstaltungen beiwohnen durften. Ein Mitglied des Landesvorstands, so berichtete Lahkämper, führte Barzel ein, dann stellte er sich selbst vor. »Er fand gleich den richtigen Ton«, sagte Lahkämper, der damals gegen ihn war, »so wie man hier spricht, kurz und knapp. Die Leute halten nicht viel von bla-bla. Er hat einen hervorragenden Eindruck gemacht, selbst auf diejenigen, die gegen ihn waren.«

Als ausgezählt wurde, zeigte sich, daß Barzel gelungen war, was vordem umgekehrt Basliemke geschafft hatte: Zwei Wiedenbrücker stimmten für den jugendlichen Ministerialrat, er siegte mit 22 zu 18 Stimmen. Anderntads meldete das »Westfälische Volksblatt«, das nun seinen Lesern klarmachen mußte, daß sie einem zweiten Kandidaten zu applaudieren hatten: »Jetzt endgültig: Dr. Barzel als Bundestagskandidat gewählt[11].« Ein Stück aus der politischen Provinz. Auch wußte Barzel gleich, was er seinen Wählern schuldig war: am Sonntag nach der Wahl besuchte er den Hohen Dom und vergaß nicht, einen Fotografen des von der CDU gelenkten »Westfälischen Volksblatts« mitzunehmen. Die Wähler sollten wissen, daß sie einen kirchentreuen Abgeordneten bekommen hatten.

In Paderborn-Wiedenbrück fing der nachmalige Kanzlerkandidat klein an, aber er machte alles richtig und baute sich, erstmals auf eigenen Füßen stehend, ein solides politisches Fundament, von dem aus er wirkungsvoll in Bonn operieren konnte. »1957 kam er in einem alten, klapprigen, roten Ford Taunus nach Paderborn«, rekapitulierte Schmandt. »Er ist abgestiegen im ›Westfälischen Hof‹ und hat abends auf einer klapprigen Reiseschreibmaschine Briefe geschrieben.« Selbstverständlich nahm Barzel seinen Erstwohnsitz in Paderborn in der Hans-Ferdinand-Str. 4 (einer Wohnung im Haus eines ehemaligen CDU-Kreisvorsitzenden, die er selten frequentierte, die es ihm aber ermöglichte, seine Stimme bei jeder Wahl in Paderborn abzugeben), und immer, wenn er über das Wochenende in Paderborn war, besuchte er den Gottesdienst im Dom. Im Bundesgebiet dürfte schwerlich ein zweiter Wahlkreis zu finden gewesen sein, der so durchorganisiert war wie der Paderborner, wenn er politisch so ungefährdet war wie er. Und es gab nicht viele CDU-Hochburgen, die sich so ungeschmälert erhielten wie Paderborn. Die CDU bekam hier noch immer um 70 Prozent der Stimmen; selbst im schlechten Wahljahr 1969 kam Barzel auf fast 60 Prozent, während es der SPD nie gelang, die »Schallmauer« von 30 Prozent zu durchbrechen. Einen »Schlafwagenwahlkreis für jeden CDU-Mann« nannte der SPD-Unterbezirksvorsitzende Manfred Hoffmann den Paderborner (er konnte ihn im Schlafwagen durchfahren und hatte ihn doch sicher)[12].

Im Wahlkreis Paderborn war die CDU »eine Institution« (Busch). Sie besetzte mit ihren Leuten das auflagenstarke »Westfälische Volksblatt« und hatte somit wie Hoffmann beklagte, »das Monopol bei der Erzeugung politischen Bewußtseins, so weit man von politischem Bewußtsein sprechen kann«. Die Bundestags- und Landtagsabgeordneten (direkt und über die Listen gewählt), Bürgermeister, Kreisdirektoren, Landräte und Verwaltungschefs, die Beamten bis in den mittleren Bereich, sie alle gehörten der CDU an. Selbst der

Kreisvorsitzende des DGB Paderborn war Mitglied der Sozialausschüsse der CDU. »Hier wird keiner gewählt, der nicht Mitglied der CDU ist«, räumte CDU-Kreisgeschäftsführer Busch ein und fügte augenzwinkernd hinzu: »Aber an erster Stelle steht natürlich die Qualifikation.« Hoffmann meinte, wer in die SPD eintrete, verzichte von vorneherein auf eine kommunalpolitische Karriere. Der SPD-Bundestagsabgeordnete von Paderborn, Professor Ulrich Lohmar, der regelmäßig über die Landesliste ins Bonner Parlament geschickt wurde — es half ihm wenig, daß er an der örtlichen Pädagogischen Hochschule lehrte — mußte sich angesichts solcher Übermacht mit bitteren und ironischen Bemerkungen begnügen.

Für die SPD bedeuteten Wahlkämpfe lange Zeit »hauptsächlich eine Präsenzfrage« (Hoffmann). Busch kolportierte gern den Kalauer, im Kreistag könnten 20 CDU-Mitglieder nach Hause gehen und die CDU verfüge noch immer über die absolute Mehrheit — und es stimmte sogar. Der CDU-Fraktionsvorsitzende im Paderborner Stadtrat, der Schneidermeister Jüttemeyer (er war es seit zwölf Jahren), konnte seine politischen Aussagen auf die klassische Formel reduzieren, Kommunalpolitik sei »praktizierte Heimatliebe«. Alois Schwarz, Lokalredakteur bei der »Neuen Westfälischen Zeitung«, einem SPD-Blatt, das gegen die CDU-Konkurrenz nicht aufkommen konnte, SPD-Abgeordneter im Düsseldorfer Landtag, verstand diese Welt nicht mehr: »Ich habe oft darüber nachgedacht«, sinnierte er, »wenn die Leute hier in den Raum Paderborn kommen, wenn sie die Luft hier einatmen, vollzieht sich in ihnen eine Wandlung: sie werden CDU-infiziert.« Weder die Industrialisierung noch die Einrichtung der Hochschule haben etwas daran ändern können, daß sich in der Bischofsstadt großbürgerliche Gesinnung erhielt.

Franz-Josef Busch wußte auch den Grund: »Hier hat man Sinn für Bodenständigkeit, für Vernunft. Theoretische Spinnereien kommen hier nicht an.« Landrat Lahkämper pflichtete ihm bei: »Sie können alles haben, sie gelten nichts, wenn sie nicht ein Häuschen haben.« Die Leute seien »richtige Westfalen«, sie seien stur, aber »wer sie einmal auf seiner Seite hat, der hat sie.« Dies sei ein wirtschaftlich gesunder, ein sozial ausgewogener Kreis. Und auch der Sozialdemokrat Hoffmann erkannte: »Die Wertvorstellungen der Leute sind an die Familie gebunden, an Haus und Boden.« Hier gelte noch die starke Anbindung an die weltanschauliche Überzeugung. War der direkte Einfluß des Klerus auch zurückgegangen — früher legte die CDU ihre Wahllisten dem Pastor zur Genehmigung vor —, so orientierte sich das Bewußtsein doch noch immer an der Kirche und ihren Maßstäben. Paderborn, eine CDU-Idylle, in der die soziale Entwicklung des industriellen Zeitalters die Psyche seiner Bewohner nicht verändern konnte; es klang wie ein Märchen aus vergangener Zeit.

Der Abgeordnete Barzel hätte die Hände in den Schoß legen und ein geruhsames Wahlkreisdasein führen können. Aber das lag seinem wieseligen Naturell nicht; kaum gewählt, machte sich der Musterabgeordnete daran, Paderborn zu einem CDU-Musterwahlkreis zu entwickeln. Die örtlich dominierende CDU-Zeitung zu besuchen, war nach dem Dom eine seiner ersten Handlungen gewesen. Er führte im »Westfälischen Volksblatt« eine Kolumne, betitelt »Ein Wort an die Wähler« ein, die alle vier Wochen erschien und mit der treuherzigen Formel endete: »Aus Bonn grüßt Sie herzlich Ihr Rainer Barzel.« Sie verhalf dem Lokalblatt sogar zu überregionaler Bedeutung, da Agenturen, als Barzel in Bonn etwas geworden war, Passagen daraus verbreiteten (inzwischen wurde sie eingestellt).

Außerdem richtete Barzel in Paderborn und Wiedenbrück monatlich je eine Sprechstunde ein, die »so gut besucht sind wie die Sprechstunden eines vielbeschäftigten Zahnarztes« (Busch). Die Termine wurden, wie bei einer öffentlichen Ausrufung, im Lokalblatt angekündigt und dann harrten — in den Kreisgeschäftsstellen — die Besucher (sie waren für jedermann zugänglich) in Schlangen auf dem Flur. Barzel versäumte es nur selten, diese Sprechstunden einzuhalten, zu denen sich noch »Wahlkreisbegehungen« gesellten, weder, da er Minister, noch als er Kanzlerkandidat war; so ausgebucht er sonst auch sein mochte, für den Wahlkreis hatte Barzel immer Zeit. Er machte alle örtlichen Feste mit, er trat die lokalen Fußballspiele an und im übrigen sah er immer darauf, daß Wiedenbrück nicht hinter Paderborn vernachlässigt wurde. »In jungen Jahren«, sagte ein CDU-Prominenter, »hat er sich die Schuhe abgewetzt für den Straßenbau«. Auch in die Topographie des Kreises hat er seinen Namen eingeschrieben: Der Nato-Truppenübungsplatz Sennelager sollte ausgebaut werden, die Bauern wollten kein Land hergeben, Minister und Staatssekretäre aus Bonn versuchten vergeblich zu vermitteln, jaherlang dauerte der Streit, dann fand Barzel eine Kompromiß-Grenze, auf die man sich einigte, der Volksmund taufte sie die »Barzel-Linie«. Selbst dem sozialdemokratischen Bundeswohnungsbauminister Lauritzen entlockte Barzel Zuschüsse für Altenwohnungen in Paderborn. Unter seinen CDU-Wählern, jedenfalls den Älteren, galt Barzel wie der liebe Herrgott persönlich. Als sich ein Mann von seiner Frau trennen wollte und nach Dortmund zog, schickte ihm Barzel auf Intervention der verlassenen Frau einen Dominikanerpater hinterher, der ihm die Leviten las. Beglückte Gläubige ließen Barzel schon einmal ein Fläschchen Weihwasser zum Dank zukommen. Mit individueller Arbeit bekehrte Barzel auch den hartnäckigsten Sünder: Ein Mann, der ihm auf allen Versammlungen mit den härtesten Fragen zusetzte, den Barzel gutmütig seinen »Chefkritiker« nannte, gab nach zwölf Jahren der Opposition das vergebliche Mühen auf und trat in die CDU ein.

Für Barzel hatte der Paderborner Wahlkreis (später wurde er stets einmütig und ohne Aussprache wieder zum Bundestag nominiert, eine Sensation war es schon, wenn eine Enthaltung gezählt wurde) viele Funktionen. Er war Operationsbasis und Fluchtburg, Barzel baute ihn zum Abbild dessen aus, der ihn repräsentierte; in seiner gottgewollten Hierarchie diente er dem Inhaber als ein Hort der Erholung und Erbauung. Fast schien es, als habe sich Barzel in Paderborn einen Mikrokosmos geschaffen, der sich ihm ungeachtet der Hochs und Tiefs seiner sprunghaften Laufbahn erhielt, eine Urwelt, in deren Schoß er heimkehren konnte, wenn sich feindliche Mächte einer schnellebigen Zeit gegen ihn verschworen – bis sie 1972 auch in dieses Refugium einbrachen.

Der Kreis Paderborn war, landschaftlich und in der Mentalität seiner Bewohner, den Ostpreußen verwandt, und das benachbarte Münster wurde dann auch Patenstadt für das Ermland. So konnte Landrat Lahkämper sagen: »Die Leute hier haben das Gefühl, er ist unser Mann, unser Rainer Barzel.« Barzel fand in Paderborn ein Stück ostpreußischer Heimat wieder, die Paderborner sahen in Barzel ein Stück Westfalen – man war sich gegenseitig ein Abbild.

Und doch: ein Stachel der Minderwertigkeit blieb zurück. Als Barzel 1957 nach Paderborn/Wiedenbrück kam, hatte er »seinen guten Namen wegen Arnold« (Lahkämper). Er machte Wahlkampf in den Kneipen und vor den Fabriktoren. Er war eben »fleißig«, und wenn ihn die örtliche CDU-Prominenz »Meister« oder »großer Meister« nannte, so lag darin auch Vorbehalt. Nie wurde vergessen, daß Barzel ein Zugezogener, ein Zugeschobener war; daß er zu den alteingesessenen Familien nicht gehörte und zeitlebens nicht gehören konnte. Das ganz alte Paderborn blickte immer auf den jungen Mann herab, der da von außerhalb gekommen war und der, ungeachtet aller seiner Bemühungen, sich zu integrieren und gewaltiger Anstrengungen zum Trotz ein »Bonner« war. Erworbenes konnte Ererbtes nicht ersetzen. Mochte diese feine Trennungslinie für Barzel ein Ansporn zu immer neuer Geschäftigkeit sein, die ihm zugeordnete Parteiorganisation verlor nie einen Rest von Distanz. So war Rainer Barzel auch da nicht völlig anerkannt, wo er am meisten Anerkennung suchte.

Rettet die Freiheit

Nach der Bundestagswahl 1957, der für die CDU/CSU ertragreichsten Wahl ihres Bestehens, rückte die nordrhein-westfälische CDU-Prominenz in Bonn ein; doch ihr erster Mann, Arnold, nur, wie Barzel schrieb »zur besseren Mitgestaltung der bundespolitischen Voraussetzungen für die Landtagswahl 1958«[1]. Barzel hingegen hatte von Anfang an die Absicht, in Bonn zu bleiben, sich von seinem väterlichen Freund zu lösen, die Szene zu wechseln und Größeres zu vollbringen. Arnold war mehr im Landtagswahlkampf als in Bonn; im Bundestag sprach er einmal. Aber, was niemand erwartete, seine Tage waren gezählt: Nach einer Wahlversammlung in Minden kehrte er krank nach Düsseldorf zurück, zwei Tage darauf starb er an einem Herzinfarkt, eine Woche vor der Wahl. Sein Tod mag dazu beigetragen haben, daß die CDU auch in Nordrhein-Westfalen einen größeren Wahlerfolg denn je zuvor erzielte – sie erhielt erstmals die absolute Mehrheit.
Barzel fühlte sich gedrängt, seinem politischen Ziehvater ein bleibendes Denkmal zu setzen. Er schrieb ein Arnold-Buch, das er den »Versuch eines vielleicht zu Beteiligten« nannte und das er mit Vorworten von Bundespräsident Lübke und Bundeskanzler Adenauer und mit Zitaten Arnolds und Dokumenten reichlich versah. Barzels Beitrag, die »Abfassung des Lebensbildes«, umfaßte nur 34 Seiten; er wirkte merk-

würdig beziehungslos und unbeteiligt. Auch hierbei hatte er sich so eisern in der Gewalt, daß er sich diese womöglich tiefergehende Vater-Sohn-Bindung nicht anmerken ließ. Seine Zuneigung, wenn sie über ein bloßes Arbeitsbündnis zum Zweck des Vorwärtskommens hinausging, gerann zu leicht pathetischen Allgemeinplätzen. Er schloß mit dem monströsen Satz: »Sauber, treu und zuverlässig war er ein christlicher Mensch, den sein soziales Gewissen drängte, für andere sich zu verzehren im Dienst an Gott, am Volk und an der Freiheit[2].«

Arnolds Schwierigkeiten hatte der Verfasser entweder nicht begriffen oder er wollte ein Kampfbuch schreiben oder es gelang ihm nicht, das, was er sich vorgenommen hatte. Nur an einer Stelle überraschte Barzel mit einem plötzlichen leidenschaftlichen Ausbruch: da, wo er Arnolds Reise im Gefolge Adenauers nach Moskau im Jahr 1955 schilderte und die vermeintliche Wandlung Arnolds in einen Antikommunisten. Fast so etwas wie Haß »gegen Moskaus Absichten der Weltrevolution« schimmerte durch die Zeilen — hier unterlegte der Verfasser seine Gefühle dem Gegenstand seiner Beschreibung. Kein Wunder: Barzel stellte das Buch zusammen, als er sich — 1959 — im antikommunistischen Komitee »Rettet die Freiheit« engagierte. Eine Fotographie Arnolds hing viele Jahre hinter Barzels Schreibtisch in seinem Büro im Bundeshaus an der Wand; Besucher bemerkten, daß es von seinem bevorzugten Platz abgenommen war, als er Kanzlerkandidat wurde, und in einer Kommode unter vielen anderen stand — wohl glaubte er, nun ohne seinen Schatten, der ihm lange über die Schulter geblickt hatte, auszukommen.

Arnold war tot, Barzel blieb als »Arnolds Symbolfigur« (Josef Rösing) in Bonn zurück. Aber er fand sogleich einen neuen, mächtigen Gönner: Den Fraktionsvorsitzenden Heinrich Krone. Barzel mußte irgendetwas an sich gehabt haben, das ältere Männer faszinierte, das sie veranlaßte, Vaterstelle übernehmen zu wollen, sobald sie seiner ansichtig wurden.

Der Einfluß Krones, des dritten Schirmherrn, auf Barzel ist vielfach unterschätzt worden. Krone, nach dem Urteil Ernst Lemmers ein »getreuer Paladin Adenauers«[3], nahm den jungen Paderborner Abgeordneten unter seine Fittiche. Von dem beinahe 30 Jahre älteren ehemaligen Zentrumsabgeordneten lernte Barzel vieles: Seine Art, lautlos Politik zu machen, hinter den Kulissen zu wirken, niemals ins Rampenlicht zu treten, jedermanns Vertrauter zu sein; er machte sie sich nicht völlig zu eigen, aber er übernahm doch die Taktik, in gewissen Dingen sehr diskret vorzugehen und es sich abzugewöhnen, in bestimmten Situationen kritische Fragen zu stellen. Krone, seinem Wesen treu, weigerte sich, mit dem Verfasser in ein Gespräch über Barzel einzutreten, er sagte nur, es sei »ein plausibler Schritt von Düsseldorf nach Bonn« gewesen, den Barzel getan habe, und im Lauf der Zeit habe sich »der Weg ergeben, den er ging bis zu dem, was er heute geworden ist[4].«
Krone, der nicht zu den Zentrumsabgeordneten des Reichstags gehört hatte, die sich zunächst intern gegen eine Zustimmung zu Hitlers Ermächtigungsgesetz 1933 gesträubt hatten, überstand das NS-Regime in ziemlich kümmerlicher Stellung. Er reiste als Vertreter mit einem Musterköfferchen umher. Nach Kriegsende gehörte Krone zu den Berliner Unionsgründern, über den Bund Neu-Deutschland ergaben sich persönliche Übereinstimmungen. Krone, der im Juni 1955 Fraktionsvorsitzender der CDU/CSU geworden war, vertrat keine bestimmte politische Richtung; er fühlte sich als Ausführungsorgan des Bundeskanzlers. Seine Devise war, Neulinge in der Fraktion hätten erst einmal zwei Jahre lang völlig zu schweigen und sich umzusehen. Barzel steckte er als ordentliches Mitglied in den allmächtigen Wirtschaftsausschuß (Stellvertreter im Verteidigungsausschuß), und der 33jährige Neuling arbeitete sich auch brav in einer sachlich komplizierten Angelegenheit ein: Zusammen mit dem späteren Minister Kurt Schmücker entwarf er die Reform des Aktienrechts[5].

Aber Krone bediente sich zugleich auch anderer, vermittelnder Eigenschaften Barzels: Er beauftragte ihn, die Verbindung zwischen der Parteispitze und der Katholischen Kirche, den Kirchenzeitungen und den katholischen Verbänden zu halten und zu festigen. Freilich erkannte Krone auch, daß in diesem jungen Mann ein unbändiger Ehrgeiz schlummerte, der einer bremsenden Hand und der Kontrolle bedurfte. Krone wird der Satz über Barzel unterstellt: »Die Partei muß streng auf diesen Mann aufpassen.«
Barzel war jedenfalls nicht der Mann, der sich mit Hintergrundfunktionen begnügte und seine Kräfte in wenig populären Vorhaben wie der Aktienrechtsreform binden ließ. Er brauchte einen spektakulären Auftritt, einen weiten Aktionsradius, eine demonstrative Feindfigur, um mit einem Ruck nach vorn zu kommen. Es war typisch für Barzel, daß er sie nicht an seiner eigentlichen Wirkungsstätte, im Parlament, sondern außerhalb suchte. Es dürfte wohl kaum ein Zufall gewesen sein, daß sich jetzt zwei Persönlichkeiten fanden, die später noch häufig miteinander oder gegeneinander, in erbitterter Feindschaft getrennt oder im Zweckbündnis vereint, in der Union Politik machen sollten: Franz-Josef Strauß und Rainer Barzel, der nachmalige heimliche Unionsführer und sein Kanzlerkandidat. Ungeklärt waren die Umstände, unter denen das damals nach Rang und Stellung ungleiche Paar, der Bundesverteidigungsminister und der weithin unbekannte Abgeordnete, zusammenfanden. Strauß jedenfalls hielt den Zeitpunkt für gekommen, auf dem Höhepunkt des »Kalten Krieges« auch zur »Psychologischen Verteidigung« aufzurüsten und dazu einen Verein zu gründen, in dem er nicht hervorzutreten wünschte und für den er einen Strohmann, ein parlamentarisches Aushängeschild, suchte. In Barzel fand er den Mann, der keine Bedenken hatte, sich für solche Zwecke herzugeben. Als am 9. Dezember 1958 das Komitee »Rettet die Freiheit« im Vereinsregister beim Amtsgericht Bonn eingetragen wurde, figurierte Barzel als

1. Vorsitzender. Er befand sich in guter Gesellschaft: 2. Vorsitzender wurde Hauptmann Alfred Sagner, der Leiter des Ministerbüros Strauß, dessen Verdienste später mit dem Posten eines Militärattachés in Seoul belohnt wurden; er galt als der Erfinder der »psychologischen Verteidigung«, ein Begriff, der Strauß den Vorwand lieferte, die Kommunistenfurcht im Land zu schüren und seinem Griff nach der atomaren Verfügungsteilhabe Nachdruck zu verleihen. 3. Vorsitzender wurde ein Journalist Otto Stolz, ein Sozialdemokrat, der dann aus der SPD ausgeschlossen wurde.
Bei der internen Gründungssitzung, die der Eintragung vorausging, ließ sich Strauß noch sehen, dann zog er sich in den Hintergrund zurück und begnügte sich damit, das dubiose Unternehmen zu steuern und die Gelder fließen zu lassen. Dabei waren auch der Abgeordnete von Merkatz, Ritter von Lex (Bundesinnenministerium) und die Professoren Pascual Jordan und Freiherr von der Heydte.
Schon der Gründungskongreß des Komitees am 20. Februar 1959 in der Kölner Industrie- und Handelskammer wurde zu einem öffentlichen Skandal. SPD und FDP hatten sich von dem Komitee distanziert, das sie zu recht als eine Tarnorganisation der Bundesregierung ansahen. Eine Reihe von CDU-Größen, die eingeladen worden waren (immerhin unterschrieb auch Bundesinnenminister Schröder die Einladungen) und zugesagt hatten, erkannten in letzter Minute das gefährliche Fahrwasser, in das der Verein steuerte, und erschienen nicht. Die Veranstalter hatten den ahnungslosen Paul Henry Spaak zum Redner gewonnen. Doch durch den Mund Barzels gab der Marionettenspieler Strauß den eigentlichen Zweck des Vereins, so wie er ihm vorschwebte, zu erkennen: Am Tag der Gründung bekannte der Komitee-Vorsitzende ziemlich freimütig in einem Interview mit dem Nordwestdeutschen Rundfunk, er und seine Freunde hätten im Statut festgelegt, »Rettet die Freiheit« solle die Verteidigung der freiheitlichen Lebensordnung gegen den Weltkommunismus

»mit den der Bedrohung entsprechenden Mitteln führen«; da die Bedrohung auch herkomme von atomaren Mitteln in der Hand der roten Armee, werde sich das Komitee mit der atomaren Frage beschäftigen müssen.
Erst der zweite Kongreß des »RdF« am 24. und 25. März 1959 in Frankfurt offenbarte die andere finstere Seite, nämlich den Versuch, nach dem Vorbild des amerikanischen Kommunistenjägers McCarthy Leute öffentlich anzuprangern und damit dem Rufmord auszusetzen, die einer ihm verdächtigen Weltanschauung anhingen. In Frankfurt wurde das fatalste Schriftstück jener Zeit, das »Rotbuch gegen die kommunistische Untergrundarbeit in der Bundesrepublik« vorgelegt, das von einem Journalisten namens Hans Hartl zusammengestellt worden war. Es enthielt die Namen von 450 Persönlichkeiten, die beschuldigt wurden, Kommunistenfreunde zu sein; die Liste umfaßte bekannte Schriftsteller, Maler, Schauspieler, Wissenschaftler und Theologen, und auch der CDU-Abgeordnete Peter Nellen (der daraufhin zur SPD übertrat) wurde angeschuldigt, er stehe »wahrscheinlich in keinem direkten Kontakt mit dem Osten, so doch in einem bedenklichen geistigen Verwandtschaftsverhältnis zu ihm[6].«
Unterstellte man Barzel, er habe die Wahrheit gesagt, als er zu seiner Verteidigung anführte, das »Rotbuch« nicht richtig gelesen zu haben, ehe es veröffentlicht wurde, so traf ihn der Vorwurf der Leichtfertigkeit um so härter, mit der er es zuließ, daß angesehene Personen in dieser Weise diffamiert wurden. Der erste Vorsitzende wurde auf das, was er unterstützt hatte, erst aufmerksam, jedenfalls erkannte er dann erst seinen üblen Gehalt, als sich die Strafanzeigen der Betroffenen häuften. Es entlastete Barzel nur wenig, daß er sich distanzieren wollte und mit einer Rücktrittsdrohung eine zweite »abgemilderte« Fassung des Rotbuchs erzwang. Die Courage, auszuscheren, fand er nicht. Von Franz-Josef Strauß ferngesteuert, glaubte Barzel noch immer, Prestige auf eigene Kosten gewinnen zu können; schon in jener Aktion wurde ein

Abhängigkeitsverhältnis installiert, aus dem sich Barzel, je höher er aufstieg, desto mehr zu befreien suchte, ohne daß es ihm gelang.

Bei wohlwollender Beurteilung hätte man dem jungen Abgeordneten allenfalls zugute halten können, daß seine Unerfahrenheit es war, die ihn veranlaßte, sich zu einem so zweifelhaften Unterfangen herzugeben und ihm auch dann noch treu zu bleiben, da jedermann es als unlauteres Geschäft erkannte. Immerhin glaubte er, so mächtige Männer hinter sich zu haben, die ihn stützten, daß er sich nicht vorstellen konnte, sie würden ihn aufgeben. Selbst Bundeskanzler Adenauer gab sich den Anschein, als ermutige er Barzel; aber als er und die anderen merkten, daß die Sache schief ging, ließen sie Barzel eiskalt fallen. Und Adenauer, immer aufgelegt, gestürzten Pechvögeln auch noch den Spott hinterherzuschikken, witzelte: »Dat janze Unternehmen hat den falschen Namen. Dat müßte nicht ›Rettet die Freiheit‹ heißen, sondern ›Rettet den Barzel!‹

Zum ersten Male machte Barzel die bittere Erfahrung, daß alle Protektion nichts half, wenn der Geförderte in den Strudel öffentlicher Anfeindung geriet: Die Regierung, die Barzel in das Abenteuer getrieben hatte, zog ihre Hand von ihm zurück. Das Erlebnis mag für Barzel wertvoll gewesen sein; es half ihm, von der unglücklichen Vorstellung loszukommen, man brauche nur gewaltige Gönner, um vorwärts zu kommen. Von da an war er mit seiner Vater-Sohn-Zuneigung vorsichtiger. Aber andere hatten ihre Erfahrung mit ihm auch gemacht: Sie hatten in ihm ein williges Instrument erkannt, dessen Ehrgeiz ihn verleitete, sich vor den Karren anderer spannen zu lassen. Nach außen hatte sich Barzel seinen erhöhten Bekanntheitsgrad mit der ungeheuren Hypothek erkauft, ein Unternehmen angezettelt zu haben, mit dem er die Bundesregierung nicht nur, sondern auch die Bundesrepublik und die Demokratie, deren Werte er so großsprecherisch im Munde führte, ins Zwielicht gebracht hatte; und — schlimmer noch –, Hunderte von ehrenwerten Frauen und Männern waren der Verleumdung und Verdächtigung ausgesetzt worden.

Mochte Barzel auch anfangs den mehr als bedenklichen Charakter dieser Organisation nicht durchschaut haben, und war er mit ihren Mitteln nicht immer einverstanden, so identifizierte er sich doch mit ganzem Herzen mit einigen ihrer Ziele: Auf militanten Antikommunismus war er bei sonst pragmatisch wechselnden Positionen weltanschaulich fixiert. Ziemlich arglos glaubte er sich hier einer guten Sache verschreiben zu können, dem Kampf gegen den roten Drachen im Osten. Kein anderer Politiker der Union hat sich wie Barzel so ungeschützt aus der antikommunistischen Deckung herauslocken lassen; später nahm er sich wieder besser in die Zucht; aber sein Eintreten für »Rettet die Freiheit« ließ doch einmal einen Zipfel des dogmatischen Fanatikers, des eifernden Inquisitors, durchblicken, den er sonst so sorgfältig verbarg.

»Rettet die Freiheit« ging so kläglich unter wie es anspruchsvoll entstanden war. Der »Spiegel« schrieb Jahre später schadenfroh: »Nach fünfzehn Monaten Freiheitsrettung hatte des falschen Bürzel eingetragener Verein 300 000 Mark verwirtschaftet ... Wegen selbstherrlicher Vereinsführung und kaltschnäuziger Personalregie hatte sich Barzel mit allen RdF-Kameraden überworfen. Im pompösen Godesberger Sturmbüro stapelten sich unbezahlte Rechnungen. Die letzten Industriespenden versiegten, auch Strauß zahlte nicht mehr[7].« Der Verein ging mit hohen Schulden in Konkurs; und politischen Konkurs mußte auch der Jung-Politiker Barzel anmelden. Wieder einmal und mehr denn je sah es so aus, als sei seine Karriere zu Ende. Beobachtern schien er im Augenblick des Zusammenbruchs ein gebrochener Mann.

Rückschauend suchte Barzel die Schuld in den Umständen, den Zeitläufen. »Das war damals eine Zeit, die sehr hart war«, vertraute er dem »Stern« an. »Damals gab es einen heftigen Privatkrieg ... Damals gingen Freunde und Gegner der atomaren Bewaffnung auf die Straße... Es gab sogar Schlägereien ... Es war eine wirklich gefährliche Situation ... Nur vor diesem Hintergrund ist überhaupt zu verstehen, was damals passiert ist[8].« Er führte damit die Auseinandersetzung um »Rettet die Freiheit« wieder auf das zurück, was Strauß damit gemeint hatte – ein Zeichen mehr, daß er den Verein nie in der Hand gehabt hatte, daß er, ganz Zauberlehrling der Hexenmeister Strauß und Adenauer, seine Fähigkeiten extrem überschätzte. Das einzige, was man ihm aus dieser unseligen Ära zugute halten mochte, war, daß er später gegen seine vorübergehenden Protektoren nie ein anklagendes Wort gebrauchte.

Doch sollte Rainer Barzel so tief nicht fallen, wie man es den Umständen nach hätte erwarten können. Diejenigen, die ihn in das Abenteuer getrieben hatten, mochten sich zwar darüber mokieren, daß sich der junge Heißsporn so darin hatte verwickeln lassen, aber als Ablenkungsmanöver waren ihnen seine Eskapaden ganz willkommen gewesen. Barzel wurde nun zum Vorbild für politische Aufsteiger, deren Vormarsch sich mit jeder Niederlage beschleunigte. Sein Gönner Krone dachte nicht daran, das aufstrebende Talent eines Ausrutschers wegen in die Wüste zu schicken, das Jungblut war auch gleich wieder auf den Beinen. »Barzels schon bisher schnelle Karriere«, schrieb Peter Grubbe, »nimmt jetzt ein geradezu atemberaubendes Tempo an[9].« Der anonyme CDU-Porträtist von »Christ und Welt« vermerkte, in der Präsidentenkrise von 1959 (da Bundeskanzler Adenauer zunächst Bundespräsident werden wollte, und die Zusage wieder zurückzog, als ihm klar wurde, daß die Fraktion Wirtschaftsminister Erhard auf seinen Stuhl setzen wollte), habe man Barzel »auf der Seite von Adenauers Gegnern« gesehen[10]: Barzel hatte sich der Meute angeschlossen.

Kurz darauf bugsierte Krone den jungen Abgeordneten in den Fraktionsvorstand, zugleich gelang es Barzel, in den Parteivorstand vorzudringen. Auch der Parteivorsitzende Adenauer half, den Gestrauchelten aufzuheben und beauftragte ihn, für den Parteitag der CDU 1962 in Dortmund eine Analyse der Situation der Partei anzufertigen, die der Autor etwas umständlich eine »Untersuchung über das geistige und gesellschaftspolitische Bild der Gegenwart und die künftigen Aufgaben der CDU« nannte. Die Arbeit, als Rehabilitation gedacht, verschwand allerdings schneller wieder in die Versenkung als sie aufgetaucht war. Wie üblich, legte Barzel ein Kompendium von Zitaten (von Bischof Lilje und Kardinal Frings über den Theologen Thielicke bis zu den Professoren Heisenberg und Jaspers) vor, ohne nennenswerte eigene Ideen beigetragen zu haben, eine Schrift, bei der »manch wichtiger Gedanke vom Pathos der Darstellung verdeckt« wurde (Christ und Welt). Im gleichen Jahr publizierte Barzel einen Beitrag zur Enzyklika von Papst Johannes XXIII. »Mater et Magistra«, den der Jesuitenpater Reischl konzipiert hatte[11].

Zu dieser Zeit näherte sich Barzel aus den Vorhöfen dem Zentrum der Macht. Die Herrschaft Adenauers ging zu Ende; was der Patriarch über den jungen Mann dachte, war nicht bekannt. Mal förderte er ihn, mal machte er sich über ihn lustig. Jedenfalls hielt er ihn auf Distanz. Aber Herr über seine Entschlüsse war der greise Kanzler nicht mehr. Nach der Bundestagswahl 1961 konnte sich Adenauer nur noch mit dem Versprechen kurzfristig an der Macht halten, in zwei Jahren zurückzutreten – der FDP-Vorsitzende Mende und Krone erhielten Kopien eines Briefes dieses Inhalts, nur wenige waren eingeweiht und sie schwiegen[12]. Die »Spiegel«-Affäre im Herbst 1962 versetzte Adenauer einen weiteren Stoß, von dem er sich nicht mehr erholen sollte: Die FDP-Minister traten zurück, ihnen folgte widerstrebend Verteidigungsminister Strauß.

Die Situation war für jeden Newcomer außerordentlich günstig. Der Kanzler und mit ihm die Union waren so schwach und verwundbar wie nie zuvor; die Autoritäten, die Standbilder und Denkmäler stürzten. Mit dem Bau der Mauer in Berlin hatte sich das Verhältnis zwischen den beiden deutschen Staaten gewandelt – die DDR schloß die Lücke, durch die sie langsam auszubluten drohte, die Periode ihrer Anfälligkeit wurde mit Duldung Moskaus beendet. Der Zerfall der CDU/CSU-Herrschaft, die nun 13 Jahre bestand, schien greifbar nahe. Aber der Exitus sollte langsamer vorangehen als seine Gegner ihn gewünscht hatten. Der Union gelang es, die Ablösung vor sich herzuschieben. Bei der Umbildung der altersschwachen Regierung Adenauer (es war sein fünftes, sein letztes Kabinett) drängten neue Leute in den Vordergrund, die mit frischen Kräften in das Vakuum vorstießen. Einer von ihnen war Barzel, der, so »Christ und Welt«, nun schon als »Drahtzieher« galt.

In der allgemeinen Verlegenheit gelang es Barzel, sich rasch nach vorn zu schieben. Er behielt die Nerven; der anderen Schwäche war seine Stärke. Krone und sein Nachfolger im Fraktionsvorsitz, Brentano, delegierten Barzel in die Verhandlungskommission der Fraktion mit dem Regierungschef und Barzel gedachte nicht, sich für etwas stark zu machen, wovon er nicht profitierte. Es hieß, CDU-Kollegen hätten, als im Dezember 1962 die neue Kabinettsliste perfekt war, gespottet: »Unsere Verhandlungskommission ist zu 80 Prozent Minister geworden.«

Und dem FDP-Minister Bucher wurde der Ausspruch in den Mund gelegt, er habe sich gewundert, daß Barzel immer sitzen blieb, wenn über seine Verwendung im Kabinett verhandelt wurde, während die anderen in ihren Fällen taktvoll den Raum verließen[13].

Am 11. Dezember 1962 wurde Barzel zum Minister für gesamtdeutsche und Berliner Fragen ernannt. Sein Vorgänger Lemmer erfuhr auf Umwegen, daß er abgelöst worden war. Barzels Ministermotto lautete: »Meine Politik wird sein, auf leisen Sohlen mit einem dicken Knüppel durch den Wald zu gehen[14].« Wieder konnte Barzel einen Superlativ in Anspruch nehmen: Er war mit 38 Jahren der jüngste Bundesminister der Bundesrepublik.

Hatte sich Barzel zum Erwerb des Ministerpostens auch ziemlich robust selbst verholfen, so mußten doch bald selbst seine Gegner einräumen, daß er das Amt innerhalb der vorgezeichneten politischen Möglichkeiten ordentlich ausfüllte. Ja, für sich genommen und von einem gewissen Standort aus war Barzel fast ein idealer deutscher Bundesminister: Er war ein hervorragender Verwaltungsfachmann, der sich alle Kenntnisse rasch und leicht aneignete, er brachte eine gewisse Leidenschaft fürs Aktenlesen mit, er hatte gelernt, trotz junger Jahre auch mit älteren Untergebenen auszukommen, und er besaß politisches Gespür. Die Opposition behandelte er, wie es einem Regierenden geziemte. Zum Berliner Bürgermeister Willy Brandt hatte der Bonner gesamtdeutsche Minister ein korrektes Verhältnis; und wenn er Brandt im Januar 1963 in einem Telefongespräch klarmachte, man sei dagegen, daß er sich mit dem sowjetischen Ministerpräsidenten Chruschtschow treffe, weil damit der Charakter der Stadt als selbständige politische Einheit unterstrichen werde, so exekutierte er mehr oder weniger einen Auftrag des Kabinetts (oder dessen Unionsteil) und die herrschende Rechtsauffasung, die er freilich teilte. Er hatte sich vorgenommen, als Minister die Polemik einzustellen und machte lobend darauf aufmerksam: »Schon vier Monate Minister und noch kein Wort gegen die SPD«, erklärte er einmal stolz; allerdings auch kein Wort für sie.

Der Unterschied zwischen Barzels Vorgänger Lemmer, der eine historische Figur war, und Barzel war doch immerhin spürbar. Der Minister Barzel war zu einem Leistungsausgleich mit Ostberlin bereit, den der Politiker Barzel nie eingestanden hätte. Er begründete eine Tradition, die seine Nachfolger alle, welcher Partei sie auch angehörten, fortführen sollten, bis sie überflüsig wurde: In seinen Worten, »höchst unkonventionell und wider alle Vorschriften eine Chance zu menschlicher Hilfe drüben zu nutzen«; das hieß, sich um politische und Regimegegner in der DDR zu kümmern. Es ist darüber verständlicherweise nie viel Aufhebens gemacht worden und als sich Barzels Nachfolger Mende einmal die Zunge löste, wurde die Aktion auch sofort von der anderen Seite unterbrochen; aber so viel wurde doch bekannt, daß es gelang, für materielle Lieferungen politische Häftlinge aus der »Zone« freizubekommen. Damals griff Barzel gegen Widerstände im Ressort das Ostberliner Angebot auf, das über Anwälte an Bonn gelangte; er verhandelte nicht selber, deckte aber wenigstens die Unterhändler seines Hauses solange, als das Geschäft geheim blieb, und wenn der Austausch nicht einen so großen Umfang annahm, wie man ihn sich ursprünglich vorgestellt hatte, so lag es nicht am Minister.

Wen dies bei einem eingefleischten Antikommunisten wie Barzel wunderte, der mußte sich vor Augen halten, daß gerade die Haltung: Den Kommunisten ihre Opfer zu entreißen, in seiner Linie lag. Barzel war, in Übereinstimmung mit Adenauer, aber noch weitergehender und flexibler als er bereit, unterhalb der Schwelle, die nach Anerkennung aussehen konnte, alle denkbaren vorteilhaften Geschäfte mit dem Osten zu machen, die eben eine Anerkennung verhinderten. Mit den Kommunisten zu verhandeln und dabei »etwas herauszuholen«, das galt damals als erfolgreiche Taktik von Kommunistengegnern. Auch im Land versuchte der junge Minister, etwas in Bewegung zu bringen; er war der erste, der öffentlich dafür eintrat, die groteske rechtliche Benachteiligung der »Sowjetzonenflüchtlinge« gegenüber den Heimatvertriebenen aus den »polnisch verwalteten deutschen Ostgebieten« zu korrigieren.

Der gesamtdeutsche Minister Barzel war, alles in allem, eine erfreulichere Erscheinung als man ihm zugetraut hätte. Aber es war eben doch der in die Kanzlerrichtlinie eingebundene Administrator, der sich etwas einfallen ließ. Der Politiker wollte niemals von der Unionstradition lassen, »Freiheiten«

für die Menschen drüben erstreiten zu wollen, die sie sich nicht erkämpfen konnten oder wollten. Als er aus der Kabinettsdisziplin wieder entlassen war, fiel es ihm schon schwer, Abschied von liebgewordenen Namen wie der »Zone« oder »Pankow« zu nehmen, die DDR ohne Anführungszeichen zu schreiben, als die Regierungserklärung Brandt schon von der Deutschen Demokratischen Republik sprach. »Freizügigkeit für Menschen, Informationen und Meinungen« waren eine der Lieblingsformeln des Kanzlerkandidaten Barzel und niemanden konnte es verwundern, daß er lauter solche Begehren im Winter 1972 zu einem »Stufenplan« zusammenfaßte, der sich wunderschön las, nur den einen Nachteil hatte, daß er sich nicht verwirklichen ließ.

Das Gesamtdeutsche war für Barzel immer mit emotionalen Werten überfrachtet; das verführte ihn häufig zu unangemessenen Demonstrationen. So zündete der Minister Weihnachten 1962 im Fenster seiner Wohnung – er wohnte damals noch in der Poppelsdorfer Allee in Bonn – mit Frau Kriemhild und Tochter Claudia Weihnachtslichter zum Gedenken an die Landsleute drüben an – ein Fotograf von Keystone stand wie zufällig vor dem Haus und verewigte die schöne Geste. Am Jahrestag des Mauerbaus, dem 13. August 1970, als Brandt in Moskau verhandelte, konnte Barzel der Versuchung nicht widerstehen, sich vor den Fernsehkameras mit dem Rücken zur Mauer zu produzieren.

Nur knapp ein Jahr dauerte die segensreiche Tätigkeit Barzels für's Gesamtdeutsche. Mitte Oktober wurde Ludwig Erhard Bundeskanzler, und Mendes Bedingung für die Fortsetzung der Koalition war, er müsse gesamtdeutscher Minister werden – so aufgewertet war der vorher mit nur geringem, rein deklamatorischem Stellenwert versehene Posten unter Barzel geworden. Barzel fügte sich sofort dem Koalitionsproporz; nach außen gab er sich den Anschein, als räume er den Ministersessel ohne Bedauern. Aber diejenigen, die damals mit ihm eng zusammenarbeiteten, wußten, daß er nicht so leichten Herzens Abschied nahm wie er vorgab. »Es tat Barzel damals weh, als er gehen mußte«, sagte sein Leiter des Ministerbüros, Rehlinger, »er war ganz gern gesamtdeutscher Minister[15]. Aber Barzel wußte, daß es keinen Sinn hatte zu klagen; Loyalität, Einsicht in die Spielregeln, Ehrgeiz oder Abhängigkeit, was immer auch die Motive gewesen sein mögen, er nahm ohne erkennbare Trauer seinen Hut, er schied als Minister äußerlich so leichten Herzens und ohne Gepäck wie er als Ministerialrat früher gegangen war, mit vollendetem Anstand, ein Mann, der gewinnen und verlieren konnte.

Schließlich ergab sich eine Gelegenheit, ins politische Aktionsfeld zurückzukehren (das Angebot Erhards, Landwirtschaftsminister zu werden, schlug er aus). Die Bundestagsfraktion »honorierte Barzels Verzicht mit der Position eines stellvertretenden Vorsitzenden« (Christ und Welt). Heinrich von Brentano, der nach der »Spiegel«-Krise als Außenminister demissioniert hatte, für Krone, der ins Kabinett eintrat, Fraktionsvorsitzender wurde, war krank, das Ende seiner politischen Tätigkeit war vorhersehbar. Anfang 1964 übernahm Barzel den Fraktionsvorsitz kommissarisch, nach dem Tod Brentanos im Dezember 1964 auch nominell.

Der Sturz Erhards

Sah man einmal davon ab, daß es Ludwig Erhards unverzeihlichste Torheit war, überhaupt Bundeskanzler werden zu wollen, so beging er seinen größten Fehler, als er — da er es war — nicht eine Erhard-Mannschaft im Kabinett installierte, sondern die auf Adenauer eingeschworenen Minister behielt und nur den Stil der Kabinettsitzungen dahingehend änderte, daß offener diskutiert wurde. Die beiden verantwortlichen Männer von CDU und CSU, Barzel und Strauß, blieben außerhalb der Regierung und bekamen so Gelegenheit, gegen sie zu operieren. Barzel bewegte die technischen Hebel des Apparates und baute die Fraktion zur »Schaltstelle der Regierungspolitik schlechthin aus« (Munzinger-Archiv[1]), während Strauß die CSU politisch zur Speerspitze gegen den unglücklichen Bundeskanzler formierte. Freilich hatte die FDP zur Bedingung gemacht, daß Strauß nicht ins Kabinett aufgenommen werden dürfe und so hatte sich Erhard schon den verschiedenen Wünschen gebeugt, ehe er zu regieren anfing.

Daß er einige Mitglieder der »Brigade Erhard« aus dem Wirtschaftsministerium ins Kanzleramt mitnahm — Ludger Westrick, der Kanzleramtsminister wurde, und Ministerialdirektor Hohmann — stärkte seine Position nicht wesentlich, da beide wie er dazu neigten, Schwierigkeiten durch Weiterverhandeln und Hinausschieben der Entscheidung zu lösen. Und daß

Strauß, der sich auf das Feld Volkswirtschaft und Konjunktur verlegte, aus allen Rohren gegen einen Wirtschaftsminister Schmücker und einen Finanzminister Dahlgrün (FDP) schießen würde, die nicht gerade zu den bedeutendsten Figuren der Bonner Szene gehörten, mußte allen klar sein, die sie kannten. So hatte Erhard nach nur drei Jahren, in denen Bonn »von Fall zu Fall ohne Regierung« war (Günter Gaus[2]) nicht unrecht, wenn er sagte, was im Herbst 1966 entstand, sei keine Staatskrise, sondern eine Krise der Partei gewesen, weil die »Führungsspitze nicht mit dem Adenauer-Erbe fertig wurde[3].« Gerade so richtig war aber, daß Erhard mit dem Erbe Adenauers nicht fertig wurde; die CDU/CSU stand unter dem »langen und nachhaltigen Schatten (Adenauers), an dem andere gemessen werden« (Barzel). Und 1965 zählte Heinrich Böll die vier Eckpfeiler der Union, Barzel, Strauß, Dufhues und Jäger zu den »vier großen Grinsern, die ganz auf Adenauer synchronisiert sind[4]«. Adenauer selber war es nicht zuletzt, der seinem ungeliebten Nachfolger nicht verzieh, daß er sich seinen Sessel doch noch erkämpft hatte, und der ihn rachsüchtig aus der Ferne bekämpfte, wobei er mit seinen ewigen Wahrheiten nicht sparte: »Ein Bundeskanzler muß Ordnung halten. Er kann nicht alle schwierigen Dinge selber machen. Deshalb muß er Leute haben im Kabinett, auf die er sich verlassen kann[5].«

Für Barzel brach mit der Erhard-Periode seine bis dahin fruchtbarste Zeit an. Mit Erhard verband ihn persönlich nichts, keine Zuneigung, keine Achtung, allenfalls Respekt vor der hohen Volksmeinung über Erhards Leistungen auf wirtschaftlichem Gebiet. Barzel hatte zu genau miterlebt, wie Erhard sich immer wieder, dumpf grollend, den Fußtritten Adenauers beugte, als daß er eine hohe Meinung von seiner Standfestigkeit gehabt hätte. Der CDU/CSU-Fraktionsvorsitzende glaubte, in der Lage zu sein, das brummelnde, zigarrenqualmende, ehrwürdige Wohlstandssymbol der Deutschen, intern »der Dicke« genannt, vor sich herschieben zu können wie eine willenlose Galleonsfigur. Barzel war alles in einem: Er führte die stärkste Fraktion an kurzer Leine, er fühlte sich als heimlicher Kanzler, offener Kanzlerberater, angemaßter Außenminister (der die Außenpolitik Gerhard Schröders, der eine Ostpolitik um Moskau herum mit den osteuropäischen Staaten zu entwickeln suchte, zu unterlaufen trachtete), er war Manager, Richtlinienvorbereiter, Kursbestimmer, vermeintlicher Kronprinz und dabei Kanzlerlober. Jeden Montagvormittag war Barzel im Palais Schaumburg, um den Wochenplan festzulegen, er war Informant und Informationssammler, er vergaß auch nicht, regelmäßig den Altkanzler Adenauer zu hofieren, dem die Partei ein Büro im Bundesratsflügel eigerichtet hatte, er speiste mit dem als Ratgeber unentbehrlich scheinenden westfälischen CDU-Vorsitzenden Dufhues. »Mit ebenso automatischer Präzision«, schrieb die »Süddeutsche Zeitung«, »rollten seine Beziehungen zur Jungen Union, zu den Landesverbänden der CDU, vor allem in Nordrhein-Westfalen, zu den Interessengruppen und einer Handvoll ihm nahestehender Journalisten ab[6].« Die CDU/CSU verglich der frischgebackene Fraktionsvorsitzende in der ihm eigenen, gelegentlich in den Jugendstil abgleitenden Wortwahl, mit einem »Blumenstrauß, von dem die schönste Blume nach wie vor Bundeskanzler Erhard ist und bleiben wird.« »Christ und Welt« merkte ironisch an, immerhin sei Erhard »schon damals für ihn eine Schnittblume gewesen[7]«; das Thema vom Kanzler, der es war und der es bleiben würde, das Barzel noch öfter anschlagen sollte, je mehr Erhards Autorität verfiel, war angestimmt, der Ton der Grundmelodie angegeben.

In dieser Konstellation entwickelte sich die Vater-Sohn-Komponente folgerichtig so, daß der Sohn die Rolle eines jungen Mannes spielte, der im väterlichen Geschäft eingelernt wurde und von sich überzeugt war, daß er die Leitung der Dynastie in kurzer Zeit würde übernehmen können, ja müssen; dabei mußte er allerdings etwas nachhelfen, da das Familienoberhaupt die angeborene Neigung entwickelte, sich für länger auf seinem Platz einzurichten.

Barzels untrügliche Krisennase signalisierte ihm auch den Zeitpunkt: Bis zur Bundestagswahl im Herbst 1965 war an Erhards Thron nicht zu rütteln und Barzel versuchte es erst gar nicht. Aber als der Bundeskanzler auch danach keine Anstalten machte, die Zweifler mit präzisen Anleitungen zum Schweigen zu bringen, als im Winter 1965/66 der Kabinettspartner FDP bockig wurde, Altkanzler Adenauer von einer großen Koalition sprach[8], auch die CSU sich widerborstig zeigte, der »Bayernkurier« seine unverhüllten Angriffe gegen Erhard startete[9] und selbst Bundespräsident Lübke von einem Zusammengehen mit den Sozialdemokraten zu fabulieren begann (weshalb ihm Erhard beim Neujahrsempfang am 4. Januar 1966 barsch über den Mund fuhr), hielt Barzel die Zeit für gekommen, sich zur Spitze vorzuarbeiten.

Nachdem Adenauer auf seine Wiederwahl zum Parteivorsitzenden verzichtet, Dufhues die Nachfolge abgelehnt hatte, meldete Barzel im Februar 1966 seine Kandidatur zum Parteivorsitz an – er entwickelte damals die gleiche Strategie, mit der er später erfolgreicher war, über den Parteivorsitz den Kanzlerstuhl zu erobern. In Erhard aber, herausgefordert, erwachte Kampfesgeist, und er ließ der Bundespressekonferenz eine Mitteilung verlesen, daß der Kanzler nach der Unionstradition den Parteivorsitz dazu haben müsse. Im Bonner Hotel »Königshof« arbeitete die Parteiführung einen Kompromiß aus, mit dem Barzels Sturm zwar für's erste scheiterte, er aber sozusagen in Warteposition versetzt schien: Er wurde erster Stellvertreter, war damit zweiter Mann der Partei, erster Mann der Fraktion, es mußte so aussehen, als könne ohne oder gegen Barzel nichts mehr eingefädelt werden.

Stellte man sich einen Augenblick auf die Seite seiner Freunde, so hätte man Barzel etwa in der Rolle des Maschinisten sehen können, der das schon schwankende Regierungsschiff mit einer »zertstrittenen Mannschaft unter einem unsicheren Kapitän ... in wogender See« (so der CDU-Bundestagsabgeordnete Alo Hauser[10]) wenigstens in Bewegung zu halten suchte; den Kurs bestimmte er ohnehin nicht. Aber es fiel doch schwer, sich vorzustellen, Barzel habe, indem er eigene Ansprüche anmeldete, nur Erhard anspornen wollen. Eher mag der sportliche Vergleich zutreffen, den ein CDU-Mann damals zog, der meinte, Barzel laufe schon los, wenn die anderen Sprinter noch in den Startlöchern säßen, oder: »Es ist noch keine Mannschaft auf dem Platz, auch der Schiedsrichter ist nicht da, nur Barzel rennt schon.«

Auch wußte man nicht, wie man Barzels Rede vor dem »Amerikanischen Rat für Deutschland« mit seiner immer wieder betonten Loyalität zu Erhard vereinbaren sollte; er hielt sie am Jahrestag des Aufstands in der DDR, dem 17. Juni 1966 (mit magischen Daten hat Barzel noch nie Glück gehabt) in New York, und er schlug der Bundesregierung sozusagen den Gedanken um die Ohren, in einem wiedervereinigten Deutschland unter einem europäischen Sicherheitssystem sei auch Platz für sowjetische Truppen auf deutschem Boden — ein außenpolitischer Husarenritt, der nicht abgesichert war. Den Text seiner Rede hatte er am Bundeskanzler vorbeigeschmuggelt, indem er ihm die englische Fassung zustellen ließ, und natürlich machte sich im Kanzleramt niemand die Mühe, sie zu lesen oder das deutsche Original anzufordern. Wieder heimgekehrt, mußte der Fraktionsvorsitzende die schneidende Kritik des Außenministers Schröder über sich ergehen lassen, in die auch der gekränkte Erhard einstimmte, der von Außenpolitik weniger verstand als der Gescholtene.

Doch hatten Barzels Vorstöße zu dieser Zeit noch etwas Zielloses, Wahlloses; sie wirkten dilettantisch, was bei einem Organisationstalent wie Barzel eigentümlich anmutete. Trotz guter Beziehungen hatte er in der Partei keine Mehrheit, nicht einmal in der Fraktion. Barzel hatte noch keinen perfekten Plan zur Entmachtung Erhards und zur Übernahme der Macht. Er ballerte zunächst umher wie andere es auch taten; vorübergehend entglitt ihm und seinen Mitstreitern die Kontrolle. »Wer überhaupt hätte jenen Sandberg«, schrieb der Meinungsforscher und Erhard-Freund Karl-Georg von Stackelberg, »der sich wie eine Wanderdüne in Bewegung gesetzt hatte, noch zum Halten bringen können! Die Attentäter selbst beobachteten schließlich mit ohnmächtigem Erschrecken, was alles in Bewegung geraten war[11]!« Die Landtagswahl in Nordrhein-Westfalen am 10. Juli 1966, bei der die CDU verlor, waren das unüberhörbare Signal für den unaufhaltsamen Sturz Erhards: Die Wahllokomotive war entgleist, ihre Magie wirkte nicht mehr, der Zauberbann war gebrochen. Erhard verlor zuerst die Nerven: Er identifizierte sich im Wahlkampf mit der Anti-Figur, als die ihn seine Gegner haben wollten, beschimpfte junge Leute und Intellektuelle als »Uhus« und »Pinscher« und suchte nachher die Schuld statt bei sich bei Phantomen: Den Kommunisten oder dem »Krisengerede« und der »hysterisch angeheizten Stimmung«.

Von nun an ruderte der irritierte Regierungschef immer hilfloser: Er ließ es zu, daß ein Haushalt mit einem Milliarden-Defizit vorgelegt wurde und er war trotz großsprecherischer Ankündigungen nicht in der Lage, die Mehranforderungen nennenswert herunterzudrücken. Die Bundeswehr schlitterte in eine Krise, in deren Verlauf mehrere Generale zurücktraten und der Bundesverteidigungsminister von Hassel seinen Hut nehmen mußte. Des Bundeskanzlers Ausstrahlung war so dezimiert, daß der Vorsitzende des Deutschen Beamtenbundes, Krause, es wagen konnte, Erhard in einer öffentlichen Versammlung zu brüskieren. Trotz vielfacher Warnungen brach Erhard zu einer Reise nach Washington auf, um zu versuchen, die amerikanischen Stationierungskosten zu drücken, und kehrte mit leeren Händen zurück. Endlich verließ ihn auch sein treuester Mitarbeiter, Minister Westrick;

er trat zurück in der wohlmeinenden Absicht, die Partei aufzurütteln, aber mit dem Effekt, daß die Parteioberen, bissigen Hunden gleich, noch wütender über Erhard herfielen.

Wie der Bundeskanzler, noch immer zurückbeißend, einen Nachfolger für Westrick suchte (Ende September 1966), wurde Barzel wieder sichtbar. Es gab einen Bericht, der folgendes besagte: Nachdem Hohmann beim Direktor des Bundesrates, Pfitzer, vorgefühlt, dieser sich bereit erklärt habe, habe Erhard an einem Sonntag Barzel zu sich gerufen und ihm eröffnet, daß Pfitzer der Nachfolger Westricks werden solle. Barzel habe zugestimmt und versichert, Pfitzer habe das Vertrauen der Fraktion. Daraufhin habe Barzel Pfitzer angerufen und ihn begückwünscht. Zwei Tage später aber habe Barzel einem kleinen Kreis, in dem auch Journalisten waren, anvertraut, daß Pfitzer der NSDAP und der SS angehört habe — niemand hatte vorher den Einfall gehabt, nach seiner politischen Vergangenheit zu forschen. Barzel habe sie gekannt, da er — noch unter Minister Spiecker — Akteneinsicht gehabt habe, als sich ein Ausschuß des nordrhein-westfälischen Landtags mit der Sache beschäftigte. So kam die Geschichte jetzt an die Öffentlichkeit. Frau Pfitzer und Frau Barzel waren übrigens gut befreundet (wollte Frau Barzel verhindern, so fragte man sich, daß Frau Pfitzer sie gesellschaftlich überrundete?). Am Tag darauf sagte Barzel am Eingang zum Plenarsaal zu Erhard, Pfitzer sei untragbar, denn der Staatssekretär im Kanzleramt gehöre zu den vier Staatsdienern, die auf keinen Fall der NSDAP hätten angehört haben dürfen (mit dem Bundespräsidenten, dem Bundeskanzler und dem Präsidenten des Bundesverfassungsgerichts — und dem Vorsitzenden der CDU/CSU-Bundestagsfraktion, spöttelte Westrick). Erhard weigerte sich, den Vorschlag Pfitzer zurückzuziehen. Seine Beziehungen zu Barzel waren bereits so getrübt, daß er in jedem Fall keinen Rat mehr von ihm angenommen hätte, wie immer er auch gelautet hätte. Aber Pfitzer wollte keinen Konflikt, er formulierte seinen Verzicht, noch ehe bekannt wurde, daß Bundespräsident Lübke entschlossen war, eine Ernennungsurkunde Pfitzer nicht zu unterzeichnen.

Am 30. September 1966 erklärte Barzel auf einer CDU-Versammlung im hessischen Wahlkampf: »Professor Ludwig Erhard hat die Wahl gewonnen. Er ist der Kanzler und er bleibt der Kanzler, und es ist unsere Pflicht, ihm loyal zu helfen und für unser Land zu arbeiten« — eine Erklärung, die er sich tags darauf von der Fraktion sanktionieren ließ.

Erst eine gründliche Untersuchung wird zeigen können, wer welchen Einfluß auf den Sturz Erhards ausübte und wer dabei am eigennützigsten verfuhr. Den größten Anteil hatte Barzel nicht, auch nicht den meisten Profit. Andere gingen ihm voran, schoben ihn vor: An der Spitze wiederum Franz-Josef Strauß, der schon wenige Tage nach der nordrhein-westfälischen Wahl dem Bundeskanzler ein Ultimatum stellte: »Das sind die Probleme«, sagte er ihm nach einer Aufzählung aller, gewiß nicht geringer Schwierigkeiten, »von jetzt ab tickt die Uhr auf Ihrem Schreibtisch.« Es war schon mehr ein Zeitzünder. Mit seiner ständigen Forderung nach neuen Regierungsmechanismen, mit denen Strauß den Apparat des Kanzleramts — zu Recht — als altmodisch qualifizierte, gab er Erhard der allgemeinen Lächerlichkeit preis. Oder Bundestagspräsident Gerstenmaier, der sich in die vordersten Reihen der Interviewkrieger stellte und mit Wonne von der »Loyalität gegenüber dem Lande« sprach, die einmal größer sein müsse als diejenigen zu einem Mann[12]. Oder Dufhues, der »als guter Freund Erhards« dem Kanzler die Rücktrittsformel lieferte, er werde »nicht an seinem Sessel kleben[13]«. Oder die Hinterbänkler, die in der Fraktion (nach Absprache mit Lücke und Strauß) die Einsetzung einer Kommission beantragten, die die Umbildung der Regierung vorbereiten sollte[14]. Oder der »Hunsrück-Kreis« (genannt nach

Gerstenmaiers Hunsrück-Jagdrevier-Domizil) mit dem Hausherrn, Bruno Heck, Helmut Kohl, Dufhues und Kurt-Georg Kiesinger, dem Züge des Konspirativen anhafteten. Oder die Industrie, die Erhard auf Raten fallen ließ, und ihn das auch wissen ließ über ihren Lobbyisten im Parlament, Professor Stein, mit Wissen und Duldung des BDI-Präsidenten Fritz Berg. Oder die katholische Kirche, die schon immer dem protestantischen Bundeskanzler gegenüber mißtrauisch gewesen war. Oder ... oder ... oder.

Barzel wäre bei diesem »aktionslosen Attentat« (Stackelberg) gut weggekommen, dessen Management er übernommen hatte, wenn er nicht so blindlings überzeugt gewesen wäre, er müsse sein Nutznießer sein, oder sich arglos hätte einreden lassen, er könne es werden. Sein Appetit wuchs in dem Maß, in dem die Krise andauerte. Er war endlich so besessen von einem Idolkomplex, Kanzleranwärter zu sein, daß er sich nur zu gern von den Trugbildern vermeintlicher Helfer verführen ließ. Eigentlich versuchte Barzel, was jedermann von ihm erwartete und wofür ihm alle hätten dankbar sein müssen: einen unfähigen Regierungschef, den, wie Gaus bemerkte, »unpolitischen« Erhard aus der Schußlinie zu ziehen. Er hätte Beifall erwarten können statt Tadel, wenn er nicht die Ambition entwickelt hätte, sich damit auf seinen Stuhl zu setzen. Von allen seinen Motiven stach somit sein Ehrgeiz am meisten hervor und das wurde ihm auch am wenigsten verziehen. Mindestens ebenso verderblich wirkte sich für seinen Ruf aus, daß er das Augenmaß verloren hatte und nicht bemerkte oder bemerken wollte, daß die führenden Leute der Union ihn unter keinen Umständen Bundeskanzler werden lassen wollten.

Das Datum, von dem an Barzel begann, zielstrebig und mit System den Wechsel von Erhard zu Barzel zu betreiben, ließ sich ziemlich genau ausmachen. Er fiel dabei auf den alten Rattenfänger Adenauer herein. Der Altkanzler, der von Rhöndorf aus mit Lust das Geschäft des Kanzlersturzes mit betrieb, hatte eine zeitlang auf Gerstenmaier gesetzt, ihn auch öffentlich unterstützt, war davon aber wieder abgekommen. Am 6. Oktober 1966, als die Krise dem Höhepunkt zusteuerte, setzte sich Adenauer hin und schrieb mit der Hand einen Brief an den Fraktionsvorsitzenden. Während der Auseinandersetzungen um die Kanzlerkandidatur 1971 berief sich Barzel mehrmals darauf, daß Adenauer ihn gebeten habe, sein Erbe zu übernehmen – wie Kiesinger übrigens auch. Der Brief Adenauers an Barzel war kurz. Er begann mit den Worten: »Lieber Herr Barzel. Leider muß ich noch das Bett hüten (nach strikter ärztlicher Vorschrift). Ich möchte Ihnen aber meine Ansicht zur jetzigen Situation sagen. Je schneller Klarheit geschaffen wird, desto besser m. E. auch für die bayerischen Wahlen.« Adenauer schrieb weiter, zuerst sei es wichtig, daß Erhard abgelöst werde, aus innen- und außenpolitischen Gründen. Der Adressat wisse, daß er zuerst für Gerstenmaier gewesen sei. Er habe sich aber in letzter Zeit zu passiv verhalten und sich mit Erhard verbündet. »Ich würde es sehr begrüßen, wenn Sie Bundeskanzler würden und wenn die bisherige Koalition fortgesetzt würde, Viele Grüße und alles Gute! Ihr Adenauer.«

Über die Motive Adenauers mochte man rätseln; er ermutigte mehrere Favoriten im Lauf der Zeit in der einen oder anderen Form. Daß Adenauer ernstlich auf Barzel gesetzt hätte, mußte man bezweifeln, er wollte ihn vermutlich nur anstacheln, Erhard endlich den entscheidenden Stoß zu versetzen. Darauf wies auch der sonderbare Vorwurf gegen Gerstenmaier hin, er habe sich »zu passiv« verhalten; daß Adenauer von einem unbegründeten Mißtrauen beherrscht war und die Vorgänge nicht klar durchschaute, zeigte seine Anschuldigung, Gerstenmaier habe sich »mit Erhard verbündet«. Seine Einstellung wurde auch mit der Passage des Briefes deutlich, »zuerst« sei es wichtig, daß Erhard abgelöst werde. Alles andere schien ihm im Vergleich dazu nebensächlich. Der Satz, er würde es begrüßen, »wenn Sie Bundeskanzler würden«, stand so ohne Beziehung oder Begründung da, daß man sich weigerte, ihn für bare Münze zu nehmen. Es fand kein Gespräch zwischen Adenauer und Barzel zu dieser Zeit statt; es gab auch niemanden in der Union, von dem bekannt wäre, daß Adenauer in diesem Sinn mit ihm gesprochen hätte. Er schrieb nur diese paar Zeilen – Barzel aber trafen sie mitten ins Herz.

Daraufhin faßte der Fraktionsvorsitzende in der frohen Überzeugung, vom Urvater der Partei begünstigt zu werden, den Plan, Erhard zu stürzen, indem er über die berühmten »Sachfragen« die Koalition sprengte, was dann auch gelang. Nach einer Sitzung der Bundestagsfraktion in der Berliner »Urania« am 17. Oktober 1966 trat Barzel mit den Worten vor die Journalisten, mit denen er gewöhnlich Ankündigungen einzuleiten pflegte, die er für schicksalsträchtig hielt: »Was ich jetzt sage, ist wichtig.« Dann verkündete er, die Fraktion habe beschlossen, den Bundeshaushalt möglichst durch Einsparungen und den Abbau von Steuervergünstigungen auszugleichen, nur wenn dies nicht ausreiche, »kommen als letztes Mittel Steuererhöhungen in Frage.« Barzel wußte, daß sich die FDP mit Klauen und Zähnen gegen Steuererhöhungen sträubte. Allein das Wort hatte für sie den höchsten Reizwert. Die Haushalts- und Wirtschaftssituation hatte Barzel schon in einem vertraulichen Brief an Erhard, der so vertraulich nicht war, daß die FAZ ihn nicht bekommen und veröffentlicht hätte, zum Gegenstand von eigenen Forderungen benutzt[15]. Dem mittlerweile willenlosen, paralysierten Bundeskanzler setzte Barzel von da an in den fast pausenlosen Gesprächen und Verhandlungen auf allen möglichen Ebenen und in immer vorhergehenden oder folgenden Gesprächen mit Journalisten mit der Formel der Steuererhöhungen als dem letzten Mittel zu, einer, wie er wußte, alle schokkierenden Androhung.

Gab sich Barzel nach außen betont sachlich, so verschärfte der Kanzlerstürzer Strauß in den ständigen Wechselbädern, denen sie Erhard, die FDP und die Öffentlichkeit aussetzten, den Ton gegenüber dem Koalitionspartner. Er ließ nach einem gemeinsamen CDU/CSU-FDP-Gespräch bei Erhard ultimativ wissen, wenn sich die Freien Demokraten nicht der Auffassung der Union anschlössen, »muß man ihnen klar machen, daß keine Basis mehr für eine Zusammenarbeit gegeben ist[16]«. Tags darauf, als sich die FDP-Fraktion nicht beugen wollte, sprach Barzel von einer »Kampfansage« an die Union. Am 27. Oktober 1966 traten die vier FDP-Minister zurück, Erhard leitete, was wohl beabsichtigt war, eine Regierung ohne Mehrheit.

Inzwischen hatte sich Barzel eine Art Hausmacht geschaffen, eine Kampftruppe, die zwar klein war, die er aber auf sich einzuschwören suchte, ein Gremium, das in der Fraktionssatzung als beschlußfassendes Organ nicht vorgesehen war, bis dahin niemals Bedeutung gehabt hatte und sie auch nicht in dem Umfang erlangte, der Barzel vorschwebte: Den »Elferrat« (etwa elf Mitglieder zählten dazu), den engeren Fraktionsvorstand, gebildet aus den stellvertretenden Vorsitzenden und den Vorsitzenden der Ausschüsse oder Arbeitskreise. Erhard würdigte später die Rolle dieses barzel'schen Instruments mit den Worten: »Den letzten Anstoß für meinen Sturz hat dann das Komplott des sogenannten Elferrats gegeben[17]«. Das Komplott formierte sich hinter streng verschlossenen Türen am Tag nach dem Rückzug der FDP aus dem Kabinett; und da der Fraktionsvorsitzende hinzuziehen oder ausschließen konnte, wen er wollte, hieß es später, die Erhard-Freunde (oder wie man sie nennen wollte) seien nicht dabei gewesen. Strauß auch nicht. Aber als sich eine Delegation des Elferrats am Nachmittag ins Palais Schaumburg begab, um Seelenmassage zu betreiben, übernahm der CSU-Vorsitzende die Rolle des Wortführers und forderte Erhard unumwunden auf, »notfalls« die Konsequenzen zu ziehen. So konnte die FAZ, die lange Zeit ihren Lesern die Erhard-Krise verschwiegen oder sie verharmlost hatte, als es nicht mehr anders ging, Strauß und Barzel als die Buhmänner präsentieren, die das Wirtschaftsidol politisch meuchlings gemordet hätten – sie betrieb ihre Kampagne so schwungvoll, daß Barzel nahe daran war, wegen Rufmordes zu klagen. Einige Tage brüstete sich Erhard noch, er werde »das Handtuch nicht werfen« (er fühlte sich wieder stark im hessischen Wahlkampf), am 2. November aber formulierte – abermals der Elferrat – die Rücktrittsformel, die Erhard dann unterbreitet wurde und die er am Nachmittag dem Fraktionsvorstand und der Fraktion vorlas, zu ihrer großen Erleichterung. Es war geschafft: Erhard, der Mensch, der es mit allen gut gemeint hatte, trat von der politischen Bühne ab, und erst fünf Jahre später, bei der Feier zu seinem 75. Geburtstag, wurde eine Versöhnung zwischen ihm und der Partei inszeniert, bei der Barzel, nun in Kanzlerkandidatenschuhen, den Schlußstrich zog mit den Worten, Erhard habe Ärger gehabt leider mit der Union »und, einmal, auch mit mir[18].«

Der Kanzler war gestürzt, aber deswegen war Barzel noch lange nicht Kanzler. Er glaubte, sich auf die Zusage von Strauß verlassen zu können, er werde ihn bei der Nominierung in der Fraktion unterstützen, und unterstellte, daß er damit die Stimmen der CSU-Abgeordneten habe. Aber auch Strauß spielte falsch mit Barzel. Er dürfte niemals auch nur erwogen haben, Barzel beim Griff nach dem Kanzlersessel zu helfen – ganz im Gegenteil. Viele in der Fraktion waren überzeugt, Barzel sei nur der Rammbock gegen Erhard gewesen, den Strauß betätigte, und einige vermuteten, Strauß habe Barzel vorgeschickt, um selber Erhards Platz einzunehmen. Aber es gab auch keine ernstzunehmenden Anzeichen dafür, daß sich der CSU-Vorsitzende zu dieser Zeit Chancen ausgerechnet hätte, Regierungschef zu werden; so geschwächt war die CDU noch nicht. Was Strauß brauchte, war ein leicht zu handhabender Übergangskanzler.

Er hatte sich auch schon gefunden. Denn inzwischen war, von

Bonn fast unbemerkt, eine südwestdeutsche Koalition gebildet worden, die alles daran setzte, sowohl Barzel als auch seinen vorhersehbaren Gegenkandidaten Gerhard Schröder, der sich weniger lauthals als der Fraktionschef, aber ebenso nachdrücklich aufzubauen suchte, zu hindern. Der rheinland-pfälzische CDU-Fraktionsvorsitzende Kohl war mit großer Energie hinter den Kulissen tätig, um die Südwestecke auf den bis dahin krassen Außenseiter, den Stuttgarter Ministerpräsidenten Kiesinger, einzuschwören, den er mit den Worten lobte, er sei die »Integrationsfigur«, welche die Union jetzt brauche. Die CSU spielte derweil ein raffiniertes Doppelspiel: Während Strauß in Bonn Barzel in dem Glauben wiegte, ihn auf seiner Seite zu haben, sammelte von München aus Ludwig Huber die Truppen für Kiesinger. Die Baden-Württemberger brauchten er und Kohl nicht lange zu überreden: Stuttgarter Parteifreunde machten später kein Hehl daraus, daß es ihnen ein Vergnügen war, Kiesinger »wegzuloben«. Er galt als selbstherrlich, eitel, dabei arbeitsscheu, ein Mann, der statt zu regieren das Plebiszit suchte und seit seinem Weggang aus Bonn in den späten 50er Jahren (Adenauer konnte sich nicht überwinden, ihm einen Regierungsposten anzubieten) von einem glanzvollen come-back träumte. Kohls Beziehungen reichten so weit, daß er selbst in Barzels Stammlanden bei dem rheinischen CDU-Vorsitzenden Grundmann Gehör fand – die Arbeitnehmervertreter konnten sich damals für Barzel noch nicht erwärmen.
Erhard hatte zur Bedingung seines Rücktritt gemacht, er müsse mitbestimmen dürfen, »wohin die Reise geht«; aber die Partei war so von ihrem Kandidatenspiel fasziniert, daß sie seine Mitwirkung auf eine Befragung der Bewerber reduzierte, die sie ihm präsentierte. Am 8. November 1966 wählte der CDU-Vorstand einen Kreis von vier Kandidaten aus, die sich genannt hatten oder die genannt worden waren: Kiesinger, Gerstenmaier, Schröder und Barzel. Von Erhard befragt, operierten Kiesinger und Gerstenmaier bereits nahe

beisammen: Sie legten Wert auf die Feststellung, daß sie sich nicht beworben hätten; Schröder hielt es für überflüssig, auszusprechen, was jedermann wußte, blieb also Barzel zurück, der gleiches von sich nicht behaupten konnte und seine Kandidatur mit der Anmerkung versah, es sollten nach der Abstimmung die drei, die unterlegen seien, den vierten loyal unterstützen — eine Bemerkung, von der man sich vorstellen konnte, daß sie von der hochmögenden Runde mit süßsauren Mienen entgegengenommen wurde.

Der Eckpfeiler der Anti-Barzel-Schröder-Koalition, die CSU, bekannte sich als erste offen zu ihrem Mann: Die Landesleitung der bayerischen Schwesterpartei beschloß am Tag nach der Kandidatenbefragung, Kiesinger zu unterstützen. Da Gerstenmaier, der auf der gleichen Seite stand, nur noch Kiesinger Stimmen weggenommen hätte, ohne die Kandidatur zu schaffen, verzichtete er folgerichtig am gleichen Tag und meldete seine Unterstützung für den schwäbischen Parteifreund an, nicht ohne Barzel vorher in Kenntnis gesetzt zu haben.

Spätestens zu diesem Zeitpunkt hätte der Fraktionsvorsitzende wissen müssen, daß er mit zu hohem Einsatz ein verlorenes Spiel begonnen hatte. Hätte Strauß sein Versprechen an Barzel so gemeint, wie dieser es aufnahm, wäre der CSU-Beschluß niemals zustande gekommen; aber der CSU-Boß verhöhnte Barzel auch noch, indem er beim ersten Wahlgang in der Fraktion offen eine Barzel-Stimme abgab, während die Landesgruppe geschlossen Kiesinger wählte, den sie dem großen Bruder förmlich aufgezwungen hatte. Schließlich zauberte auch noch der »Spiegel« ein allerdings zweifelhaftes »Entlastungsdokument« aus Kiesingers NS-Zeit aus seinen Archiven — Kiesinger war Parteimitglied, Hilfsreferent in der rundfunkpolitischen Abteilung des Auswärtigen Amts des »Dritten Reichs« gewesen, die Berichte über abgehörte »Feindsender« waren über seinen Schreibtisch gegangen, er war einer der wenigen deutschen Zivilisten, die von den

Greueltaten deutscher Kommandos in den besetzten Ostgebieten definitiv informiert waren.
Es war absolut unklar, worauf Barzel noch immer seine Zuversicht gründete, er könne aus dem Rennen erfolgreich hervorgehen. Man konnte es nur Verblendung und mangelnde Einsicht in die eigenen Verdienste und Fähigkeiten und eine Fehleinschätzung der Verteilung der Machtverhältnisse in Partei und Fraktion nennen. Barzel war offenbar auch nicht imstande, sich das öffentliche Echo auszumalen, wenn der Mann Bundeskanzler geworden wäre, dem zur Last gelegt wurde, den Kanzler Erhard in unfairer Waise verdrängt zu haben. Abgesehen von der Person Kiesinger war es eine richtige Überlegung des Südwestens gewesen, einen nicht vorbelasteten Mann aus der Provinz nach Bonn zu holen, das für die Wähler in den vorhergegangenen Monaten den fatalen Beigeschmack eines Intrigantennestes bekommen hatte.
Es fehlte Barzel wohl auch an Phantasie, sich vorzustellen, wie die FDP reagiert hätte, wenn ausgerechnet Barzel neue Koalitionsverhandlungen mit ihr geführt hätte, der den Bruch des alten Bündnisses provoziert hatte; und daß er bei der SPD-Spitze — vorsichtig ausgedrückt — nicht eben hoch angesehen war, wußte anscheinend jeder außer ihm. Wie immer man die Handlungsweise Barzels während der Erhard-Krise beurteilen mochte, sie wurde dadurch zusätzlich verdunkelt, daß er an ihrem Ende nicht rechtzeitig den Absprung fand. Der Vorwurf lautete nicht, daß er geholfen hatte, den Kanzlerwechsel vorzubereiten; sondern, wie er es tat und wie er sich verhielt, als er vollzogen wurde.
Der Nominierungsprozeß in der Fraktion zeigte die Verteilung der Gewichte. Drei Wahlgänge waren nötig. Kiesinger, keineswegs unumstritten (Teilnehmer seiner letzten Präsentation in der baden-württembergischen Landesvertretung fanden, er habe einen »schwachen Eindruck« gemacht), lag dennoch von Anfang an in Führung, eine Position, die er mit jedem Wahlgang ausbauen konnte, bis er die nötige

Mehrheit von 137 Stimmen erhielt. Schröder hatte einen stabilen Block von etwa 80 Parteigängern, der sich über alle Wahlgänge erhielt. Barzel aber zog mit einer offenbar zusammengewürfelten Schar von rund 50 Abgeordneten in den Kampf, die abbröckelte, bis zum Schluß 26 Stimmen für ihn übrig blieben — ganze 26 Barzel-Anhänger bildeten den »harten Kern« (es waren vermutlich in der Mehrzahl Mitglieder seines eigenen, des westfälischen Landesverbands), 26 von 244 abstimmenden Mitgliedern[19].

Die Fraktion zeigte damit, daß sie ihren Vorsitzenden nicht für geeignet hielt, Bundeskanzler zu werden. Mit dem Gestürzten war auch der Stürzer gestürzt. Von dem Augenblick an, in dem Kiesinger gewählt war, verlor Barzel, der sich vorher als der »kommende Mann« Bonns gefühlt hatte, jede Bedeutung. Es interessierte in den kommenden Verhandlungen, die Kiesinger (Erhard verließ die Kommission, er wollte nicht mit der SPD verhandeln, er war ein so überzeugter Gegner der großen Koalition wie Kiesinger ihr Befürworter) mit den beiden anderen Parteien führte, nicht einmal mehr, zu welcher Konstellation der Fraktionsvorsitzende Barzel riet. Barzel hatte wieder einmal einen knockout hinnehmen müssen, er traf härter, nachhaltiger als die früheren Niederschläge. Manch ein anderer hätte eine solche Niederlage nicht heil überstanden; ein Rücktritt lag in der Luft. Barzel aber fing sich, wie früher, rasch wieder; schmerzte ihn auch der Stachel der Demütigung lange, so ließ er sich doch seine Betroffenheit keine Minute anmerken und betrieb, als sei nichts geschehen, das politische Geschäft weiter. Die große Koalition war für Barzel qualitativ unergiebig. Er beschränkte sich darauf, mit dem SPD-Fraktionsvorsitzenden Helmut Schmidt, die Beschlüsse des »Kreßbronner Kreises« (eines neuartigen Führungsinstruments Kiesingers, zusammengesetzt aus den Spitzen der beiden Parteien) entweder vorzubereiten oder auszuführen, so weit man von Beschlüssen reden konnte. Schmidt gebrauchte für ihre Zu-

Die Stute CDU und das große Aufsitzen.
(Nach Adenauers Rücktritt) 11. 2. 1966

»Nur nichts überbarzeln, lieber Rainer!«
(Nach Adenauers Rücktritt) 16. 2. 1966

Barzels Heimkehr.
(Nach der New Yorker Rede am 17. 6. 1966) 18. 6. 1966

Zugang an Bord. 10. 10. 1970.

F. J. Paris und die drei Schönen.
(Kanzlerkandidatur und CDU-Vorsitz) 20. 4. 1971

Sherlock Barzel. 15. 12. 1971

Das Pumpgenie. 3. 3. 1972
Der Barzel pumpt sich auf die Schnelle / ein Kabinett für alle Fälle.

Warten auf Willy.
(Barzel verlangt Neuwahlen) 10. 3. 1972

Napoleon Bonnabarzel.
»Allons, eine Schlacht verloren, heißt nicht Krieg verloren!«
(Barzel mit Mißtrauensantrag gescheitert) 29. 4. 1972

»Ja, was siehg i denn da?«
(Barzel war bereit, den Ostverträgen zuzustimmen) 17. 5. 1972

Der (sich selber) treue Hagen.
(Differenzen in der Frage der Ostverträge) 27. 5. 1972

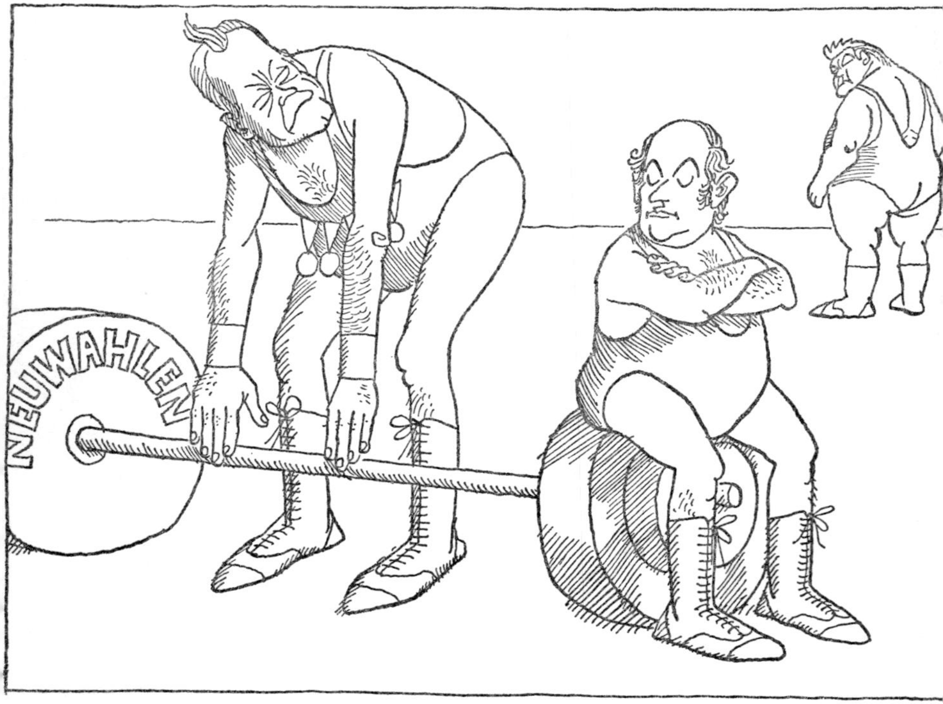

Gewichthebers Leid. 13. 6. 1972

sammenarbeit das Bild, Barzel und er verhandelten miteinander »wie zwei Tarifpartner«, damit das Trennende und den Zwang der Einigung zugleich treffend ausdrückend. Drei Jahre lang spielte Barzel wieder die Rolle, für die man ihn gut genug hielt, die des Funktionärs, der den Apparat am Laufen hielt. Während Kiesinger brillierte und glänzte, Hof hielt und der staunenden rheinischen Republik das Schauspiel einer prunkvollen Renaissance-Herrschaft vorführte, verschwand Barzel sozusagen von der Bühne. Es begann für ihn eine Karenzzeit, in der er in der Stille daran arbeiten konnte, sein miserables Image vergessen zu machen und sich darauf vorzubereiten, als ein neuer Barzel aus der Versenkung wieder aufzutauchen. Er ging mit öffentlichen Auftritten sparsam um, hielt sich mit provokanten Äußerungen zurück, spielte den braven Jungen, zu dem man nach einem bösen Streich allmählich wieder Zutrauen fassen konnte und hielt sich als unberechenbarer Machtfaktor vollkommen intakt.

Das Bonner Geschäft in erzwungener relativer Ruhe distanzierter betrachtend, merkte der hellhörige Barzel noch vor den meisten seiner Parteifreunde, daß sich insgeheim eine Umschichtung vollzog. Er traf sich sporadisch mit führenden Freien Demokraten, und nach einem Essen mit dem neuen FDP-Vorsitzenden Scheel im Hotel Adler wurde ihm plötzlich klar, daß die FDP-Führung nach »links« abmarschierte. Mit dem politischen Ränkespiel wohl vertraut, nahm der CDU/CSU-Fraktionsvorsitzende nicht für bare Münze, als die FDP vor der Neuwahl des Bundespräsidenten versicherte, wenn sie für Gustav Heinemann stimme, so bedeute das keine Einübung auf eine Regierungskoalition mit den Sozialdemokraten. Allein der Bundeskanzler und CDU-Vorsitzende Kiesinger (Helmut Schmidt: »König Silberzunge«) vertraute auf die Kraft seiner Rede, residierte selbstherrlich im Palais Schaumburg, glaubte, mit langen Gesprächen mit Herbert Wehner die Sozialdemokratie bändigen zu können

und spürte nicht, daß die Zeichen auf Wachablösung standen. Kiesinger konnte später nicht behaupten, daß Barzel ihn nicht gewarnt hätte; aber er hörte natürlich nicht auf ihn, gewohnt, in großen Kategorien zu denken, achtete er die Freien Demokraten zu gering, um sie zu beachten.
In der Septemberwahlnacht 1969 war Barzel zunächst, irritiert durch nicht ganz korrekte Hochrechnungen, welche die CDU/CSU stärker zeigten als sie war, innerlich gespalten: Der Union mußte er einen Wahlsieg wünschen, aber er gönnte ihn Kiesinger, der ihn drei Jahre vorher geschlagen und der ihn in der Zwischenzeit nicht so ins Vertrauen gezogen hatte wie sein Vorgänger, nicht ernstlich. So erschien zum ersten Kommentar an den Fernsehschirmen ein Rainer Barzel, der vielen Zuschauern unsympathisch war; er wirkte arrogant, überheblich, über den Gegner triumphierend. In Wirklichkeit kämpfte er mit seiner Unsicherheit. Längst hatte er kalkuliert, daß, so wie die Verhältnisse lagen, er nur noch auf dem Umweg über eine begrenzte Wahlniederlage wirkungsvoll nach dem höchsten Staatsamt würde greifen können. Eine absolute Mehrheit der CDU/CSU hätte eine mindestens um vier Jahre verlängerte Amtsperiode Kiesingers bedeutet und danach hätte die Union wohl einen neuen Kurfürsten gekrönt. Barzels Traumergebnis wäre eine leicht geschwächte CDU/CSU gewesen, die sich dennoch als stark genug erwiesen hätte, jede Regierung gegen oder ohne sie zu verhindern, die aber, wenn auch nicht sofort, so doch bald neue Kanzlererwägungen nötig gemacht hätte. Im Lauf der Wahlnacht, als die korrekten Ergebnisse bekannt wurden, die immerhin eine SPD/FDP-Koalition mit schmaler Mehrheit ermöglichten, als Kiesinger im Kanzleramt noch in der Pose eines Wahlsiegers vor die Öffentlichkeit trat, während Willy Brandt in der SPD-Baracke nach einer raschen Verständigung mit Walter Scheel erklärte, er werde sich um eine Mehrheit bemühen, während Genscher, auf den Kiesinger, zu Guttenberg und Kohl ihre Hoffnungen setzten, für die CDU un-

erreichbar blieb, da wußte Barzel, wie er später sagte, »daß der Zug abgefahren war«. Er war nicht einmal traurig darüber: Die Opposition galt Barzel als die zweitbeste Möglichkeit; über sie konnte er auf Umwegen die Macht ansteuern, an die er direkt nicht gelangte.

Die Rivalen: Kohl und Schröder

War es nun ein unverdientes Glück für die Union, daß sie den »Zauberlehrling« Rainer Barzel hatte, als sie auf die harten Bänke der Opposition gesetzt wurde, nach genau 20 Jahren ununterbrochener Regierungstätigkeit, oder eine verdiente Strafe für ihren Hochmut? Am Anfang wußte sie es selbst nicht. Der Fraktionsvorsitzende war ihr jedenfalls für die Erhaltung ihrer Arbeitsintensität gut: Er fing die in die Fraktion zurückkehrenden Minister samt ihrem Troß in vorbereiteten Auffangstellungen auf; er verteilte die Ämter, die noch zu vergeben waren, die Vorsitze in Arbeitskreisen und Ausschüssen, legte sie auf viele Schultern, er stellte Arbeitsgruppen zusammen, er formte einen Planungsstab, er schuf Planstellen für neue Mitarbeiter, er teilte die Ohnmacht, er strahlte Zuversicht aus. Während andere der verlorenen Macht nachtrauerten, oder den Hirngespinsten einer baldigen Rückkehr in die Schaltstellen der Regierung nachhingen, Unsicherheit in der ungewohnten Rolle um sich griff, einige unangemessene Fröhlichkeit darüber zeigten, daß die Last des Regierenmüssens von ihnen genommen war und sie meinten, sich der süßen, reinen Theorie der Oppositionslehre hingeben zu können, andere sich als Mitglieder einer Regierung im Wartestand verstanden, der Illusion huldigend, man werde sie bald wieder rufen, da organisierte Barzel nüchtern und ohne trügerische Gefühlsduselei den Widerstand. Was ihm

sonst angekreidet wurde, die Unfähigkeit zu leiden, das gereichte ihm jetzt zum Vorteil. Er beurteilte die CDU/CSU genau so wie der neue Bundeskanzler Brandt als das, was sie war: Eine immer noch existenzstarke Partei, einen politischen Faktor, mit dem jeder rechnen mußte, eine Partei, die nach wie vor eine starke Anziehungskraft auf die Wähler ausübte, die sich im politischen Kampf behauptete, die fähig sein konnte, sich zu regenerieren, von der allerdings Wunder nicht zu erwarten waren — und als eine Opposition, die schlimmstenfalls so gut sein konnte wie die Regierung schlecht war.
Nur, im Gewimmel der Unionsgrößen war Barzels Figur nicht so recht auszumachen. Ex-Kanzler Kiesinger, murrend aus dem Kanzlerbungalow in die Fraktion übergewechselt, schokkierte sie mit der Ankündigung, er werde »in den entscheidenden Augenblicken« das Wort ergreifen, zumal in der Außenpolitik[1] — er sagte es, kurz bevor die Fraktion Barzel für vier Jahre zum Vorsitzenden wiederwählte; Kiesinger wollte das so verstanden wissen, daß Barzel zwar Fraktionschef, er aber der eigentliche Oppositionsführer sei. Franz-Josef Strauß nahm den Mund nicht so voll, aber alsbald zeigte sich, daß er sich als der Antreiber und Einpeitscher der Fraktion gerierte und Wortführer einer scharfen Opposition wurde, wo Barzel eher mäßigend wirkte (Strauß brauchte Erfolg für die bayerische Landtagswahl). Und die CSU prophezeite um die Jahreswende 1969/70, im kommenden Frühjahr werde in Bonn »die Luft eisenhaltiger« werden (Hermann Höcherl). Es sah so aus, als sei Barzel zwischen die beiden Parteivorsitzenden Kiesinger und Strauß geraten, die den Kurs bestimmten, im Parlament die großen Redeschlachten schlagen und ihn die Kärrnerarbeit verrichten lassen würden.
Andere Machtzentren bildeten sich in den Ländern: Ministerpräsident Kohl, der zu Pfingsten 1969 Landeschef geworden war, schuf sich in Rheinland-Pfalz eine Stellung, von der aus er jederzeit, über Bundesrat oder Partei, in Bonn eingreifen konnte; Gerhard Stoltenberg war dabei, Mini-

sterpräsident in Schleswig-Holstein zu werden — zwei junge, hoffnungsvolle Talente, stellvertretende Parteivorsitzende, Politiker von Geblüt und mit Ehrgeiz, die, wie sich zeigen sollte, glänzende Wahlerfolge erfochten und nicht daran dachten, sich auf ihren Landeslorbeeren auszuruhen. Und dann war in Bonn noch Gerhard Schröder, der Mann, der immer bereit stand, jedes höchste Amt zu übernehmen, von unbestrittener Kanzlerstatur, mit der Erfahrung von 16 Ministerjahren ausgestattet — zwar unterlegen 1969 bei der Wahl des Bundespräsidenten, gleichwohl unter den Führungskräften der Union unübersehbar.

Ungeachtet mancher kühner Spekulationen war in der Zeit zwischen dem Sommer 1970, als die Union begann, sich ernsthaft ihren Führungsproblemen zu widmen, und dem Sommer 1971, da die Entscheidung programmiert war, die einzige Alternative für das Amt des Kanzlerkandidaten Barzel oder Schröder. Schröder war selbstbewußt genug, schon im Herbst 1970, als Barzel noch nachdachte, in seiner verklausulierten Art der Öffentlichkeit bekannt zu geben, daß er sich nach dem Spitzenamt zwar nicht dränge, daß er aber damit rechne, die Union werde es ihm zuerkennen. »Man muß bereit sein«, sagt er in einem Interview, »unter allen Umständen, absolut.« Irgendwelche Hindernisse erkannte Schröder nicht. Barzels Ambitionen tat er mit den Worten ab, es sei ein »großer Unterschied zwischen Bereitwilligkeit und Bereitsein«; Kohl schloß er mit der Bemerkung aus, er solle, er könne Parteivorsitzender werden, und mit einem Widerstand von Strauß rechnete er nicht — es gebe keine »Unversöhnlichkeit« zwischen ihnen, bemerkte er[2].

Die Gründe dafür aufzuspüren, warum Schröder dann doch nicht Kanzlerkandidat wurde, war ein ebenso lohnenswertes Vorhaben wie es reizvoll wäre, sich vorzustellen, wie sich die Union präsentiert hätte, wenn er sein Ziel erreicht haben würde. Nachdem Barzel im Frühjahr 1972 das Mißtrauensvotum verfehlt hatte, gab es viele, die nachträglich bedauerten, daß ihre Wahl vorher auf ihn statt auf Schröder gefallen war: für Schröder, so glaubte mancher, hätte die ganze Unionsfraktion gestimmt und außerdem hätte er mehr Freidemokraten auf seine Seite gezogen als Barzel. Schröder wäre die Wahl gewesen, die man der Union am ehesten zugetraut hätte: ein Weltmann, ein Repräsentant vom Scheitel bis zur Sohle, er war der Staatsmann, der Barzel erst werden wollte, war erste Wahl, erstklassig, Barzel war zweite Wahl und doch machte er das Rennen.

Bei konservativer Grundhaltung war Schröder ein origineller Kopf. Seine Einfälle, mit denen er immer wieder die Partei verblüffte, mochten aus dem Wunsch herrühren, anders sein und anders denken zu wollen als andere: er war ein Individualist alter Schule, weshalb denn auch Richard von Weizsäcker einmal bemerkte, er sei »eher ein Minister des 19. als ein Parlamentarier des 20. Jahrhunderts« – ein Individualist in Staatstraditionen. Schröders Parteifreund Kiesinger charakterisierte ihn treffend mit den Worten, der einzige Mechanismus, auf den man sich bei Schröder verlassen könne, sei der, aus Widerstand gegen den Opportunismus das Gegenteil dessen zu tun, was opportun war.

Das war nicht durchgängig und zu allen Zeiten so, aber Schröder tanzte doch immer wieder aus der Reihe: der Außenminister Schröder betrieb Ostpolitik mit den Ostblocksatelliten, als jedermann in der CDU/CSU überzeugt war, Ostpolitik könne nur entweder mit oder gegen Moskau gemacht werden. Schröder verteidigte in der großen Koalition das Verhältniswahlrecht, als es im Schwang war, für das Mehrheitswahlrecht zu fechten; er galt als Freund der kleinen Koalition, da es die große gab, und er philosophierte wieder über die große, als die SPD/FDP-Koalition gebildet war. Schröder zeigte durchaus Sympathien für die Ostpolitik der sozialliberalen Koalition, als die Opposition auf Kollisionskurs ging, und er trat als einer ihrer härtesten Widersacher auf, als sich die Union fast mit ihr angefreundet hätte.

Zu Parteitagen kam Schröder am liebsten aus irgendeiner Hauptstadt der Welt – zum Düsseldorfer Programm-Parteitag 1971 schwebte er aus Moskau ein. Und während der Christenunion noch die fernöstliche Welt als ein Schreckgespenst erschien, nach dem Motto des Kanzlers Kiesinger: »Ich sage nur: China, China, China,« reiste Schröder im Sommer 1972 für zwei Wochen nach Peking und in die Provinz und brachte die außenpolitische Konzeption der Regierung in Unordnung. Da konnte sich die in freudlosen heimischen Gefilden erfolglos abstrampelnde Opposition an den Bildern erquicken, die Schröder unter einem feinen chinesischen Seidenhut in einem Mao-Hemd über'm Hosenbund zeigten; Schröder, mit einem kleinen Gläschen Maotai in der »Halle des Volkes« mit chinesischen Parteileuten, Gelehrten und Revolutionären anstoßend; Schröder, der mit seinen Gastgebern ungezwungen über die Kunst der Teezubereitung plauderte, wobei er den chinesischen Tee trank und bekomplimentierte, aber zugleich die heimische friesische Teeküche lobte – das wäre ein Kanzlerkandidat gewesen!

Tatsächlich ermittelten Meinungsumfragen, daß die Union mit einem Kanzlerkandidaten Schröder in einem Wahlkampf ungleich bessere Chancen gegen den Kanzler Brandt gehabt hätte als mit Barzel: um 16 Prozent lag der Fraktionsvorsitzende hinter dem Bundeskanzler, nur um zwei Punkte aber der Vorsitzende des Auswärtigen Ausschusses[3]. Und statt zuzugreifen und sich den Wahlsieg zu sichern, plagte sich die Opposition mit der Zoglmann-Union und mit dem von der SPD abgehalfterten Professor Schiller, von denen sie sich Gewinne von allenfalls zwei Prozent erhoffte.

Mit Schröder hätten die CDU und die CSU auch eines ihrer größten Mankos wenigstens etwas ausgleichen können: ihr gestörtes Verhältnis zu den gebildeten Schichten. Er war ein Schöngeist, ein homme de lettres, ein Mann, der moderne Literatur las, ohne dabei gleich Übelkeit zu empfinden (wie der Baron zu Guttenberg bei der Lektüre von Grass' Blechtrommel den »penetranten Geruch eines Bahnhofspissoirs« in der Nase hatte[4]). »Obwohl dieser Mann von einem Konservativismus ist«, wunderte sich Eduard Neumaier, »der in seiner Umgebung Chippendale vermuten läßt, ist die Moderintät seines Geschmacks verblüffend[5].« Schröder umgab sich mit modernen Plastiken und Gemälden, er liebte das Schöne, auch in der Architektur, und sein Sekretär Jung beobachtete, daß Schröder auf Reisen lieber architektonische Baudenkmäler besichtigte als Parteiversammlungen in rauchigen Gaststuben zu besuchen und seine Neigung zur Architektur zugenommen habe, seit seine Tochter Antina dieses Fach studierte[6].

Schröder war, anders als Barzel, ein Konservativer, der sich zum Konservativismus bekannte, und er hatte eine Vorliebe für den Staat, seine Traditionen und ihre bestellten Hüter, die Beamten, ohne sie leugnen zu wollen. Er schätzte preußische Beamtentugenden »der alten deutschen Verwaltung«, ihre »Staatstreue, ihre Sauberkeit und Unbestechlichkeit, ihre Zuverlässigkeit, ihren stillen Dienst an der Allgemeinheit[7]«. Begriffe wie Autorität und Vaterland umschrieben für ihn in einer Zeit, in der vor allem die Jugend sie in Frage stellte, festgefügte, auch richtungweisende Ordnungen. Als er einmal hörte – 1954 –, daß viele Oberschüler nicht einmal die Nationalhymne kannten, verlieh er seiner Empörung mit einem Wort Ausdruck: »Unglaublich[8]«.

Und wenn der Innenminister Schröder (1955) mit aller Unnachsichtigkeit das Verbot der Kommunistischen Partei betrieb, so tat er das nicht, um Prestige zu erwerben oder Befürchtungen zu wecken, die dann wieder zerstreut werden konnten, sondern weil er überzeugt war, das Ziel der Kommunisten sei die »Zertrümmerung der demokratischen Gesellschaftsordnung und Errichtung der von der Kommunistischen Partei ausgeübten Klassendiktatur[9]« – für die Bewahrung dieses Staates, der Schröder so am Herzen lag, brachte Schröder große Opfer.

»Wie in seinem Äußeren«, fand der Publizist Wolfgang Wagner, »von dem tadellos geschneiderten Anzug über die Wahl der Krawatte, bis zu der schon legendären Exaktheit des Scheitels, alles ›in Ordnung‹ ist, so wünscht er sich in seinem tiefsten Inneren auch die Welt ›in Ordnung‹ zu sehen ... Weil ihm die Ordnung teuer ist, liebt er den Staat[10]«. Seine Ordnungsfunktion nahm bei Schröder gelegentlich solche Dimensionen an, daß er die Gefahren, die ihm drohten, kurzerhand leugnete. Er sei geneigt, meinte Klaus Harpprecht, »unsere Ängste mit ein paar nasalen Bemerkungen und einer ironischen Handbewegung in die Ecke zu schieben ... Er verniedlicht Krisen, weil sein taktisch funktionierender Verstand ihren Ernst nicht registriert[11]«.

Ein typisches Beispiel dafür war das Verhalten des Innenministers Schröder in der »John-Affäre«: Kurz nachdem der Präsident des Verfassungsschutzamtes, Otto John, am 20. Juli 1954 in die DDR übergewechselt war, kündigte der Minister ungerührt an, er werde nach Sylt in Urlaub gehen wie jedes Jahr um diese Zeit; er setzte zugleich zur Aufklärung des Falles eine halbe Million Mark aus, als handele es sich um ein kriminelles und nicht um ein politisches Delikt; und zur Sache äußerte er sich zwei Monate lang überhaupt nicht: Schröder, der große Schweiger. Die John-Affäre war es, die den Altliberalen Reinhold Maier zu der berühmten Frage veranlaßte: »Was muß in der Bundesrepublik passieren, bis irgendeinem Verantwortlichen etwas passiert[12]?«

Schröder aber hatte von seiner Rolle eine andere Auffassung als seine Beobachter, die ihm immer dann am meisten zusetzten, wenn er seine Arbeit am besten zu erledigen glaubte. Er sah sich gern als einen Politiker, dem (im Blick auf Bismarck) »keine gußeiserne Politik« vorschwebe, sondern eine »Politik aus Stahl – aber es muß der beste Stahl sein, von einer gewissen Elastizität, hochpoliert und rostfrei«[13]. Er war ein antipreußischer Preuße, Liebhaber anglikanischer Sitten und Gebräuche, der die friesische Herkunft so wenig zu verleugnen vermochte wie Barzel die ostpreußische, auch nicht die Abneigung gegen die Franzosen, die er in seiner Jugend während der Rheinlandbesetzung nach dem ersten Weltkrieg erlebt hatte.

Hans Graf Huyn, der 1965 aus dem Auswärtigen Amt ausschied, nachdem er antifranzösische Tendenzen hatte ausmachen wollen, machte die »friesischen Vorfahren, die seit Generationen ihren Blick dem Meer zugewandt hatten und dem Kontinent den Rücken zukehrten«, für Schröders Einstellungen verantwortlich. Auf sein Ferienhaus anspielend, schloß Huyn die Beweiskette: »Auch heute blickt Gerhard Schröder von seinem Haus ›Atterdag‹ auf Sylt über die Dünen und den Leuchtturm von Kampen vorbei auf die Nordsee in Richtung Atlantik[14]. »Und Peter von Zahn fand, Schröder sei ein »sehr typisches Mischprodukt des späten Preußen«, der zu Frankreich das »Verhältnis des ewigen potentiellen Siegers« habe[15].

In jenem Kampener Leuchtturm erblickte Schröder übrigens Symbolgehalt und er hätte sich gewünscht, eine »Leuchtturmfunktion« wahrnehmen zu können. Gerade auf Sylt erlitt Schröder den schlimmsten Rückschlag seiner Karriere, einen Kreislaufkollaps Ende August 1967, und er mußte jahrelang große physische Anstrengungen unternehmen, um den Verdacht auszuräumen, er sei nicht gesund und robust genug, um ein hohes Amt zu übernehmen. Dieser Kollaps erschien vielen überhaupt ein Anzeichen dafür zu sein, daß Schröder nicht unterkühlt, empfindungslos und eiskalt sei, sondern die Rolle nur spiele und in Wirklichkeit sehr sensibel reagiere: er sei, so meinten sie, die Reaktion seines zarten Organismus auf die Niederlage bei der Nominierung des Kanzlers in der Fraktion gewesen.

Gerhard Schröder war ein feiner, ein vornehmer Mann, ein Politiker der Exekutive nicht nur, sondern einer, der ohne Parlament recht gut ausgekommen wäre. Die Ministerien, die er nacheinander leitete – Inneres, Äußeres und Verteidigung –, gerieten leicht in die Gefahr ritueller Erstarrung; doch der Eindruck täuschte bisweilen; er baute tote Fassaden auf, um dahinter um so ungestörter seine Politik zu entfalten, eine Politik von bestechender Intellektualität.

Im Auswärtigen Amt, demjenigen, in dem sich Schröder am wohlsten fühlte, wuchs nach Auskunft seines Sekretärs Schröders Neigung zum Stilisieren, dem sorgfältigen Abfassen ausgewogener Dokumente. Seine Reden waren (für einen Politiker) stilistische Meisterwerke, wenngleich er auch die Kunst vollendet beherrschte, mit einem tadellosen Satzbau fast nichts Substantielles zu sagen, und die Zuhörer seiner Reden gelegentlich den Eindruck hatten, er bombardiere sie mit Eisnadeln; auch hatte er leicht etwas Dozierendes. Aber daß er »kalt« sei, leugnete er entschieden. »Wir brauchen«, so meinte er, »die richtige Kombination von dem warmen Herzen und dem kalten Kopf, wobei der kalte Kopf vielleicht noch wichtiger ist als das warme Herz[16].

In seiner Studentenzeit war der am 11. September 1910 in Saarbrücken geborene Protestant Schröder – der Vater war Reichsbahnrat, preußischer Verwaltungsbeamter, in Saarbrükken und Trier, wohin sie überwechselten, bis sie 1925 von den Franzosen ausgewiesen wurden, gehörten sie zur Minderheit – zweifellos anfällig nach rechts. Der CDU-Abgeordnete Georg Kliesing studierte gleich Schröder in Bonn und erinnerte sich, daß die Deutschen Volksparteiler, zu denen Schröder gehörte, im Studentenparlament den Nationalsozialisten gegen die katholischen Verbände, bei denen Kliesing war, beistanden[17]. Am 1. Mai 1933 trat Schröder, 23jährig, der NSDAP bei, im Winter 1933/34 sah er sich »genötigt«, sich als Anwärter um die Mitgliedschaft in der SA zu bewerben[18], – »er ist dort aber nichts geworden, was für ihn spricht« (Kliesing).

Nach dem zweiten juristischen Staatsexamen ließ sich Schröder im ersten Kriegsjahr 1939 in Berlin als Rechtsanwalt nieder, wurde sofort eingezogen und marschierte als Infanterist durch den zweiten Weltkrieg; auch dabei konnte er nichts werden: nach sechs Kriegsjahren war er immer noch Obergefreiter. Denn 1941 hatte Schröder die Bankierstochter Brigitte Landsberg geheiratet, die den arischen Nachweis nicht erbringen konnte; ihr Mann mußte die Parteimitgliedschaft niederlegen. Dies war denn doch wohl ein Zeichen dafür, daß Schröder mit den Verbrechen der Hitler-Diktatur, von der er sich anfangs falsche Vorstellungen gemacht hatte, nichts zu tun haben wollte. Gleichwohl mußte er sich öfter gegen die Vorwürfe der politischen Gegner zur Wehr setzen, er sei Nationalsozialist gewesen. Und bei der Präsidentenwahl 1969 nahm er es stillschweigend hin, daß ihm die NPD-Vertreter ihre Stimme gaben.

Nach Kriegsende schlug Schröder seine unterbrochene Laufbahn wieder ein und hatte das Glück, unter Heinrich Dinkelbach Abteilungsleiter in der Stahltreuhändervereinigung zu werden, was ihm den Weg in einige Aufsichtsräte großer Unternehmen ebnete. Zu seinem Wahlkreis Düsseldorf-Mettmann kam er 1949 wie zum ersten Ministerposten auch seiner evangelischen Herkunft wegen, und den unterprivilegierten Protestantismus in der Union pflegte er als Vorsitzender des Evangelischen Arbeitskreises. Doch Parteiarbeit lag Schröder nicht, und Johannes Demmer, einer der CDU-Gründer in Düsseldorf-Mettmann, einem ländlichen Wahlkreis, beklagte, kaum sei Schröder Abgeordneter gewesen, »bemerkten wir, daß er eine Auffassung von seinem Mandat und von uns hatte, die wir ihn trugen, die uns kränkte«. Schröders distanziertes Verhalten habe bewirkt, daß »viele in ihm nur den Mann sahen, der gewählt und wiedergewählt wurde, und der nicht abgewählt wurde, da ihm kein Gesichtsverlust zugemutet werden sollte ... Nur zwei, drei Monate vor jeder Bundestagswahl merkte man, daß man einen Abgeordneten hatte[19].« 20 Jahre nach Schröders erster Direktwahl, 1969, nahm ihm dann der SPD-Bewerber den Wahlkreis ab.

Sonderbarerweise galt Schröder, als er in der Bundestagsfraktion anfing, ebenso wie Barzel und ebenso falsch eingestuft, als »links«, vor allem, weil er 1952 Wortführer für den Regierungsentwurf einer Mitbestimmung in der Montanunion war; allerdings war die Vorlage so mitbestimmungsfreundlich, daß sich in der Schlußabstimmung die Sozialausschüsse der CDU/CSU der Stimme enthielten und die Sozialdemokraten gegen sie stimmten – eine echte Mitbestimmung enthielt er ihrer Ansicht nach nicht. Persönlichkeitskonformer war Schröder, der »Vater der Notstandsgesetzgebung« im Jahr 1958, die freilich so, wie er sie konzipiert hatte, als »Stunde der Exekutive«, nie Wirklichkeit wurde; die Notstandsgesetze, die von der großen Koalition verabschiedet wurden, waren Schröder nicht durchgreifend genug und er lehnte sie ab.

Schröder war ein Politiker, der hinter jovialem Äußeren seine elitären Auffassungen verbarg, die allerdings nie weiter gingen als es die rechtsstaatliche Ordnung, wie er sie verstand, erlaubte. Die Partei nominierte ihn aus dem gleichen Grund nicht zum Kanzlerkandidaten, der ihn mehr Wählern als Barzel anziehend erscheinen ließ: Daß er, wie sich Helmut Kohl ausdrückte, zu denen gehörte, die »zunächst über den Wassern schweben[20]«. Die Union hatte sich, als die Entscheidung bevorstand, in den Glauben hineingesteigert, sie müsse sozusagen mit einer gewaltigen Kraftanstrengung die Regierung aus den Angeln heben, und das gehe nur mit einem Mann wie Barzel, der »oft hart und pointiert fechtend Wunden aufgerissen hat« (Kohl). Es zeigte sich denn, daß die Koalitionsregierung allen Attacken widerstand und noch so viel Geschäftigkeit sie nicht aus den Angeln zu heben vermochte – nicht einmal die eigenen Zwistigkeiten.

Nachdem Schröder bei der Nominierung des Kanzlerkandidaten unterlegen war, und Barzel ihm das Außenministerium anbot, akzeptierte er sofort. Er war zu diszipliniert, als daß er sich hätte zurückziehen wollen. Und bei allen künftigen Aktivitäten der CDU/CSU sah man Schröder wieder in den vordersten Reihen, nicht immer an der Seite Barzels, aber doch mit so viel Elan streitend, wie es seinem verhaltenen Naturell entsprach. Es schien, als sei auch Schröder einer der Leute, die in einem Team besser aufgehoben als daß sie prädestiniert waren, eine Mannschaft zu führen.

Ein Mann ganz anderen Geblüts war Helmut Kohl, der mit Schröder das Tandem bestieg, das sie zu den höchsten Ämtern lenken sollte, welche die Partei zu vergeben hatte. »Immer wenn Helmut Kohl nach vorn schaut, richtet sich sein Blick geradewegs auf das Jahr 2000[21]«, begann »Christ und Welt« ein Porträt des rheinland-pfälzischen Regierungschefs vor dem Saarbrücker Parteitag, auf dem er von Barzel geschlagen wurde. Der fast-zwei-Zentner- und fast-zwei-Meter-Mann, der die meisten seiner Parteifreunde um Kopflänge überragte, lag ihnen auch mit seinen vielfältigen Talenten um Nasenlängen voraus. Die schwarzgerandete Brille ist so etwas wie ein Markenzeichen Kohls geworden, der, anders und direkter als Schröder, stets ein gutes Verhältnis zu den Intellektuellen gesucht hat und einer der wenigen Unionsleute war, die sich im intellektuellen Disput mit ihnen messen konnten.

Hinter seinen Brillengläsern funkelten die Augen im Gespräch, wenn er bei einem guten Glas Wein, das er zu schätzen, dessen er sich aber auch zu enthalten wußte, wenn er andere betrunken machen und selbst nüchtern bleiben wollte, seinem Spott, seiner Ironie und seinen Sticheleien freien Lauf ließ – er war begabt mit der Phantasie und dem Einfallsreichtum, den die pfälzische Heimat ihren Landeskindern mitzugeben pflegte.

Aber Kohl war auch ein Vollblutpolitiker, der holpernd und stolpernd durch die etwas schläfrigen Parteiwinkel donnerte, ein Riese mit schwer zügelbarem Temperament, dessen Durchgehen gemäßigte Parteifreunde so entsetzte, als sähen sie ein Gespann wildgewordener Pferde vor sich. Zeitweise wirkte Kohl wie noch gärender junger Wein in alten Schläuchen, und darum verfiel er vor großen Versammlungen gern ins andere Extrem und gab sich so brav, blaß und nichtssagend wie ein Lamm auf der Weide. An den Universitäten in Heidelberg und Frankfurt geschult, an denen er – Jahrgang 1930 – Rechts- und Staatswissenschaften und Geschichte studierte, hat Kohl nie einen anderen Beruf gelernt als den des Politikers, auch wenn er, bis er Ministerpräsident wurde, in den Gehaltslisten des Ludwigshafener Chemieverbandes geführt wurde. Mit 17 Jahren ging Kohl in die Junge Union, die gerade gegründet wurde, schlug sich gleich heftig in allen Wahlkämpfen für die CDU und war ihr seitdem mit Leib und Seele verschrieben.

In seinen Methoden war Kohl nicht immer wählerisch, seinen Aufstieg hat er sich gelegentlich robust und mit Einsatz seiner beachtlichen Ellbogen erzwungen; man erzählte, der junge Kohl habe den Ludwigshafener Kreisvorstand abgewählt, indem er in die Delegiertenversammlung ausreichend Leute bugsierte, die er selbst angeworben hatte – er wurde Kreisvorsitzender (eine Methode, die oft kopiert wurde, aber nicht immer so erfolgreich). Dem Ministerpräsidenten Altmeier setzte Kohl in einem geschickt angelegten Werbefeldzug solange zu, bis ihm nichts anderes übrig blieb als seinen Platz 1969 dem sehr viel Jüngeren zu räumen. Kohl ist immer irgendwo der Jüngste gewesen: der jüngste Landtagsabgeordnete, der jüngste Fraktionsvorsitzende, dann der jüngste Ministerpräsident. Und er wurde immer mit Superlativen belegt, von denen er nur einen gelten ließ: er habe den schönsten Schäferhund der CDU, und natürlich den größten dazu.

Wo Kohl hinkam, stand er bald auch schon an der Spitze: er wurde Vorsitzender der Stadtratsfraktion in Ludwigshafen (1960), Vorsitzender der Landtagsfraktion in Mainz (1963), ein Jahr darauf Vorsitzender des CDU-Berzirksverbands Pfalz, 1966 Vorsitzender der Union des Landes. Im Landtagswahlkampf 1967, dem ersten, den er mit dem Versprechen führte, in der Mitte der Legislaturperiode Ministerprä-

sident zu werden, trieb er die Landtagskandidaten unerbittlich zu Leistungen an, und im zweiten, den er als Regierungschef führte, steigerte er sie noch, wobei er sich keineswegs ausnahm. Im Gegenteil; Kohl war ein Arbeitspferd, er schonte weder sich noch seine Mitarbeiter, und manche Nacht verbrachte er in seinem Strohwitwerzimmer im Dachgeschoß der Staatskanzlei, fern von Frau und Kindern.
In die verstaubten Stuben der Staatskanzlei fuhr Kohl wie ein Wirbelwind und er löste die Verkrustungen, hinter denen sich der alternde Regierungschef verschanzt hatte. Kohl formte die Landespartei zu einem schlagkräftigen Verband, der in der Bundespartei größeren Einfluß bekam als es dem kleinen Land zugestanden hätte und dessen Mitglieder höhere Beiträge zahlen, sich straffer organisieren lassen und strengeren Auswahlkriterien stellen mußten als irgendwo sonst. Kohl bildete die Landesregierung um, holte sich von außerhalb die talentiertesten Leute, die verfügbar waren, in sein Kabinett (die jungen Minister Bernhard Vogel und Heinrich Geißler, die damals Abgeordnete in Bonn waren), er arbeitete mit wissenschaftlichen Methoden in der Regierung und bei Wahlkämpfen. Der Ministerpräsident focht gegen unglaubliche Widerstände eine Verwaltungsreform im Land durch und er öffnete die Türen der Regierung für die Bürger: jeder, der einen Wunsch hatte, konnte in die Sprechstunden des Regierungschefs kommen.
Rheinland-Pfalz, künstlich nach dem Krieg von der französischen Besatzungsmacht geschaffen, eines der Schlußlichter der Bundesländer, rückte unter Kohls Ägide nach vorn. Er schaffte konfessionelle Zwergschulen ab, holte Industrie ins Land, sein Ehrgeiz war es, Rheinland-Pfalz Modellcharakter zu geben. Kohl war ein so brillanter Theoretiker wie zugreifender Pragmatiker. Er setzte sich ein für Minderheiten in Partei und Politik wie Frauen, Arbeitnehmer, Intellektuelle, er warb für eine Erneuerung der Union, für Prioritäten, für unbequeme Wahrheiten, er kämpfte gegen gespreizte

Würden, er war eine Autorität, unbequem als Gegner wie als Freund.

Überall waren Kohls Spuren sichtbar: er war stellvertretender Bundesvorsitzender der CDU (nachdem er bei seiner ersten Kandidatur für das Präsidium gescheitert war), er leitete die zentralen Programmkommissionen für das Berliner Programm I und II, er saß in den Aufsichtsgremien des Zweiten Deutschen Fernsehens, ihm gelang es, die südwestdeutsche CDU zu einer engen Kooperation zu bringen, ohne ihn wäre Kiesinger 1966 nicht Bundeskanzler und Bruno Heck auf dem Braunschweiger Parteitag nicht Generalsekretär geworden, er war im Präsidium für Beziehungen zur Jugend, zu den Intellektuellen und den Massenmedien verantwortlich und als der Wahlkampf 1972 begann, setzte sich Kohl für eine faire und sachliche Auseinandersetzung ein.

Je höher Kohls Weg nach oben ging, desto stärker formierten sich die Widerstände, und in der Bundespolitik machte er nicht allenthalben eine so glückliche Figur wie in der engeren Heimat. Auch mußte Kohl den Preis für den Geschwindschritt zahlen, den er eingelegt hatte. Es war etwas Ruheloses, Rastloses an ihm; wo er auftauchte, hatte er auch schon den nächsten Telefonhörer in der Hand, und wer ihn für mehr als zehn Minuten zu einem ungestörten Gespräch erwischte, konnte von Glück sagen. Er mochte es selbst bedauern, daß er sich in eine Hektik gepeitscht hatte, die ihm nur noch wenig Zeit zur Muße ließ. Auch hatte er sonderbarerweise eine heftige Abneigung gegen den Begriff Bonn und alles, was damit zusammenhing, die womöglich von dem Ehrgeiz gespeist wurde, Bonn zu erobern und umzukrempeln, wie er es mit Mainz gemacht hatte.

Als Kanzlerkandidat kam Kohl 1971 nicht in Frage, da diejenigen, die darüber zu befinden hatten, an ihm vor allem bemängelten, daß er außenpolitisch völlig unerfahren war, ja ungeschickt, und in außenpolitischen Diskussionen nicht eben glänzend abschnitt. Als sich Kohl anschickte, Barzel den

Parteivorsitz streitig zu machen, geriet er in eine merkwürdige Verklemmung, die man sonst an ihm nicht kannte, und alle Auftritte in dieser Zeit mißrieten ihm. Dabei stieß er zielsicher gerade die Gruppen vor den Kopf, die sonst auf seiner Seite standen: die Junge Union und die Arbeitnehmer.

Auf dem Deutschlandtag der Nachwuchsorganisation im September 1970 in Braunschweig wirkte Kohl so blaß und unergiebig, daß die Delegierten froh waren, als er nach kurzer Zeit das Feld räumte und seinem Konkurrenten Barzel überließ, der ihren Beifall einheimste. Die Sozialausschüsse brachte er gegen sich auf, als er auf dem Düsseldorfer Parteitag – er war Vorsitzender der Programmkommission – sich zuerst scheute, das Mitbestimmungsmodell des Vorstands zu verteidigen, wenigstens zu erläutern, und dann für ein Modell des hessischen CDU-Vorsitzenden Dregger stimmte, da er glaubte, für das andere finde sich keine Mehrheit. Vor den Sozialausschüssen bekannte Kohl auf einer anderen Veranstaltung offen seinen Fehler und brachte damit wieder andere Gruppen gegen sich auf.

Sobald Kohl sicheres, erkundetes Gelände verließ, geriet er in die Gefahr, zu sehr zu taktieren und sich damit um die Früchte aller seiner Erfolge zu bringen. In Bonn galt Kohl als einer der wenigen Politiker, die offen genug waren, ihre Fehltritte einzugestehen, eine liebenswürdige Charaktereigenschaft, die indessen nicht gerade als ausreichende Qualifikation für die höchsten Ämter angesehen wurde.

Die Union befand sich zu jenem Zeitpunkt in einem eigenartigen Zustand: Pracht und Pomp, die der Bundeskanzler Kiesinger entfaltete, kontrastierten scharf zu den inneren Zerfallerscheinungen einer Partei, die den Zenit ihrer Macht überschritten hatte. Die SPD dagegen, die die große Koalition, wie Helmut Schmidt später gestand, als »Trittbrett« zur Macht betrachtete, hielt sich, jedenfalls was ihre Führung betraf, klug zurück und spannte ihre Kräfte für die nächste Bundestagswahl. Behutsame Vorstöße unternahmen

Bundesaußenminister Brandt und der gesamtdeutsche Minister Wehner. Kanzleramt und Außenministerium liefen nicht mehr konform. Brandt beschuldigte, als er Kanzler geworden war, seinen Vorgänger, er habe ihm auf mehreren Gebieten Zusagen gemacht, die er dann nicht eingehalten habe. Die Union war unsicher geworden. In die Außen- und Deutschlandpolitik, deren bisherige Positionen nicht mehr zu halten waren, kam Bewegung, aber die Partei, ihr Vorsitzender, machten sie nur unwillig mit. Die Sowjets verhandelten zwar mit dem Bundeskanzler, aber sie ließen sich nicht die geringsten Konzessionen entlocken.

Im Wahlkampf 1969 geriet Kiesinger in eine falsche Frontstellung zuerst mit Schiller, dann auch zu Brandt. Er folgte allen möglichen Einflüsterungen, sperrte sich gegen die Aufwertung, die ihm die Industrie ausredete, und die Unterschrift unter den Atomwaffensperrvertrag, den die CSU bekämpfte — beides wurde von der neuen Regierung ohne Aufhebens vollzogen.

Kiesinger, der, als ihm die Partei bedingungslos zu Füßen lag, nachdem er gewählt worden war, die SPD mit der Koalition salonfähig gemacht hatte, merkte nicht, wie sie sich ihm entzog. Die FDP war ihm immer so als Nebensache erschienen, daß er es für ein leichtes hielt, sie auch noch, wie er später formulierte, aus den Landtagen »herauszukatapultieren«. Die »schwäbische Maffia« der CDU, wie man sie nannte, herrschte in Bonn mit Kiesinger, Heck, Gerstenmaier (der dann von der Bühne abtreten mußte), mit Kohl und Filbinger, eine spätbarocke Erscheinung.

In der Wahlnacht 1969 trat Kiesinger noch als Wahlsieger auf, da er schon verloren hatte. Der Baron zu Guttenberg schilderte die gespenstische Szene im Kanzlerbungalow, und, wie die Zuversicht mit jeder Hochrechnung gewachsen sei (obwohl sie für die Union immer ungünstiger wurden). »Jemand sagt«, schrieb Guttenberg, »er sei sicher, daß ›mindestens zehn Abgeordnete der FDP nicht für Brandt stimmen werden‹. Wir fragen nicht nach seiner Quelle: die meisten kannten seine Verbindungen zu einem prominenten FDP-Abgeordneten.« Der »jemand« war Kohl und der prominente FDP-Abgeordnete Hans-Dietrich Genscher.

Die Runde machte dem Kanzler »bereits Vorschläge für ein Kabinett der kleinen Koalition«. Aber der Versuch eines Anwesenden, »mit Scheel in Verbindung zu kommen, scheiterte«[22]. Der FDP-Vorsitzende war zu dieser Zeit schon mit Brandt übereingekommen, den Versuch einer sozial-liberalen Koalition zu wagen.

Kohl und Kiesinger dachten sich jenes Angebot an die FDP aus, das eine zehnjährige Bindung der Freien Demokraten an die Union vorsah und das einen bestürzenden Mangel an Demokratieverständnis und politischem Fingerspitzengefühl darstellte. Auch hierfür entschuldigte sich später Kohl indirekt. Kiesinger hatte die CDU/CSU geradewegs in die Opposition geführt und als er sich als ihr Chef verabschiedete, hinterließ er der Partei auch noch einen Schuldenberg von mehreren Millionen Mark, den abzutragen er der neuen Mannschaft überließ.

Ernsthafte Gegner hatte Barzel nicht, ausgenommen vielleicht Gerhard Stoltenberg, aber der bewarb sich nicht. Der hünenhafte Blondschopf aus dem Norden, der bei Krupp Management- und im Wissenschaftsministerium Regierungserfahrungen gesammelt hatte, gelernter Historiker und Haushaltsfachmann, ein rundum beschlagener und versierter Politiker, der allerdings das Temperament eines fischblütigen Kaltschnäuzers hatte, fühlte sich an sein Versprechen gebunden, mindestens eine Legislaturperiode Ministerpräsident in Schleswig-Holstein zu bleiben. Noch auf dem Saarbrücker Parteitag wurde Stoltenberg bestürmt, zu kandidieren, aber ihn mochte es auch nicht sonderlich reizen, die Führung der Union zu einem Zeitpunkt zu übernehmen, zu dem die Aussichten nicht sehr groß waren, mit einer absoluten Mehrheit aus den nächsten Wahlen hervorzugehen.

Wenn Stoltenberg sprach, wirkte er leicht ermüdend, aber was er sagte, hatte Hand und Fuß, war wohldurchdacht, zeichnete sich weder durch besondere Kühnheit noch Originalität aus, war aber sachlich fundiert und das, was man konstruktiv nannte. Was Stoltenberg auszeichnete, war, daß er eher dazu neigte, vorsichtig abzuwarten und eine Sache lieber von allen Seiten zu bedenken, als sich forsch in eine Schlacht zu stürzen, deren Ausgang ihm offen erschien. In der Folge formte der Ministerpräsident in Kiel, wie Kohl in Mainz, die Landesregierung zu einem schlagkräftigen Instrument, und beide machten sich Konkurrenz im Bundesrat.

Auf dem Weg zum Parteivorsitz

Immer, wenn Rainer Barzel das Kandidatenpuzzle spielte, stieß er zuerst auf Kurt Georg Kiesinger. Nicht, daß der Ex-Kanzler ein besonderer Eckpfeiler im Gefüge der Union gewesen wäre – im Gegenteil: Seine Position des Parteivorsitzenden war der einzige Stein, der sich herausbrechen ließ, ohne daß das Gebäude wanken würde. »Man vergißt es immer wieder«, sagte Barzel einmal, »daß sich von Anbeginn in der politischen Landschaft das gleiche Problem stellt, das Problem Strauß-Schröder, der Antipoden[1].« Während der Erhard-Krise 1966 gab es Leute in der Union, die ihre Hoffnung darauf setzten, daß sich Strauß und Schröder, oder die Lager, die sich mit diesen Namen identifizierten, einigen würden – dann, so glaubten sie, wäre der Riß, der durch die CDU/CSU ging, geheilt. Barzel mußte 1970/71 daran gelegen sein, daß sie sich nicht einigten, nicht über seinen Kopf hinweg. Aber er konnte auch keinen von ihnen vom Platz stellen. Barzel hatte stets vor Augen, daß er sich an die Spitze einer Union stellen mußte, die intakt war, die an ihren Führungsschwierigkeiten nicht zerbrechen durfte, da sie ihm sonst nichts nutzen konnte. Das Problem war, eine Partei, oder vielmehr zwei Parteien mit allen ihren Flügeln, Gruppen und Interessencliquen auf sich einzuschwören, von denen die wenigsten ihm zutrauten, daß er die Fähigkeit habe, sie zu führen. Er mußte sie also mit sanfter Gewalt davon überzeugen, daß er imstande war, zu leisten, was sie nicht von ihm erwarteten. Barzel befand sich in der Lage eines Mannes, der allein den Glauben an sich aufrecht erhielt und der allein dadurch, daß er den Mythos seiner Mitbewerber zerstörte, in die Lage versetzt werden konnte, den Beweis für die Richtigkeit seiner Überzeugung anzutreten.

Kiesinger trug sich wohl im Lauf des Jahres 1970 mit dem Gedanken, vorzeitig abzutreten und seinen Platz einem anderen zu überlassen. Er wäre aber nur gegangen, wenn er seine Nachfolge im Parteivorsitz hätte beeinflussen können. Aber das erwies sich als unmöglich. Denn Barzel war zu einem Verzicht nicht zu bewegen und Kohl, sein Favorit, war vorab nicht durchzubringen. So versteifte sich Kiesingers Haltung wieder und als er merkte, daß Barzel es auf seinen Posten abgesehen hatte, überlegte er sogar, sich im Herbst 1971 zur Wiederwahl zu stellen, um Barzel entweder zu hindern oder ihn zumindest mit dem Gedanken abzuschrekken, er müsse wieder einmal als der »Stürzer« antreten. Aber in diesem taktischen Spiel war sich Barzel bewußt, daß Kiesingers Ruhm in dem Maß verblaßte, in dem er sich zeitlich von der Kanzlerschaft entfernte, und daß Kiesinger keine unverzichtbare Person in der Unionsführung war, nicht in dem Maß wie Strauß oder Schröder.

»Als er sich um die Jahreswende 1970/71«, schrieb Hermann Schreiber über Barzels Entschluß, »in Garmisch beim Schlittschuhlaufen vornahm, ›Alles oder nichts‹ zu spielen, also mit dem Einsatz des Fraktionsvorsitzes um den Parteivorsitz und die Kanzlerkandidatur zu spielen, da hat er sich dann auch zuweilen mit einer Mischung aus Stolz und Beklemmung gefragt: was ist eigentlich los mit dir, du hast dir doch sonst immer irgendwo ein Hintertürchen offengehalten?[2]«

Nun, Barzel, die Spielernatur, hatte auch früher gelegentlich ohne Reserven gesetzt, wenn auch nicht so direkt um Sieg oder Niederlage gespielt. Als er am Tag vor Christi Himmelfahrt 1971 der Gruppe von Journalisten, die er in regelmäßigen

Abständen zu sich bat, um den einen oder anderen Gedanken an die Öffentlichkeit zu lancieren (es waren keineswegs nur ergebene Barzel-Anhänger, sondern hauptsächlich die Leiter der Bonner Büros großer Zeitungen oder Rundfunkanstalten), eröffnete, er sei zu dem Schluß gekommen, Parteivorsitz und Kanzlerkandidatur müßten in eine Hand, in seine Hand, gelegt werden, da wirkte sein verwegenes Draufgängertum selbst auf diejenigen nicht unsympathisch, die ihn nicht gerade schätzten. Auch sie fragten ihn verblüfft, ob er denn bedacht habe, daß er sich jeden Rückzug verbaue, alle Brücken hinter sich abbreche, und was er denn tun wolle, wenn er unterliege. »Die Union hat viele Verwendungsmöglichkeiten für mich«, antwortete er leichthin, »ich kann ja auch Vorsitzender des Auswärtigen Ausschusses werdenn« (der Posten, den Gerhard Schröder bekleidete)[3].

Scheinbar trotzig und kühn das Schicksal herausfordernd, war Barzels Schlachtplan in Wirklichkeit das Ergebnis einer wohlkalkulierten, kalt erstellten, nüchternen Analyse der Parteisituation, die nicht das größte, sondern das geringste Risiko einstellte, sah man einmal davon ab, daß er das Rennen überhaupt hätte aufgeben können. Denn mit dem primären Griff nach dem Parteivorsitz erreichte Barzel: Daß sich der Schwerpunkt der Diskussion auf die institutionelle Betrachtung verlagerte: Führungsfunktionen in eine Hand oder verteilt; wobei er gute Unionstradition auf seiner Seite hatte; daß die Positionen Schröders und Straußens aus dem Spiel blieben; daß der Zeitablauf zu seinen Gunsten wirkte, da über den Parteivorsitz nach den Statuten im Herbst 1971 entschieden werden mußte, während es im Belieben von CDU und CSU stand, wann sie über die Kanzlerkandidatur befanden; daß er die Hilfe der CSU, die ihm keineswegs sicher war (Schröder allerdings ebenso wenig) zunächst nicht brauchte, nur Störungen von ihrer Seite auszuschalten hatte, um allein mit der CDU, die er besser kalkulieren konnte, den ersten Schritt zu tun, dem, wenn er gelang, der zweite zwangsläufig folgen mußte. Barzel brauchte also nur die Frage der Kanzlerkandidatur offenzuhalten und den Parteivorsitz an sich zu ziehen, der ihn weniger interessierte, um zum Erfolg zu gelangen.

Mit ein Grund für Barzel, nach der ganzen Macht zu streben, statt sie zu teilen, war der, die Machtfülle von Strauß zu brechen, die allein darauf beruhte, daß er den CSU-Vorsitz geschickt und souverän auszuspielen verstand. Für den Parteivorsitzenden Strauß war der adäquate Gesprächspartner der CDU-Vorsitzende. Die CSU war es seit jeher gewohnt, im Palais Schaumburg ihren Adressaten zu suchen, das für sie mit der Parteispitze identisch war. Der Fraktionsvorsitzende stellte nichts weiter als eine Clearingstelle dar. Damit, daß der Kanzler weggefallen war, mußte seine Funktion nicht automatisch auf den Fraktionsvorsitzenden übergehen. Vielmehr wußte Barzel, daß er mit Strauß von gleich zu gleich nur verhandeln konnte, wenn er institutionell sein Gegenpart war. Parteivorsitzender zu werden, das hieß in den Augen von Strauß – so nahm Barzel an – »daß sich der Barzel auf eigene Füße stellt[4].« Und Strauß konnte nur zähneknirschend zusehen, wie Barzel sich dieses Amt aneignete, verhindern konnte er es ernstlich nicht. Bekam Barzel den Parteivorsitz, so konnte dies auch ein Instrument sein, Strauß zu disziplinieren.

Den Parteivorsitz zu haben, bot für Barzel weitere Vorteile. Wäre er Fraktionsvorsitzender geblieben, ein anderer wäre Parteivorsitzender geworden und wieder ein anderer Kanzlerkandidat, so hätte die CDU/CSU-Führung aus einem vierköpfigen Kollektiv bestanden, in dem ihm einer der letzten Plätze zugefallen wäre. Hätte auch der Kanzlerkandidat Schröder nur einen »Übergangskandidaten« dargestellt, so wäre einer der Anwärter auf seine Nachfolge der CDU-Vorsitzende gewesen, gleichgültig wie er geheißen hätte – der Führungsstreit wäre instituionalisiert worden. Für den Koordinator Barzel hingegen würde die Vereinigung der beiden

Ämter bedeuten, daß er Partei- und Fraktionsspitze nach seinem Wunsch aufeinander abstimmen konnte. Niemand, außer vielleicht der CSU-Vorsitzende, konnte ihm dann noch in die Quere kommen. In seiner Situationsanalyse teilte Barzel ausnahmsweise die Theorie des »Spiegel«, er müsse entweder in der ersten Hälfte des Jahres 1971 die Spitzenposition erklimmen oder er werde es nie schaffen, und er habe, auch wenn er erst 47 Jahre alt sei, nicht unbegrenzt Zeit. »Es war nicht nur eine zutreffende taktische Erkenntnis«, sagte Kraske, der ihm zunächst abriet, alles auf eine Karte zu setzen, »sondern auch die richtige Einschätzung seines psychischen Kräftepotentials: er hatte gesehen, er kann nicht unbegrenzt lange die Rolle des unausgesprochenen Oppositionsführers spielen[5].«

Kohl und Schröder waren ausgesprochene Aktivposten in Barzels Kalkül. Vor allem Schröder. »Wenn Schröder ab Beginn des Jahres 1971 stärker hervorgetreten wäre, die Kurve bekommen hätte, vielleicht wäre alles anders verlaufen«, sinnierte der CDU-Generalsekretär. Schröder hatte seine letzte Rede im Bundestag im August 1969 gehalten, einen Beitrag über das Weißbuch zur Verteidigung. Danach schwieg er im Parlament – bis zur ersten Lesung der Ostverträge. Ende Februar 1972, zweieinhalb Jahre lang; da wurde seine Rede zwar allgemein für die beste Oppositionsrede überhaupt gehalten, aber sie kam zu spät. Freunde wollten Schröder dazu bringen, eine programmatische Rede zur Situation der CDU auf irgendeinem Parteitag vor der Wahl in Saarbrükken zu halten, an der »an jedem Wort, an jedem Komma gefeilt ist«. Schröder lehnte ab: »Das wäre unharmonisch, unorganisch. Jeder kennt mich und weiß, wer ich bin.« »Er ist doch ein sturer Friese«, bemerkten seine Ratgeber erbost[6].

Schröder hoffte – das war der Eindruck bei Beobachtern – lange Zeit, daß sich »eine Stimmung zu seinen Gunsten entwickeln würde«; wie seine Anhänger hofften, daß er ihnen ein Zeichen setzen möge. Gefragt, warum er im Bundestag nicht das Wort ergreife, entgegnete der empfindliche Schröder, er könne es nicht ertragen, befürchten zu müssen, daß Barzel nach ihm auf's Podium steige und zu seiner Rede das Schlußwort spreche, etwa derart, er müsse noch ausführen, was der Kollege Schröder vergessen habe[7]. Tatsächlich verstand es Barzel, die Rednerlisten bei allen »großen« Debatten im Parlament so anzulegen, daß zuerst der Fraktionsvorsitzende, dann einer seiner Stellvertreter, dann einer der Parlamentarischen Geschäftsführer, ein Vertreter der CSU, Arbeitskreisvorsitzende oder Obmänner der Fraktion eingetragen wurden, ehe der Vorsitzende des Auswärtigen Ausschusses daran gekommen wäre.

Während Barzel sein ganzes meinungsbildendes und Generalstabsarbeit leistendes Imperium einsetzte, die Apparaturen und Stäbe der Fraktion vom letzten Referenten über den Pressesprecher bis zu seinen Kontaktmännern in den Reihen der Abgeordneten in Bewegung brachte und alle Reserven mobilisierte, führte Schröder den Kampf ohne alle Hilfstruppen. Im Abgeordnetenhaus hatte er sich im 28. Stock zwei Büros eingerichtet, die von seiner Sekretärin, Frau Nuphaus, und seinem Sekretär, Jung, verwaltet wurden. Im Schröder-Flügel ging es selbst während der hitzigsten Schlachten gedämpft zu; man kommentierte die Tagesereignisse mit feinsinnigen Bemerkungen und gab sich der leichten Wehmut hin, von der relativen Abgeschiedenheit und aus der Höhe einer Position, in der Überlegenheit und souveräne Beherrschung der Aktualitäten den Ton bestimmten, womöglich in den Strudel der Spitzenposition gezogen zu werden. In Schröders Umgebung ging es immer wie in einem gebildeten Lesezirkel zu. Besucher wurden empfangen, man sprach distanziert und von Schröders Seite mit jener ätzenden, aber nicht direkt verletzenden Schärfe, welche die unbedingte Dominanz des Intellekts verlieh, über Machtkämpfe, als seien es Spiele mit Zinnsoldaten, deren erstarrte Schönheit einen exklusiven Genuß vermittelte, wie ihn nur Kenner empfinden konnten; tief unten glitzerte das lehmig gelbe Band des Rheins, tief unten im alten Bundeshaus saß auch der Rivale, von dem der Diplomat Schröder nur verächtlich bemerkte: »Jeder klingelt auf seine Weise[8]«. Darin lag natürlich auch ein Stück Unterschätzung des »Knochenarbeiters« (Barzel über Barzel).

Die Kommunikation zwischen Schröder und Kohl funktionierte keineswegs so, wie es den Anschein hatte. Das ungleiche Gespann war sich auch viel weniger sympathisch als es vorgab. Zwar sagte Kohl in einem Fensehgespräch einmal, er könne sich vorstellen, »daß die Art – ich will's versuchen, aus mir selbst herauszutreten – in der Schröder Probleme angeht, mir zusagt, meinem Lebensstil mehr zusagt, meiner Vorstellung von Politik mehr zusagt[9]«. Das Stottern des sonst redegewandten Ministerpräsidenten verriet, daß er doch einigermaßen in Schwierigkeiten war, wenn er seine Übereinstimmungen mit Schröder schildern sollte. In Wirklichkeit mochte der blutvolle Pfälzer den kühlen Menschen aus dem Norden nicht sonderlich; sie hatten sich nicht viel zu sagen. Schließlich hatte Kohl 1966 wie ein Berserker gearbeitet, um zu verhindern, daß Schröder Kanzler wurde. Jetzt, 1971, hatte sich die Situation lediglich dahin verändert, daß Kohl Barzel noch mehr verhindern wollte als Schröder; Schröder war für ihn lediglich das kleinere Übel. Schröder wiederum störte an Kohl diese ganze unfeine »Hemdsärmligkeit« des fülligen Naturburschen aus dem Süden. Er sprach von ihm, er sprach von Mainz unter rheinischen Parteifreunden, als beobachte er Bewohner eines anderen Sterns: »Ich habe gehört ...« und so weiter. Eine gewisse repräsentative Würde sei doch für den Staat notwendig, krittelte Schröder, wenn er die doch sehr aufgelockerten Regierungsmethoden Kohls beurteilen sollte. Kiesinger und Kohl, dazu Heck und Gerstenmaier, das waren Leute, die sich auf Anhieb verstanden. Bei Kohl und Schröder fanden ungleiche Landschaften nicht nur

zueinander, sie waren sich auch fremd, sie sendeten nicht auf der gleichen Wellenlänge. Schon von daher funktionierte die Achse Schröder-Kohl nicht und sie hätte sich, wäre sie institutionalisiert worden, nicht als sonderlich wirkungsvoll für den Zusammenhalt der Partei erwiesen.
Schröder und Kohl hatten der Union kein Programm zu bieten, keine Vision, keine Philosophie, auch nichts Praktisches; sie muteten den Delegierten zu, einen Mann zu wählen, der sich nicht zur Wahl stellte. Kohl sollte das Vehikel sein, das den Wagen des Kanzlerkandidaten Schröder in die Arena zog. Die Idee mit der Zweiteilung der Ämter war insofern unglücklich, als diese Partei vor allem nicht, aber im Grunde keine Partei von zwei oder noch mehr Männern geführt werden wollte; eine Kanzlerdemokratie war ohnehin zwangsläufig auf eine Führungsfigur fixiert; Mannschaften waren notwendig, aber effizient nur, wenn einer von ihnen klar den Führungsauftrag hatte. Schon in der auslaufenden Adenauer-Ära und dann wieder, als Erhards Schwächen hervortraten, versuchte die Union, ihre nachlassende Ausstrahlungskraft mit »Teams« aufzubessern – es waren Hilfskonstruktionen. Im Fall Schröder-Kohl hätte es immerhin gut gehen können – niemand vermochte das auszuschließen –, aber es gelang ihnen nicht, die Mehrheit davon zu überzeugen, daß sie die besseren Männer mit den besseren Argumenten waren. Barzel wiederum wartete zwar gleichfalls nicht mit zündenden Ideen auf, welche die Partei gleichsam begeistert ihm zu Füßen gezwungen hätten; aber er entschied durch beharrliche Kleinarbeit die machtpolitische Auseinandersetzung zu seinen Gunsten. Schon bald nach seinem Entschluß, beide Ämter erobern zu wollen, gelang es ihm, den Vorstand seines eigenen Landesverbandes, des Westfälischen, auf sich einzuschwören. Bereits am 2. März 1971 – noch ehe Barzel die Presse informierte – erklärte der westfälische Parteivorsitzende Heinrich Windelen, einer der stellvertretenden Vorsitzenden der Bundestagsfraktion, der Vorstand Westfalen-Lippe sei

für Barzel und für Personalunion. Vorsorglich hielt sich Windelen die Trennung der Ämter nur für den Fall offen, daß Kiesinger Parteivorsitzender bleiben wolle – aber auch dann hätte der Kanzlerkandidat für ihn Barzel geheißen[10].

Für den Fraktionsvorsitzenden war der Wechsel in der westfälischen Parteispitze von Dufhues zu Windelen ein Glücksfall. Anders als Dufhues, der Barzels Fähigkeiten, Kanzler zu werden, bei sonstiger Anerkennung nicht besonders hoch einschätzte, war Windelen ganz auf Barzels Seite, in jeder Beziehung ein treuer Gefolgsmann. Mit seiner frühzeitigen Festlegung brachte er den – ebenfals neuen – rheinischen Vorsitzenden Köppler in arge Verlegenheit. War der rheinische Verband auch der mitgliederstärkere als der westfälische und Köppler Vorsitzender des nordrhein-westfälischen Parteipräsidiums und Oppositionsführer im Landtag, so war er doch starkem Druck der sehr geschlossenen westfälischen Parteiführung ausgesetzt; und in seinem Landesverband regierten noch immer einige heimliche Fürsten, gegen die sich der Vorsitzende nur schwer durchzusetzen vermochte. Heinrich Köppler, von Natur aus zu Kompromissen geneigt, sah sich vor die undankbare Aufgabe gestellt, zwischen den stark ausgeprägten Gruppenegoismen zu vermitteln.

Die westfälische Partei war so konservativ geprägt, daß sie – besonders deutlich trat dies bei den Richtungskämpfen der Jungen Union zutage – jederzeit eine Koalition mit der CSU bilden konnte. Mochten es Sachfragen, mochten es Personalprobleme sein, die Westfalen gehörten stets zu den Bataillonen, die an der Spitze des Konservativismus, wenn nicht der Reaktion marschierten. Ganz anders die rheinische Partei, die, programmfreudig, geneigt, sich zu reformieren, für Einflüsse des Zeitgeists sehr empfänglich, dabei in ständiger Grundsatzdiskussion begriffen, dem Reformflügel zuzurechnen war. Hatte Adenauer seine Hausmacht in der rheinischen Partei, so operierte Barzel nicht zufällig, von Beifall begleitet, in Westfalen. Die rheinische CDU hatte es deshalb schwer, sich zu entscheiden, weil Barzels Konkurrent Schröder ihren Reihen zuzurechnen war; die Auseinandersetzung um die Kanzlerkandidatur wurde im Grunde ausschließlich in Nordrhein-Westfalen ausgetragen – die beiden Landesverbände stellten zusammen mehr als ein Drittel der Delegierten auf Parteitagen. Wie auch immer die Entscheidung ausgehen würde, es war klar, daß die Übergangszeit der Herrschaft der »schwäbischen Maffia« unter Kiesinger zu Ende ging.

Windelen ließ sich von seiner Parteispitze das Mandat geben, mit Köppler eine gemeinsame Meinungsäußerung herbeizuführen. Köppler, der ebenfalls aus der Bundestagsfraktion hervorgegangen war, hatte sich gleichfalls früh auf Barzel festgelegt. Er wußte aber, daß in seinem Landesverband die Stimmung nicht einheitlich war. So verstand er es bis zum Schluß, das Votum offenzuhalten, und die rheinischen Delegierten mochten denn auch geteilt abgestimmt haben. Im Norden konnte Barzel, der keine Gelegenheit ausließ, bei den Landesverbänden um Zustimmung zu werben, ebenfalls Terrain erobern: Der niedersächsische Landesvorsitzende Hasselmann verwandte sich öffentlich Ende Juli für die Personalunion, die Chiffre, hinter der nun jedermann, der sie benutzte, den Namen Barzel verbergen konnte. Schleswig-Holsteins neuer Ministerpräsident Stoltenberg, auch ein Mann der Fraktion, hielt sich zwar mit einer öffentlichen Parteinahme zurück; aber nicht, weil er für Kohl gewesen wäre, sondern weil er von Natur aus lieber Zurückhaltung übte. In Wirklichkeit war die Schleswig-Holsteinische Parteispitze, kräftig unterstützt von Bundestagspräsident von Hassel, überwiegend für die Zusammenlegung der Ämter unter Barzel. Für Stoltenberg mag dabei die Überlegung mitgewirkt haben, daß – auf die Zukunft projiziert – sein eigentlicher Konkurrent Kohl und nicht Barzel war; daß er versprochen hatte, zunächst in Kiel zu bleiben, aus dem Rennen für das

höchste Amt vorerst ausscheiden mußte, und eine Niederlage Kohls nur seine Position stärken konnte.
Der Norden stellte über die Hälfte der 521 Delegierten des Saarbrücker Parteitages. Jede Stimme, die Barzel im Süden gewann, brachte ihn dem Sieg näher. Und es gelang ihm, dort im Lauf des Sommers erheblich an Boden zu gewinnen. Die hessische CDU, die schon ihrer räumlichen Nähe wegen sonst mit der rheinland-pfälzischen meist konform gegangen war, hatte mit Dregger einen neuen Landesvorsitzenden bekommen, dessen Standort, wie es in der Partei hieß, so weit rechts war, daß er die NDP nicht zu fürchten brauchte. Da er ohnehin vorhatte, in die Bundespolitik überzuwechseln, wozu ihm nur Barzel verhelfen konnte, stellte er sich ohne Einschränkungen auf die Seite des Fraktionsvorsitzenden. Es zeigte sich übrigens, daß die Verjüngung der Führungsgarnitur der CDU in den Ländern einseitig Barzel zugute kam. Baden-Wüttemberg mit seinen vier Landesverbänden, die eigentlich Kohls Hauptarmee hätten stellen sollen, spaltete sich in zwei Lager: Der stärkere unter Ministerpräsident Filbinger hing der Idee der Ämterzusammenlegung an, sein Stellvertreter Adorno focht für seinen früheren Chef im Verteidigungsministerium, Schröder. Ja, es galt als ausgemacht, daß sich Kohl nicht einmal auf alle Stimmen seiner 58 Delegierten aus Rheinland-Pfalz verlassen konnte; der nördliche Teil sprang ab. Und auch im Saarland, das bei früheren bundespolitischen Entscheidungen stets bedingungslos auf Kohls Linie eingeschwenkt war, sprach sich der eine oder andere Kreisverband für Barzel aus. Die südwestdeutsche Koalition, die – mit der CSU – einst Kiesinger auf den Schild gehoben hatte, funktionierte nicht mehr. Zum Schluß erklärte sich ein einziger Landesverband geschlossen mit Kohl solidarisch: Der Hamburger unter seinem Vorsitzenden Rollmann; er stellte elf Delegierte.
Eine nicht zu überschätzende Rolle im Kandidatenrennen spielte die Bundestagsfraktion; immerhin 122 Bundestags-

abgeordnete waren auch Delegierte des Parteitags – zwischen einem Viertel und einem Fünftel. Jetzt zahlte sich Barzels Kleinarbeit seit Beginn der Legislaturperiode aus; viele verdankten ihm ihre Position in irgendeinem Arbeitskreis oder Ausschuß, sie hatten um sie zu bangen, wenn sie gegen ihren Vorsitzenden votierten, nur mit seiner Hilfe konnten sie aufsteigen. Da Barzel nie gesagt hatte, er werde aufgeben, wenn er unterliege, mußten sie in jedem Fall weiter mit ihm rechnen. In der Zeit des Werbens um die Delegierten veranstaltete Barzel fast allabendlich Treffen in seinem Haus, in denen er den wechselnden Besuchergruppen den Eindruck zu vermitteln wußte, er habe sie für die eine oder andere Position in seinem Schattenkabinett oder Kabinett ausersehen. Dabei verstand es Barzel geschickt und schlau, Hoffnungen zu wecken, ohne sich durch genaue Zusagen zu binden, die andere, die sie nicht bekamen, verbittert hätten. Seine »Mannschaft« ließ er in diesem Stadium absichtlich nur in Konturen erkennen; galt es als ausgemacht, daß mindestens zwei, wenn nicht drei Vertreter der CSU in einem Kabinett Barzel sitzen würden, so legte er sich bei der CDU zunächst nur auf drei, vier Schlüsselpositionen fest. Der eine war der Vorsitzende der Sozialausschüsse, Katzer – damit hatte Barzel den linken Flügel auf seine Seite gezogen.

Der andere, mit dem Barzel frühzeitig eine Absprache traf, war Manfred Wörner (Verteidigungsminister). Beide behielten das für sich, denn es sollten die anderen Aspiranten Zimmermann (CSU) und Klepsch nicht vor den Kopf gestoßen werden. Aber Wörner, der im Land die junge Generation der CDU verkörperte, von dieser selbst aber nicht mehr akzeptiert wurde, da sie ihn für zu »arriviert« hielt, Wörner, der bereits ins Partei-Establishment vorgedrungen war (er war Geschäftsführer der Konrad-Adenauer-Stiftung), revanchierte sich, indem er sich mit öffentlichen Stellungnahmen bis Saarbrücken zurückhielt, dann erst focht er für Barzel – von seinen Sympathien her eher zu Schröder und Kohl neigend, hatte ihn der Fraktionsvorsitzende gewonnen, ehe ihn die Gegenseite aktivieren konnte.

Barzels geschicktester Schachzug aber bestand darin, den Abgeordneten Richard von Weizsäcker aus der gegnerischen Front herauszubrechen. Wie ihm das gelang, das war ein Meisterstück der Kabinettsintrige. Weizsäcker war, obgleich in Bad Godesberg wohnend, über Kohls Landesliste in den Bundestag gekommen. Er war eindeutig ein Kohl-Fan. Vom Sommer 1971 an verhandelte Barzel mit Weizsäcker und mit Kraske über eine Konstruktion der Parteispitze, die es beiden erlauben könnte, eine Position einzunehmen, die ihren Erfahrungen und ihrer Mentalität entsprach. Weizsäcker wurde dadurch seiner Bindungen zu Kohl wegen in einen tiefen Loyalitätskonflikt getrieben; aber er befürchtete, daß sich die Partei über ihrer Führungskrise spalten könnte; und nachdem er einmal gefangen war, konnte er sich nicht mehr entziehen. Wohl erkannte Weizsäcker, daß es Barzel, wie er sich ausdrückte, nur um den »Blumenstrauß« ging: er wollte ein »anderes Gesicht in seiner Mannschaft haben[11]« als das barzel'sche Durchschnitts- oder Normalgesicht; oder, wie Kraske mit anderen Worten sagte, Barzel wollte mit Weizsäcker etwas ähnliches erreichen wie amerikanische Präsidentschaftskandidaten mit ihren potentiellen Vizepräsidenten: Gruppen anzusprechen, »die ihm von Haus aus nicht leicht zugefallen wären[12]«. Verschiedene Konstruktionen wurden durchgespielt; Weizsäcker bestand schließlich darauf, wenn er eine Position in der Partei übernehme, dann nicht diejenige des nachgeordneten Generalsekretärs (wobei Kraske so etwas wie der Wahlkampfleiter geworden wäre), sondern eine nahezu gleichwertige: Die eines geschäftsführenden Parteivorsitzenden. Darauf ließ sich Barzel nicht ein, da er den Delegierten nicht auch noch eine Satzungsänderung zumuten wollte und Widerstand von Kohl und Stoltenberg zu erwarten hatte; wie niemand sagen konnte, ob seine Absicht, Weizsäcker zu gewinnen, ernsthaft war und Weizsäckers Anspruch nicht eine verschleierte Form der Absage. Jedenfalls waren die Kräfte des früheren evangelischen Kirchenpräsidenten im Vorfeld von Saarbrücken gebunden, Kohls bester Verbündeter war neutralisiert, und später honorierte ihn Barzel mit dem Posten des Vorsitzenden einer Grundsatzkommission, die keine sonderliche Bedeutung erlangte.

An Barzel führte jetzt nicht nur, wie die »Zeit« schrieb, kein Weg mehr vorbei, er sorgte auch dafür, daß keiner mehr den Weg an ihm vorbei fand. Obwohl seine Gegner zahlreich waren – Kohl, Kiesinger, Schröder, Heck, wo immer sie auftauchten, war Barzel, einer ganzen Igelfamilie gleich, wie im Märchen von dem schnelläufigen Hasen, der dennoch unterlag, schon am Ziel. Er zog sich in Bremerhaven Käppchen und Schürze an und spielte den Fischkoch; er fuhr in Recklinghausen in die Grube und kam »als der von allen Dreckigste« (Süddeutsche Zeitung) wieder heraus. Barzel erschien auf Vertriebenenversammlungen, er warb vor der Mittelstandsvereinigung, er erntete auf dem Wirtschaftstag der Union den stärksten Applaus, er vergaß auch die CSU nicht und donnerte auf ihrem Landesparteitag in München Mitte Oktober 1971, Brandt verschleudere das Erbe Adenauers. Mochte Schröder auch spotten, Barzel degradiere den Bundestag zur »Kleinkunstbühne« – er spielte eben in jedem Stück, und wieder mochte sich mancher an die Spruchweisheit von Wilhelm Busch erinnert fühlen: »Ohne ihn ist nichts zu machen, ohne ihn da geht es nicht.«

Die Union war, auch wenn es zeitweise den Anschein hatte, keineswegs in zwei Lager gespalten, von denen jedes einer Seite anhing; sondern es gab Barzel-Anhänger auf der einen und Ratlose auf der anderen Seite. Nicht, daß die Barzel-Leute von ihrem Mann besonders begeistert gewesen wären; aber für sie bedeutete Barzel die einzige Möglichkeit, das Chaos zu verhindern; und für die kleine Zahl der Verfechter einer Kandidatur Schröders war Schröder nur derjenige, der geringeres Unheil anrichten würde. Die Partei befand sich

in einem unauflöslichen Dilemma. Es drückte sich in allen Planspielen, auch Befragungen des parteieigenen Sozialwissenschaftlichen Instituts der Konrad-Adenauer-Stiftung unter Leitung von Professor Kaltefleiter aus, die stets zu dem gleichen Ergebnis führten: Die Zusammenlegung der Ämter stellte für die Union die bessere Lösung dar, mit Schröder aber hätte sie bessere Erfolgsaussichten bei den Wählern außerhalb der CDU/CSU gehabt. Mit anderen Worten, Barzel war der falsche Mann für die richtige Konstruktion und umgekehrt. Typisch für die Verlegenheit, in der sich diejenigen sahen, die nicht der Suggestion Barzels und seiner Idee von Anfang an verfallen waren, war der Beschluß der Führung der Jungen Union, Kohl für das Amt des Parteivorsitzenden zu unterstützen und Barzel für dasjenige des Kanzlerkandidaten — er war einfach unsinnig, weil beide erklärt hatten, darauf ließen sie sich nicht ein.
Ebenso wenig hilfreich waren die spontanen Meinungsumfragen, die einzelne Kreisverbände veranstalteten, um zu einer Meinungsbildung von unten zu kommen. In den beiden größten Kreisverbänden, denjenigen Bonns und des Siegkreises, fanden sich — wie in anderen auch — Mehrheiten für Barzel als Parteivorsitzenden und Schröder als Kanzlerkandidaten (wobei in Bonn der Kreisvorsitzende Alo Hauser, noch ehe er in einer Mitgliederversammlung das Ergebnis bekannt gab, wissen ließ, er werde sich nicht daran halten und die Mitglieder fast ausschließlich Barzel-Leute zu Delegierten für Saarbrücken wählten). Selbst in Schröders Wahlkreis Düsseldorf-Mettmann kam eine Mehrheit für einen Parteivorsitzenden Barzel zustande. Die Meinungsumfragen besagten im Grunde nichts anderes, als daß die Parteimitglieder glaubten, zwei Männer zu haben, denen sie Verantwortung übertragen wollten — nur, die beiden wollten sich der Konstellation nicht stellen, die ihnen zugedacht wurde. Entscheidend war, daß zuerst der Parteivorsitzende zu wählen war; und hätten sich Delegierte, die für einen Kanzlerkandidaten

Schröder waren, an den Auftrag ihrer Mitglieder halten wollen, so hätten sie dennoch in Saarbrücken Barzel und nicht Kohl wählen müssen, denn in keiner Umfrage spielte Kohl eine wesentliche Rolle.

Auch die Umfragen der Meinungsforschungsinstitute zeigten zwar, daß Brandt bei der Kanzlerfrage an der Spitze lag, gefolgt von Schröder, der mehr Anhänger außerhalb des harten Kerns der CDU/CSU-Mitglieder fand als Barzel; aber das konnte auch besagen, daß Politiker, die sich nicht in die unmittelbare Schußlinie begaben, bei den Wählern sympathischer waren – wie bei einer »Bild«-Umfrage der populärste Mann der SPD nicht Brandt, sondern der Münchner Oberbürgermeister Jochen Vogel war.

Wo Barzel wirklich einmal mit einer Zunge sprach, und sich auf ein Argument beschränken konnte: Die Ämterhäufung, da verwirrten seine innerparteilichen Konkurrenten ihre Reihen mit immer neuen Schwenkungen. Mal erklärte Kohl, mit einer Betonung, die Hintersinn vermuten ließ, er werde, wenn er Parteivorsitzender würde, mit jedem Kanzlerkandidaten zusammenarbeiten können. Mal sagte er eine Selbstverständlichkeit, die dennoch aufhorchen ließ, er stelle sich nur für eine Wahlperiode und nicht mehr. Kohl und Kiesinger schlugen sich mit ihrer konstruierten und künstlichen Argumentation die Waffen selber aus der Hand, wenn sie behaupteten, in der Opposition müsse die Partei getrennt marschieren, wenn sie aber in dieser Schlachtordnung das Ziel erreicht habe und wieder den Kanzler stelle, müsse ihm der Parteivorsitz zugeschlagen werden: Wenn schon Trennung oder Zusammenlegung diskutiert wurde, dann war das Gegenteil richtig. Auch ein Gutachten des Professors Biedenkopf, der die Trennung befürwortete, machte den Gedanken nicht gerade einleuchtender. Zwar sprachen sich in den parteieigenen Umfragen immer mehr Mitglieder für ein Auseinanderhalten als für ein Zusammenfügen aus; aber diese Aussage war der Ausdruck der Verlegenheit, zwei Männer zu haben, von denen man keinem die ungeteilte Führungsfähigkeit zutraute. Von Schröder wiederum wußte die Partei nicht, was er eigentlich wollte: Er erklärte, er trete für eine »sinnvolle Ämtertrennung« ein, weil, wie Biedenkopf sagte, die Fraktion der CDU/CSU in sich eine Koalition sei, es davon unabhängig aber eine »CDU-Haltung« geben müsse[13]; andererseits erklärte er sich bereit, wenn die Partei dies wünsche, auch für den Parteivorsitz zu kandidieren. Was sollte die Partei damit anfangen? Schließlich sah Schröder selbst ein, daß in Saarbrücken, da für die Union das Amt des Kanzlerkandidaten in der Rangfolge am höchsten rangierte, die beiden eigentlichen Bewerber ohne Maske einander entgegentreten müßten; er tastete vorsichtig bei Kohl vor, ob er zu einem Verzicht bereit sei. Aber der Ministerpräsident hatte sich schon zu weit hervorgewagt, als daß er noch hätte zurücktreten können, ohne sein Gesicht zu verlieren; es war wohl auch schon zu spät.

Barzels Stärke war, wie schon so oft, die Schwäche seiner Mitbewerber. Der Fraktionsvorsitzende hatte sich auch rechtzeitig der stärkeren Verbündeten versichert. Sein Vorschlag für einen Generalsekretär Kraske riß die Delegierten nicht gerade von den Stühlen; aber daß Kohl zur Wiederwahl den Generalsekretär Bruno Heck präsentierte, offenbarte die Zwangslage, in die er sich begeben hatte; der Vorschlag brachte selbst die Junge Union gegen ihn auf, und ihr Vorsitzender Echternach beklagte sich bitter darüber, daß Kohl nicht einen überzeugenderen Kandidaten gefunden hatte.

Als am 17. Juni 1971 die Bewerber Barzel, Kohl und Schröder im Parteipräsidium ihre Nennungen abgaben (wobei der listenreiche Fraktionsvorsitzende auf den Einfall verfallen war, während der Sitzung einen Brief an alle Bundestagsabgeordneten verteilen zu lassen, in dem er ihnen offiziell seine Bewerbung mitteilte, und Schröder das Kunststück fertig brachte, nur zu sagen, wofür er nicht antrete, nämlich für den Parteivorsitz, nicht aber geradeheraus zu erklären, er wolle

Kanzlerkandidat werden), war die Entscheidung schon gefallen. Kiesinger konnte sie auch nicht mehr beeinflussen mit seiner Methode, noch zu schweigen, die Öffentlichkeit zu irritieren und erst vor dem Bundesvorstand am 5. Juli 1971 seinen Verzicht zu Gunsten Kohls zu erklären – wiederum ergriff übrigens Schröder nicht das Wort zu einer Klarstellung, sondern unterstellte, jedermann wisse, was er wolle. Als am 4. Oktober 1971 der CDU-Wahlparteitag in Saarbrücken eröffnet wurde, war allen Seiten ziemlich klar, daß Barzel gewählt werden würde, ihm selbst am allermeisten; es ging nur noch darum, wie hoch sein Anteil ausfallen würde.

Das von den Fernsehkameras festgehaltene hörbare Aufatmen des Fraktionsvorsitzenden bei der Bekanntgabe des Ergebnisses – er hatte mit 344 Stimmen fast doppelt so viele bekommen wie Kohl – verriet, daß Barzel mit einem so überwältigenden Sieg nicht gerechnet hatte, und daß ihm blitzartig klar war, daß die Delegierten ihm damit die Kanzlerkandidatur zugleich zu Füßen gelegt hatten. Die organisatorischen Änderungen, die der neue Vorsitzende schon am Montag darauf einleitete, waren typisch für den Manager Barzel; seine Pläne zur Übernahme der Kommandogewalt in der CDU-Zentrale lagen fertig in der Schublade, ihre Verwirklichung lief mit der Präzision eines Uhrwerks ab. Da der Bundesgeschäftsführer Goeb angekündigt hatte, er werde ausscheiden, wenn nicht die Bundesgeschäftsstelle umstrukturiert werde, war auch dieser Posten frei geworden. Barzel und Kraske setzten sich über die Wünsche des Hauses hinweg, den Leiter der Politischen Abteilung, Karl-Heinz Bilke, zum Geschäftsführer aufrücken zu lassen; es wurde Barzels persönlicher Referent, Ottfried Hennig, ernannt, eine ziemlich ungewöhnliche Besetzung. Die Schlüsselpositionen waren damit mit ergebenen Barzel-Leuten besetzt. Zwei der engsten Mitarbeiter Hecks schieden aus, dafür setzte Barzel einen zusätzlichen Kontaktmann, Hohnstock, früher bei dem Abgeordneten Ernst Benda im Arbeitskreis Recht, in das CDU-Haus (zu dieser Zeit zog die CDU-Verwaltung von der Nassestraße in ein neues Hochhaus in der Nähe des Regierungs- und Parlamentsviertels), der zuständig war für die Verklammerung zwischen Partei und Fraktion. In der Fraktion bekam Ludwig Rehlinger ein Büro eingerichtet, der die Stränge Partei, Fraktion, Wirtschaft und Verbände koordinieren sollte. Aus diesem Kreis des oberen Parteimanagements – Kraske, Hennig, Rehlinger, erweitert durch seinen Fraktionspressesprecher Ackermann –, formierte sich später Barzels engster Beraterstab. Damit hatte er zugleich die Administration von Partei und Fraktion so fest in seiner Hand, daß es, selbst wenn jemand noch einen Sturz des Kandidaten geplant hätte, ihm nahezu unmöglich gemacht worden wäre, in die Institutionen einzudringen.

Zusätzlich unterstellte sich Barzel auch die politischen Entscheidungsgremien. Während früher das CDU-Präsidium ziemlich sporadisch Willensbildung betrieben hatte, meist neben den Fraktionsgremien tagte und zu, wenn nicht entgegengesetzten, so doch eigenen Meinungen kam – ganz abgesehen davon, daß die Parteivorsitzenden Adenauer, Erhard und Kiesinger nur sehr selten das Parteihaus betreten und die meisten seiner Mitarbeiter gar nicht gekannt hatten –, erhob Barzel den Montag und den Dienstag jeder Parlamentswoche zum Tag eines durchgängigen Informationsflusses: am Montagvormittag tagte das Präsidium, wobei es zur festen Einrichtung gemacht wurde, daß auch CSU-Mitglieder, entweder Strauß und Stücklen oder Generalsekretär Tandler, teilnahmen; es schloß sich die Sitzung des CDU/CSU-Fraktionsvorstandes an (wenn nicht noch in brisanten Situationen der CDU-Bundesvorstand dazwischen geschaltet wurde), der am Tag darauf die Sitzung der Gesamtfraktion folgte. Vor jedem Gremium erstattete Barzel seinen »Bericht zur Lage« und so gelang es ihm mühelos, schon bis zur Fraktionssitzung eine »Lage« aufzubauen, der das eigentliche Entscheidungs-

gremium nur noch akklamieren konnte, da Barzel mit geschickter Informationspolitik da vollendete Tatsachen schuf, wo es ihm zweckmäßig erschien.
Die Pressestellen und die Abteilungen für Öffentlichkeitsarbeit von Partei und Fraktion wurden miteinander verzahnt. Außer seinem Büro im Bundeshaus bezog Barzel ein Büro im Konrad-Adenauer-Haus, dessen zu pompös geratene Einrichtung – es hieß, Frau Kriemhild habe darauf gedrungen – böses Blut machte. Aber von einem übermächtigen, geschlossen auftretenden Führungsapparat fest im Griff, mußten sich die Mitarbeiter mit leisem Knurren begnügen, wie sich auch die Unruhe schnell legte, die mit den Umbesetzungen entstanden war. Barzel überraschte die Mitarbeiter der Geschäftsstelle mit der Versicherung, er stehe jederzeit bereit, sich ihre Wünsche anzuhören, er schätze ein offenes Wort und sie sollten sich ruhig auch kritisch äußern – vorausgesetzt, sie kämen damit zuerst zu ihm und nicht an die Öffentlichkeit. Die immer etwas schlampig, jedenfalls individuell arbeitende Parteizentrale wurde auf Stromlinienform getrimmt. Wie gewohnt, verlangte der neue Parteivorsitzende von seinen Mitarbeitern exakte, belegte, kurze, präzise Ausarbeitungen, und wenn sie seinen Anforderungen nicht genügten, ließ er sie, mit handschriftlichen Bemerkungen versehen, zurückgehen. Ihn interessierten nur authentische Dokumente – alles Spekulative oder Beschreibende wurde von seinem Computergehirn nicht erfaßt. Phantasie und jene gemütvolle Polit-Philosophie, die Bruno Heck gepflegt hatte, oder jene geschwätzige Ideenproduktion, die Kiesinger ermunterte, waren aus Barzels Umgebung verbannt. Nüchterner Pragmatismus beherrschte das Feld, die gesamte Zuarbeit trocknete auf ein Gerüst von Daten und Fakten ein.

Im Sog der Ostpolitik

Der Umbau der CDU-Spitze fiel zeitlich zusammen mit einer der dramatischsten Epochen der deutschen Nachkriegsgeschichte: der Öffnung der Politik nach Osten. Angelegt, wie Bundeskanzler Brandt sagte, die »Berge von Mißtrauen, Unkenntnis, Angst und Vorurteilen« abzutragen, die sich nach dem zweiten Weltkrieg zwischen dem Westen und dem Osten aufgehäuft hatten[1], erregte die neue Ostpolitik der sozialliberalen Koalition die Gemüter wie kein politisches Ereignis mehr seit den frühen 50er Jahren, da Bundeskanzler Adenauer die Bundesrepublik in den Westen integriert und mit der Wiederbewaffnung ihre Souveränität hergestellt hatte. Sie mobilisierte und politisierte die Bevölkerung, sie spaltete den Bundestag, sie engagierte die Kirchen und die Gewerkschaften, sie löste einen gewaltigen Emotionsstau, sie brachte festgefügte Tabus zum Wanken, sie riß die Publizistik zu Glaubensbekenntnissen hin, und die Wellen der Auseinandersetzungen schlugen bis ins Ausland. Mochte auch der größere Teil der Wähler nach wie vor von anderen Themen, etwa den Löhnen und den Preisen, in erster Linie angezogen werden, die Ostpolitik fand, wie sich in Umfragen zeigte, eine gewaltige Beachtung und eine wechselnde, doch solide Mehrheit: Millionen von Fernsehzuschauern verfolgten ganze Tage lang die Bundestagsdebatten, und zwischen 38 und 52 Prozent der Bevölkerung waren in den letzten Monaten vor der Ratifizierung für die Ostverträge, die Zahl ihrer Gegner verringerte sich auf nur noch 10 bis 26 Prozent[2].

Politik hat im allgemeinen nicht den Einfluß auf die Menschen, den ihr Politiker und ihre Beschreiber zumessen; die Ostpolitik der Regierung Brandt aber wirkte bis tief ins Bewußtsein und Unterbewußtsein derer hinein, die sie aus der Ferne verfolgten, weil sie menschlich war. Wer wäre so apathisch gewesen, sich der Suggestion der Bilder zu entziehen: Der westdeutsche Bundeskanzler auf dem roten Platz in Moskau; der Aufschrei »Willy«, der sich den Bewohnern Erfurts entrang, als zum ersten Male ein Bonner Regierungschef den Boden des anderen deutschen Staates betrat; Brandt, knieend vor dem Mahnmal für die Opfer des Warschauer Ghettos; der Bundeskanzler in langen Gesprächen mit dem sowjetischen Parteichef Breschnew; die rührenden Szenen des Wiedersehens der Berliner nach vielen Jahren der Trennung; die ersten Besuche der Rentner aus der DDR in der Bundesrepublik; die vier Siegermächte wieder an einem Konferenztisch, ein gemeinsames Berlin-Abkommen unterzeichnend; der Strom der deutschen Aussiedler aus Polen auf dem Bahnhof von Friedland, wo 16 Jahre zuvor die Kriegsgefangenen aus Rußland eingetroffen waren; DDR-Staatssekretär Kohl in einem Wagen mit den Standern der beiden deutschen Staaten, vor dem Bundeskanzleramt vorfahrend – unbeschreibliche Szenen. Jahrelang hatten Bonn und Moskau nur teils grimmige Demarchen, teils unverbindliche Noten ausgetauscht; war die DDR für Bundesdeutsche die »Zone« oder das »Phänomen« gewesen, war jeder Reiseverkehr an der dichtesten und schrecklichsten Grenze in Europa zum Erliegen gekommen; galt die DDR-Fahne mit Hammer und Zirkel als die »Spalterflagge«; hatten unbekannte Boten Briefe der DDR-Regierung an der Pforte des Palais Schaumburg abgegeben, die danach in den Papierkorb wanderten; hatten Bewohner von West- und Ostberlin nicht einmal mehr direkt miteinander telefonieren können; stand die Mauer, das scheußlichste Bauwerk Europas, klotzig und brutal vor dem Bewußtsein der Menschen in zwei Teilen einer Nation; schalteten sich seit der Blockade die Ampeln auf den Autobahnen nach Westberlin auf rot, wenn der Bundestag zu einer seiner protzigen Kraftdemonstrationen rüstete; standen die Supermächte, im atomaren Patt hochgerüstet, am Rand eines Atomkrieges – eine feindliche, auf deutschem Boden in zwei unversöhnliche Blöcke gespaltene Welt.

Auf einmal war Bewegung in das west-östliche Feindbild gekommen; die Krusten begannen aufzubrechen. Die Staatsführer suchten wieder die Begegnung. Die deutschen Bemühungen waren nur ein Teil jenes Wellenschlages, der sich erhob, nicht gleichmäßig, von Rückschläge bedroht, aber doch erkennbar, und kein unerheblicher Teil. Man brauchte sich nicht der Illusion hinzugeben, der Beifall aller Regierungen zu Bonns Ostpolitik, seien sie nun sozialistisch, sozialdemokratisch oder konservativ ausgerichtet, oder auch neutral, sei eine spontane Freudenbekundung darüber gewesen, daß sich die Deutschen nun lauter Herzenswünsche erfüllten. Das Gegenteil war richtig: Seit dem Ende des zweiten Weltkrieges war das geteilte Deutschland einer der Krisenherde, von denen ständig Konflikte auf den übrigen Teil der Welt ausgingen; Berlin war der Stachel im Fleisch des Westens. Der »Querelle Allemande« überdrüssig, hofften die Mächte, die deutsche Spannung zu lösen, wenn die Teilung des Landes besiegelt, die »deutsche Frage« nicht länger offengehalten und die Westgrenze Polens anerkannt würde.

Man konnte nicht gerade behaupten, daß die Union die Tragweite der Umwälzungen vorausgesehen hätte, als sie sich im Frühjahr 1970 auf die Opposition gegen diese Ostpolitik einzustellen begann; allerdings erkannte nicht einmal die Regierung, die sie einleitete, das ganze Ausmaß der Dynamik, die sich mit der Neuorientierung der Außenpolitik entwikkelte. Die CDU/CSU, mit empfindlichen Antennen für neue Strömungen ausgestattet, zugleich aber auch mißtrauisch gegenüber Neuerungen, die ihren Konservatismismus treffen konnten, witterte instinktiv die Wendemarke, gegen die sie sich sogleich zu sperren begann: Als Bundeskanzler Brandt am 28. Oktober 1969 seine Regierungserklärung abgab und darin von den beiden deutschen Staaten sprach, oder noch früher, als der Außenminister und SPD-Vorsitzende vor einem sozialdemokratischen Parteitag eine Garantie für die Oder-Neiße-Grenze in Aussicht stellte, schlug die Union Alarm. Aber es ging ihr wie einem großen Teil der Bevölkerung, der die neue Botschaft hörte: Ihr Echo war zwiespältig. Auch die CDU/CSU hätte nur zu gern Befriedigung und Ausgleich mit der Sowjetunion und den anderen Völkern des Ostens herbeigeführt, wäre es ohne Preisgabe ihrer bisherigen außenpolitischen Postulate möglich gewesen. Die Leitmotive der SPD/FDP-Regierung: Entspannungs- und Friedenspolitik, Abbau der Konfrontation und ein »befriedetes Europa« (Bundespräsident Heinemann[3]), mußten die Opposition um so härter treffen, als sie jahrzehntelang solche Begriffe wie: Sicherheit im westlichen Bündnis, Verzicht auf Experimente im Inneren, Aussöhnung mit allen Völkern und Selbstbestimmungsrecht, besetzt hatte. Nur hatten die Christlichen Demokraten das Spannungsverhältnis zum Osten existentiell gebraucht, freilich im Kontakt mit den anderen Partnern des atlantischen Pakts, um eine Konsolidierung zu bewerkstelligen. Als der erste sozialdemokratische Kanzler die Regierungsgeschäfte übernahm, war er es auch, der als Legende abtat, was vordem feststehendes Repertoire der Opposition gegen Konrad Adenauer gewesen war: Der erste Bundeskanzler habe nur die Abkapselung gegen den Osten betrieben. Allerdings in einer Phase, in der er noch darauf aus war, die Kontinuität der deutschen Außenpolitik über ihre Korrektur zu stellen, bekundete Kanzler Brandt nach dem Lesen der Akten im Kanzleramt seinen Respekt für die Bemühungen seines Vorgängers, mit dem Osten ins Reine zu kommen.

Dem frühen Kanzler Adenauer mochte in dem labilen Zustand, in den der zweite Weltkrieg einen Teil der Welt entlassen hatte, nichts anderes übrig geblieben sein als der Versuch, den westlichen Teil Deutschlands in den Westen einzubinden, da der östliche rasch in das kommunistische Machtgefüge abwanderte. Er hatte Gegner und Befürworter auf seiner Seite bis auf den heutigen Tag, auch publizistische; und nach der Gräfin Dönhoff (»Die Zeit«) kam auch der Professor Carl-Friedrich von Weizsäcker in den frühen 70er Jahren zu dem Urteil, er habe die West-Integrationspolitik Adenauers im kalten Krieg von Anfang an für richtig gehalten, finde es jetzt aber konsequent, daß die Bundesrepublik im Entspannungszeitalter aktive Ostpolitik betreibe[4].

Der späte Adenauer aber war schon zu sehr der Gefangene seiner Politik, als daß er noch die Kraft zu entscheidenden Impulsen in Richtung Osten gefunden hätte; er war Gefangener der Vorurteile, die sich inzwischen im Kreml verfestigt hatten, und er war Gefangener seiner Partei, die auf Antikommunismus festgelegt war. So mag es nur eine ironische Randbemerkung des früheren Sowjetbotschafters Andrej Smirnow gewesen sein, der im Februar 1972 bemerkte: »Adenauer hätte, wenn er noch leben und regieren würde, die gleiche Ostpolitik gemacht wie Brandt, allerdings mit einem Unterschied – der Vertrag wäre schon perfekt[5].«

Die das Erbe Adenauers verwalteten, sie konnten sich nicht entschließen, einen Umschwung herbeizuführen. Es war das historische Verdienst der FDP und ihres Vorsitzenden Scheel, ihn dem Bundeskanzler Brandt zu ermöglichen. Es mochte der richtige Zeitpunkt gewesen sein. Adenauer war immerhin der nicht zu unterschätzende Erfolg gelungen, das unruhige Element der Millionen von Flüchtlingen und Vertriebenen, die, anfällig für radikale Parolen, der Kreuzritterideologie von der Heimholung der verlorenen Gebiete huldigten, allmählich zu integrieren. Adenauer betrieb die praktische Trennung Deutschlands unter der Fiktion der Einheit; Brandt führte eine praktische Annäherung unter Preisgabe der fiktiven Gesamtstaatlichkeit herbei.

Auch in der CDU gab es Gruppen, vor allem jüngere Leute, die über eine fortschrittliche Deutschlandpolitik und ein besseres Verhältnis zu den osteuropäischen Staaten nachdachten; sie hatten aber im Verhältnis zur Masse der Partei und zu ihrer Führung keinerlei absehbare Chancen, sich durchzusetzen. Nur mühsam hatte der Außenminister Schröder den Konservativen, vor allem in der CSU, Handelsmissionen im Osten, hatte der Bundeskanzler Erhard »Friedensnoten« und sein Nachfolger Kiesinger modifizierte Erklärungen zur Oder-Neiße-Linie abringen können. Die formulierte Deutschland- und Ostpolitik der Union blieb halbherzig.

Nachdem die kleine Koalition nun die Regierung übernommen hatte und das Ruder herumwarf, entwickelte die Unionsführung ein Konzept, das darauf hinauslief, auf Zeitgewinn zu spielen, um mit sich ins reine zu kommen und abzuwarten, wie sich die Konstellation entwickeln würde. Diese Konzeption wurde zum ersten Male in der Erklärung des Fraktionsvorstandes vom 23. Mai 1970 verbindlich fixiert. Bei ihrer Formulierung stellte sich eine jener seltenen Übereinstimmungen zwischen Strauß und Schröder her, die immer dann zustande kam, wenn sich die Union ausnahmsweise auf den geringsten Nenner einigen konnte.

Schröder pflegte danach in engeren Parteizirkeln gern seinen Entwurf für die kurze Stellungnahme aus der Aktentasche zu ziehen, um zu beweisen, daß allenfalls ein unbedeutendes Wort oder ein Komma geändert worden seien. Die Erklärung besagte nichts weiter, als daß sich die Union ihr Urteil offenhalten wolle, bis die Bundesregierung die Ergebnisse aller ihrer ostpolitischen Aktivitäten oder die ihrer Verbündeten vorgelegt habe: Der Verhandlungen mit Moskau, Warschau und Prag, mit Ostberlin und der vier Mächte über Westberlin. Im Licht der späteren Entwicklung erschien es fraglich, ob die Interpretation aus der Umgebung Schröders richtig war, er habe damit nur Barzel zuvorkommen und ihn davon abhalten wollen, sich sofort auf ein »nein« festzulegen; vielmehr könnte es auch umgekehrt gewesen sein: daß Strauß und Schröder die Position der Opposition taktisch offenhalten wollten, aber so viele Hürden aufbauten, daß sie jederzeit die eine oder andere für unübersteigbar erklären konnten.

Damit, daß es die Union vermied, sich festzulegen, deklarierte sie sich zugleich zu einer Art Nebenregierung, die imstande sei, an jedem gewünschten Punkt einzugreifen. Sie überließ damit aber auch der Regierung, die den entgegengesetzten Weg ging und sich entschloß, allein zu handeln, das Feld, immer neue Realitäten zu schaffen, ohne die einzelnen Stationen beurteilen zu können. Weder ist es der CDU/CSU-Führung in den zwei Jahren, in denen die Regierung aktive Ostpolitik betrieb, gelungen, auf sie einen nennenswerten Einfluß auszuüben, noch konnte sie ihre Haltung ihren Mitgliedern und Stammwählern plausibel machen, noch auch erfüllte sie jemals ihr Versprechen, ein Urteil an irgendeinem Punkt des Entscheidungsprozesses abzugeben. Sie reagierte immer bloß in Reflektion eigener Empfindungen und maß die Ergebnisse an den Erwartungen, die sie an sie geknüpft hatte, die sie wiederum der Regierung nicht gönnte. Kurz, sie mußte es in Kauf nehmen, in der Öffentlichkeit, wie es eine Studie des Getas-Instituts formulierte, in der Rolle des »bloßen Nein-Sagers« zu erscheinen, der die Vorstellung erweckte, »nicht nur das Konzept der Regierung anzugreifen, sondern auch jegliche Bemühungen um Intensivierung von Beziehungen zum Osten abzulehnen[6]«.

Während die Bonner Partei- und Fraktionsspitze in selbstauferlegtem Schweigen verharrte, es zuließ, daß sich nach unten Unsicherheit über ihre Haltung ausbreitete und es versäumte, die Wähler darauf vorzubereiten, daß sie möglicherweise eine Kurskorrektur vorbereite und von dem »nein« wegzukomemn suchte, das sie zwar offiziell nicht formulierte,

das man ihr aber unterstellen durfte, versteifte sich in den Untergliederungen der Union und ihr nahestehender Organisationen und Personen der Widerstand gegen die Ostpolitik, teils aus eine Trotzreaktion gegen die Regierung, teils, weil die rechten Flügel jetzt wieder aktiv wurden und zum Teil, weil man sich bei verbreiteter Unsicherheit wieder auf alte Denkschemata besann. Wer ein zustimmendes Wort zur Regierungspolitik im Oppositionslager fand, wurde gleich als »Trittbrettfahrer« abqualifiziert.
In dieser verfahrenen Situation, in der sich die Union weder zu einem eigenen Konzept noch zu einer Ablehnung desjenigen der Regierung aufzuschwingen vermochte, reifte in Barzel ein Plan, wie er abenteuerlicher wohl von keinem Politiker der Nachkriegszeit gefaßt wurde. Im Poker um die Ostverträge reizte er mit einer Karte, die er nicht in der Hand hatte und von der er nicht wußte, ob er sie jemals bekommen würde. Es war die Zeit, in der sich Barzel vornahm, seine früheren Bedenken über Bord zu werfen und seine vielen Hintertürchen zu schließen – und damit in das andere Extrem verfiel. Barzel beschloß, sich nicht von den Ostverträgen in der Opposition überrollen zu lassen, sondern – ein kühner Gedanke – sie in der Regierung zu verabschieden. Wieder einmal gedachte der Oppositionsführer, die Erfolge einer Arbeit einzuheimsen, die er nicht verrichtet hatte. Die Voraussetzungen dafür waren nicht schlecht: nur einige wenige Stimmen einer abbröckelnden Regierungskoalition fehlten ihm noch zur Mehrheit im Parlament. Sein außenpolitisches Kalkül ging dahin, auf irgendeine Weise zu verhindern, daß die Verträge von einer Mehrheit der anderen Seite verabschiedet würden. War er, wie auch immer, einmal Bundeskanzler, würde er nach einer Pause, die der Osten, wie er glaubte, mit propagandistischem Trommelfeuer füllen, nach angemessener Zeit aber beenden würde, da er weiter daran interessiert sein müsse, die Beziehungen zu Bonn zu verbessern, die Verhandlungen wieder dort aufnehmen, wo

sie die SPD/FDP-Koalition hatte abbrechen müssen. Einige verbale Zusätze und Einfügungen wären nötig gewesen, die Moskau nicht geschadet und seine Partei zufriedengestellt hätten, es waren keine unerfüllbaren Bedingungen, auch nichts Neues oder Originelles, nur einige Festschreibungen, wie sie Adenauer 1955 Bulganin abgetrotzt hatte. Die SPD, lautete seine Rechnung, hätte zustimmen müssen, da sie ja wohl nicht ihre eigenen Verträge hätte ablehnen wollen.

Rainer Barzel wäre dann vor aller Welt als der deutsche Bundeskanzler dagestanden (und nicht Willy Brandt), der, nachdem Adenauer die Versöhnung des besiegten Volkes mit dem Westen bewerkstelligt hatte, nun das viel kompliziertere und größere Werk der Aussöhnung mit dem Osten vollendete. Noch mehr: er hätte es mit dem ganzen Bundestag geschafft. Der Ruhm, mit dem er sich bedeckt hätte, wäre um so größer gewesen, je schwieriger das Ergebnis herbeizuführen war. Der Fraktionsvorsitzende glaubte, mit einer einzigartigen staatmännischen Leistung mit einem Schlag alle Zweifler überzeugen zu können.

Nur das »Wie« war noch offen. Es gab Anzeichen dafür, daß Barzel auch diese Frage frühzeitig für sich geklärt hatte. Schon im Herbst 1970, nach den ersten Überläufern Mende, Starke und Zoglmann, fühlte er sich so stark, daß er sich mit der Absicht trug, mit einem konstruktiven Mißtrauensvotum Bundeskanzler Brandt zu stürzen und sich an seine Stelle zu setzen[7]. Der Nebeneffekt damals wäre gewesen, daß er zugleich die Kanzlerkandidatur zu seinen Gunsten entschieden hätte. Da aber weitere Überläufer ausblieben, wurden die Pläne zur Machtübernahme zurückgestellt, nicht für immer, nur vorübergehend.

Ein Jahr darauf, am Tag nach seiner Wahl zum Parteivorsitzenden, in seiner »Grundsatzrede« in Saarbrücken, gab Barzel seine Absichten unverhohlener denn je preis, nur, daß man sie, da er sie dennoch verschlüsselte, nicht allenthalben verstand. Er bediente sich dazu eines rhetorischen Tricks: er schilderte den Werdegang der Ostverträge, projizierte sie bis zu ihrer Ratifizierung, nannte sie einen Torso, der »Kern jeder deutschen Ostpolitik — Selbstbestimmung und Lage der Deutschen in Deutschland« sei noch nicht erreicht. Dann sparte er die Ratifizierungsprozedur aus und setzte danach wieder ein: »So wird ... eben eine neue Bundesregierung dafür sorgen müssen, daß durch Geduld und Beharrlichkeit ein Vertragswerk entsteht, ... dem alle Demokraten im freien Deutschland zustimmen können[8]. »Im Klartext hieß das, eine neue Regierung Barzel werde für neue »Verträge der Nation« sorgen.

Auch Barzels Rede bei der ersten Lesung der Ostverträge vom 23. bis zum 25. Februar, die er mit den Worten schloß: »Deshalb sagen wir: so nicht«, mußte jeden, der sich in seine freilich geschickt verborgene Psychologie versetzen konnte, erkennen lassen, daß er noch einen Pfeil im Köcher zurückhielt, den man bisher nicht bemerkt hatte. Mehr noch als in den Diskussionen im Inland mußte es Barzel bei seinen Kontakten zu ausländischen Regierungen und Diplomaten — er pflegte sehr sorgfältig seine Beziehungen zu den westlichen Botschaften, aber auch zu den Sowjets — aufgegangen sein, daß die Union in Gefahr war, zu den Verbündeten in Frontstellung zu geraten und sich im Osten weiter zu isolieren. Bei seinen Reisen, zunächst ins westliche Ausland (die auch den Vorteil hatten, ihn als den Repräsentanten der Union draußen und drinnen vorzuführen), bemerkte Barzel, daß man begann, gerade die CDU/CSU, die man in Washington und in anderen westlichen Hauptstädten immer für einen Eckpfeiler des Bündnisses gehalten hatte, als lästigen Störenfried anzusehen. Und natürlich wußte der Fraktionsvorsitzende, daß die internationale Politik der Entspannung bei einem Scheitern der Ostverträge, die sie beschleunigt hatten, über den Kopf der Bundesrepublik hinweg fortgesetzt werden würde. In der Lage, in der die Union war, würde sie sich mit einem »Nein« als außenpolitischer Faktor selbst ausschließen,

mit einer Zustimmung zu den Verträgen aber bedeutungslos werden. Für Barzel gab es nur die Alternative, die Verträge selbst zu ratifizieren.
Wollte sich Barzel in seine Rolle als künftiger Bundeskanzler, der die Ostverträge rettete, einüben, mußte er sich entschließen, auch in den Osten zu reisen, um die Partei- und Staatsführer dort vorzubereiten und zu hören, wie sie reagierten. Von den Ostblockstaaten hatte er die meisten Schwierigkeiten, die größten Widerstände zu erwarten — er war niemals in einem Land des Ostblocks gewesen, hatte mit keinem hohen kommunistischen Funktionär je gesprochen, sie kannten lediglich seine Reden, die auf sie wenig ermutigend wirken konnten. Barzel glaubte jedoch, sich als Politiker einer neuen CDU-Generation präsentieren zu können, die, in der Sache fest, aber flexibel in den Methoden, eine andere Art von Beziehungen herstellen könne, als sie die ältere Generation praktiziert hatte.
Barzel, der seine Reisen sehr gründlich vorbereitete und mit Bedacht die Termine auswählte, legte seine Reiseroute, umgekehrt wie Brandt, zuerst nach Warschau und dann nach Moskau. Die Missionen, die ihm bevorstanden, waren um so prekärer, als Brandt in beiden Ländern schon ein erhebliches Maß an Achtung und Respekt entgegengebracht wurde, während man den Oppositionsführer mit einem ziemlichen Maß an Skepsis und Mißtrauen erwartete. Wie häufig passierte Barzel das Mißgeschick, daß ihm die Generalprobe gelang, die Uraufführung dagegen mißglückte.
Der »Test« in Polen, Ende Januar 1971, vor dem Düsseldorfer CDU-Parteitag, fiel besser aus als es Barzel hatte erwarten können. Journalistische Begleiter, wie Hans-Ulrich Kempski, ließen sich von dem äußeren Anschein nicht blenden, der Barzel als einen Mann zeigte, der mit Weltreisen seiner Partei imponieren wollte. Die Konsequenzen aus dem Kurs des Fraktionsvorsitzenden, notierte Kempski in Warschau, liefen darauf hinaus, »daß Barzel bereit ist, die Provinzen östlich

von Oder und Neiße als deutsches Staatsgebiet abzuschreiben«. Bei seinen »Forderungen nach Zusatzabkommen zum Vertragswerk« habe er sich dagegen nicht mit wohlmeinend klingenden Versicherungen der polnischen Seite abspeisen lassen[9]. Das Echo auf die Warschau-Reise war zu Hause so günstig, daß sich Barzel im Dezember des gleichen Jahres ermutigt auf den Weg nach Moskau machte.

Hier aber standen alle Zeichen umgekehrt. Unglücklich war schon die Terminierung: als Barzel in Moskau eintraf, nahm Bundeskanzler Brandt in Oslo den Friedensnobelpreis entgegen; kurz vorher waren die deutsch-deutschen Zusatzvereinbarungen zum Berlin-Abkommen paraphiert worden; und überdies wurde durch eine Indiskretion ein CDU/CSU-Fraktionspapier bekannt, dem die Sowjets entnehmen konnten, daß die Opposition einen »dauerhaften Frieden« nur durch einen deutschen »modus vivendi« glaubte herbeiführen zu können[10] – ein Begriff, den man im Kreml nur mit sauren Mienen hörte. Ungeschickt und linkisch wirkte die CDU-Delegation – Barzel, Frau Kriemhild, Generalsekretär Kraske, Bundesgeschäftsführer Hennig, Büroleiter Rehlinger und Referent Jansen – im äußeren Erscheinungsbild. Auf Hermann Schreiber machte die »vierköpfige Referenten-Crew des Oppositionsführers – modisch overdressed, aber sonst eher stutzig – in Moskau zuweilen den Eindruck einer Quiz-Mannschaft ..., die im Fernsehen eine Reise in die Sowjetunion gewonnen und anstandshalber auch angetreten hat, obwohl sie eigentlich viel lieber in Düsseldorf geblieben wäre[11].« Barzel selber, mit »beigem Lammfellmantel und finnischer Pelzmütze« (Süddeutsche Zeitung) erinnerte fatal an einen westdeutschen Touristen, der, um in Rußland besonders russisch zu wirken, in einem Kaufhaus Bekleidungsstücke erworben hatte, von denen er annahm, daß sie auf seinen Gastgeber Eindruck machen würden.

Wie immer, wenn sich Barzel unbehaglich fühlte, vergriff er sich auch in der Wortwahl. Bei einer Kreml-Besichtigung in den Katharinensaal geführt, in dem der deutsch-sowjetische Vertrag unterzeichnet worden war, sagte der Vorsitzende, auf seine Empfindungen angesprochen: »Keine besonderen Gefühle. Ich bin ja auch in Versailles gewesen[12].« Wie fremd er sich in Moskau vorkam, verriet Barzel in einem anderen unkontrollierten Augenblick. »Hier kennt man nichts«, bemerkte er traurig, »nicht die Leute, nicht die Politik, nicht die Landschaft, nicht die Sprache, alles ist anders als in London oder Paris, da hat man studiert, das kennt man[13].« Barzels politische Gespräche mit den Kreml-Führern endeten mit einem Fiasko. Während er resignierend eingestand, er wisse jetzt vor allem, daß die »Bedingungen und Wirkungen des Vertrags noch negativer einzuschätzen seien, als er sich das schon zuvor gedacht habe« (Süddeutsche Zeitung), war es Barzel unmöglich, Außenminister Gromyko »eine Vertragsinterpretation zu entlocken, die er in Bonn als Moskauer Wiedervereinigungsgebot hätte ausgeben können« (Spiegel)[14]. Auch ließen die Sowjets keinen Zweifel daran, daß die Verträge zu ratifizieren wären wie sie ausgehandelt seien, oder es werde keine Verträge geben. Gleichwohl traute sich Barzel noch immer zu, eine neue Ostpolitik zu konzipieren, die sowohl adenauer'sche als auch brandt'sche Elemente enthielt – hier entwarf der Zauberlehrling seine verwegenste Kopie.

Die Union enthält sich

»Am 29. Februar (1972) läutete im Bonner Konrad-Adenauer-Haus, der Parteizentrale der CDU, die Alarmglocke«, berichtete die »Kölner Rundschau«. »Es war der Tag, an dem Herbert Hupka die SPD verließ. Eine schnelle Analyse des Hupkaschen Parteiaustritts und dessen mögliche Folgen ergab für die Führungsspitze der CDU, daß ab sofort mit einer Auflösung des Bundestages und Neuwahlen zu rechnen sei. Ohne Verzug wurde eine Planungsgruppe zusammengetrommelt[1].« Mit einem Übertritt des Vertriebenenfunktionärs Herbert Hupka zur CDU war die Mehrheit der Regierungsparteien auf 250 Abgeordnete zusammengeschmolzen; über 246 Stimmen verfügte die Opposition. Seit Monaten war bekannt, daß die freidemokratischen Abgeordneten von Kühlmann-Stumm und Kienbaum nicht mehr fest im Koalitionslager standen und der Münchner SPD-Abgeordnete Günther Müller die Gründung einer eigenen Partei erwog. Die Regierung begann, am Rande ihres Sturzes zu operieren und mußte bangen, mit jenem Werk, das sie als die Krönung ihrer Arbeit ansah, den Ostverträgen, zu scheitern, noch ehe sie es vollendet hatte. Die SPD-Spitze trug sich mit Plänen, über eine verlorene Vertrauensfrage des Kanzlers die Auflösung des Bundestages zu erzwingen und mit dem Thema Ostpolitik in einen vorzeitigen Wahlkampf zu ziehen. Die FDP-Führung aber war zu dieser Zeit noch nicht bereit, sich Neuwahlen zu stellen, da sie um ihre Existenz fürchtete. Trotz der Zuspitzung konnte sich Brandt nicht entschließen, taktisch die Opposition in die Defensive zu drängen; da er es versäumte, begannen bei CDU und CSU intern und so geheim, daß die Öffentlichkeit davon nichts ahnte, die konkreten Planungen für einen Regierungssturz über ein konstruktives Mißtrauensvotum.

Der Zeitplan lag schon länger fest und war fester Bestandteil der Eventualplanung der neuen Parteiführung unter Barzel. Es kam nur ein einziger Tag infrage: Der Montag nach der Landtagswahl in Baden-Württemberg am 23. April 1972. Am Mittwoch darauf sollte der Bundeshaushalt 1972 gelesen, in der Woche danach sollten die Ostverträge ratifiziert werden. Generalsekretär Kraske hatte schon im Dezember 1971 die obersten Parteigremien – Präsidium und Bundesvorstand – für den 24. April nach Bonn einberufen, und er rühmte sich später seiner »prognostischen Fähigkeiten[2]«. In engeren Parteizirkeln deuteten Generalsekretär Kraske und Parteigeschäftsführer Hennig die Möglichkeit eines Mißtrauensantrags in der Woche nach dem 23. April schon an, so in einer Sitzung des rheinischen Parteivorstands am 16. März 1972. Ein Kanzlersturz in dieser Woche hätte in den Augen der Union einen dreifachen Vorteil gebracht: ein gutes Abschneiden bei der Wahl – es war die letzte Landtagswahl vor der planmäßigen Bundestagswahl im Herbst 1973 – hätte die Opposition sozusagen zur Ablösung der Regierung legitimiert; wäre sie vor der Haushaltslesung erfolgt, hätte sie innenpolitische Gründe vorschieben können; und die Ostverträge wären intakt geblieben.

Zuvor suchte der Kanzlerkandidat noch nach einem Vorwand zur Konfrontation mit seinem Gegenspieler Brandt. Er fand ihn in einem Auszug aus geheimen Verhandlungsaufzeichnungen der Regierung mit Moskau im Vorfeld des deutsch-sowjetischen Vertrags, der verschiedenen CDU-Abgeordneten anonym zugeschickt worden war. Auch die Gelegenheit war da: Brandt hatte Barzel angeboten, nach halbjähriger Pause wieder mit ihm zusammenzutreffen und mit ihm ein Thema zu erörtern, das den Fraktionsvorsitzenden nicht interessierte, die westlichen Reaktionen auf die deutsche Ostpolitik. Das Treffen wurde für den 12. April arrangiert, in der Schlußphase des baden-württembergischen Wahlkampfs. Zum Schluß des Gesprächs zog Barzel das Papier, das er vorher noch als Falsifikat abgetan hatte, aus der Jackentasche und überreichte es Brandt, der zusicherte, die Angelegenheit prüfen zu lassen. Am Wochenende darauf wurde es von Springer veröffentlicht. Nun warf die Opposition der Regierung öffentlich vor, sie habe dem Parlament »nicht die volle Wahrheit« gesagt[3] und Bundesaußenminister Scheel bezichtigte den Oppositionsführer, »ein gestörtes Verhältnis zur Demokratie« zu haben[4], da er sich auf solche Machenschaften einlasse – die Eskalation hatte, wie gewünscht, begonnen.

Immer befürchtend, der Bundeskanzler werde der Opposition zuvorkommen und über die Vertrauensfrage im Zusammenspiel mit dem Bundespräsidenten die Auflösung des Bundestages betreiben, noch ehe sie Gelegenheit hatte, ihn abzulösen, traf die CDU-Spitze ihre Vorbereitungen. So sicher war sie sich ihres Erfolges, daß Barzels westfälischer Landesverband vorsorglich für einen Tag im Mai die Dortmunder Westfalenhalle gemietet hatte, um den neuen Kanzler Barzel auszurufen. In dem Fraktionsvorsitzenden reifte, wie einer seiner engsten Berater wußte, im baden-württembergischen Wahlkampf der Entschluß, den Kanzlersturz nach dem Wahltag zu probieren; er glaubte, angesichts überall brechend voller Versammlungssäle und eines wachsenden Interesses der Öffentlichkeit, die Schallmauer der Vorbehalte endlich durchstoßen zu haben und auf dem Weg zu sein, vom mißtrauisch beäugten Kandidaten zur anerkannten Kanzlerstatur vorzudringen.

Zudem überbrachten am Freitagabend vor der Wahl niedersächsische Parteifreunde die sensationelle Nachricht, daß der

Landwirt und FDP-Abgeordnete Helms am Sonntag noch vor der Schließung der Wahllokale seinen Austritt aus der Fraktion bekannt geben werde – die Regierungsmehrheit begann zu kippen. Noch am gleichen Abend telefonierte Barzel mit seinen Stellvertretern im Parteivorsitz, Kohl und Stoltenberg, und mit Strauß. Man vereinbarte, bis zum Sonntagabend zu warten. Aber die Landesfürsten waren doch schon in einen Zugzwang geraten: wenn Barzel ihnen versicherte, er habe – wie er es dann wiederholt hat – »mit an Sicherheit grenzender Wahrscheinlichkeit« die Stimmen zur Mehrheit beisammen, so war er der einzige, der das beurteilen konnte; und sie durften sich nicht in eine Lage bringen lassen, in der man ihnen später vorgeworfen hätte, sie hätten der Union die einzige Möglichkeit verbaut, an die Macht zu kommen.

Seit der Ablösung Erhards war Barzel mit Kanzlerstürzen – obgleich Umstände und Voraussetzungen jetzt ganz anders waren – eher zu vorsichtig als zu voreilig. Das betraf aber nicht den Sturz selbst, sondern seine Rolle dabei, so daß er Image-Problemen einen weitaus höheren Stellenwert einräumte als anderen psychologischen Faktoren, die sehr viel wichtiger waren. Dieses Mal hätte Barzel ohne Schaden hervortreten können, wenn er seiner Sache sicher gewesen wäre und sie ausreichend vorbereitet hätte, während er lieber die Finger davon gelassen hätte, wenn auch nur ein einziger von mehreren Faktoren ein Risiko bedeutet hätte. Am Wahlabend ließ sich der Kanzlerkandidat, mit Umsturzplänen beschäftigt, nur kurz mit Frau und Tochter in der Kantine des Konrad-Adenauer-Hauses sehen, wich aber allen Fragen der Journalisten aus und entfernte sich bald mit dem Bemerken, er müsse »nachdenken« – in Wirklichkeit, um abermals hinter den Kulissen die Fäden zu ziehen: die CDU hatte in Baden-Württemberg eine Mehrheit von 53 Prozent bekommen, eine Mehrheit, von der Gerhard Schröder später sagte, über sie könne man nicht mehr diskutieren.

Von da an verschwand Barzel sozusagen von der Bildfläche; er trat nur einmal noch zur Rede im Bundestag an, dem Kanzler den Gegenkanzler gegenüberstellend, sonst war er nicht mehr zu sehen, schlug – sonst so behend mit dem Wort – alle Interview-Wünsche aus und kürzte seine üblicherweise leutseligen Auftritte vor dem Fraktionssaal auf schnelle Durchmärsche ab – erst als Bundeskanzler wollte Barzel wieder in der Öffentlichkeit erscheinen.
Es gelang ihm tatsächlich, die Öffentlichkeit so gründlich hinter's Licht zu führen, daß die Zeitungen fast einhellig ernstlich behaupteten, daß er »zunächst zögerte, das hohe Risiko einzugehen, daß er sich dann aber unter dem Einfluß seiner Parteifreunde entschloß, die Chance zu wahren« (Die Welt[5]).
Die ersten Beschlüsse der Union, die an jenem 24. April 1972 zu verkünden waren, dem Tag, an dem die CDU/CSU eine dreiwöchige Krise heraufbeschwor, die alles in den Schatten stellte, was bisher in der Bundesrepublik gewesen war, hatte Generalsekretär Kraske mitzuteilen. Aber auch er gab weder eigene Gedanken noch Ideen seines Vorsitzenden wieder, sondern er bereitete die Öffentlichkeit nur vorsichtig auf den Mißtrauensantrag vor, den das Parteipräsidium bereits beschlossen hatte: Kraske legte den Schlüsselsatz, der aufhorchen ließ, und der lautete: wenn die Union zweieinhalb Jahre gesagt habe, sie sei jederzeit regierungsfähig, müsse sie, um »glaubwürdig« zu bleiben, auch handeln, wenn sie dazu genötigt werde, dem rheinland-pfälzischen Ministerpräsidenten Kohl in den Mund. Doch auch wieder nicht als Kohls Meinung, sondern als Teil eines Berichts, den er dem Bundesvorstand über die vorangegangene Sitzung des Präsidiums gegeben hatte.
Nachdem am Abend der Fraktionsvorstand getagt hatte, erklärte Barzel, den das Fernsehen dann doch erwischte, nur kurz, der Vorstand werde der Fraktion eine Empfehlung geben, sagte aber nicht, welche. Erst der CSU-Geschäftsführer Leo Wagner sprach das gefürchtete Wort »konstruktives Miß-

trauensvotum« aus, das der CSU-Landesgruppenvorsitzende Stücklen dann, gefolgt von Strauß, der sich damit begnügte, »Ruhe« zu brüllen, als Fraktionsbeschluß mit Endgültigkeitswert versah. Die Bundestagsfraktion der CDU/CSU war von dem Vorstandsbeschluß so präjudiziert wie der Bundesvorstand der CDU vom Präsidiumsbeschluß. Und beide waren sie von Barzel festgelegt worden. Dieses Mal war Barzel die treibende Kraft, das erste Mal bei einer Angelegenheit von so weittragender Bedeutung und es war das erste Mal, daß man ihn so stolpern ließ. Franz-Josef Strauß jedenfalls wusch sich rechtzeitig die Hände. »Was kann denn Herrn Barzel schon passieren?«, formulierte er zynisch wenig später im Fernsehen. Entweder werde er Kanzler und müsse sehen, »wie er dann zurecht kommt«; oder er unterliege und das sei auch keine Schande[6].

Selten ist in der Geschichte der Bundesrepublik ein Unternehmen so dilettantisch eingefädelt worden wie der Versuch Barzels, Brandt zu stürzen; das galt selbst für den Fall, daß er gelungen wäre. Ihm lag eine Reihe taktischer und psychologischer Fehlkalkulationen zugrunde, bei der mehr Wunschvorstellungen als eine reale Einschätzung der Situation die Handlungen bestimmten, die schließlich zum Fehlschlag führten. Falsch war die Annahme, Brandt werde bei der Lesung des Bundeshaushalts die Vertrauensfrage stellen und der Bundespräsident werde auf dem Fuß die Auflösung des Parlaments verfügen. Abenteuerlich war die Unterstellung, es würden zwischen drei und fünf Überläufer sofort für Barzel stimmen und nach einigen Wochen werde sich eine größere Gruppe von der FDP abspalten und der CDU/CSU zu einer ausreichenden Mehrheit verhelfen. Gerade ein Mann wie Barzel, der noch in seinen »Gesichtspunkten« postuliert hatte, Voraussetzung für eine erfolgreiche Politik sei eine »handlungsfähige, von einer wirksamen Mehrheit im Parlament getragene Bundesregierung[7]«, hätte sich nicht darauf einlassen dürfen, auf eine Mehrheit zu bauen, die unsicherer war als

diejenige, welche die Regierung hatte, da sie auf »ein paar kümmerlichen Überläufern« (Herbert Wehner) basiert hätte. Falsch waren das Instrument, mit dem Barzel an die Macht zu kommen suchte, und der Zeitpunkt, zu dem er es anwendete. Denn da die Unionsführung die Geheimhaltung ihrer Absichten als eine der Voraussetzungen für ihr Gelingen ansah, überraschte sie die Öffentlichkeit, die mit der Möglichkeit eines Mißtrauensantrags nicht vertraut war; die wenigsten wußten überhaupt, daß das Grundgesetz einen Paragraphen enthielt, der einen Wechsel in der Legislaturperiode ermöglichte – man war bisher ohne ihn ausgekommen. Aber die Väter der Verfassung hatten auch nicht an Überläufer gedacht, als sie ihn in die Verfassung aufnahmen, sondern an neue Fraktionsbildungen. So mußte, als die CDU/CSU blitzartig das konstruktive Mißtrauensvotum einbrachte – Sturz des sozialdemokratischen Kanzlers durch Wahl eines Bundeskanzlers Barzel –, der Eindruck einer kalten Machtergreifung, eines unblutigen, aber dennoch gewaltsamen Staatsstreiches, einer Nacht- und Nebel-Aktion entstehen, der schlimme Assoziationen an Weimar weckte.
Der Versuch eines Handstreichs traf die Bevölkerung um so unvorbereiteter, als sie keine Ahnung hatte, warum eigentlich die amtierende Regierung ohne Wählermandat abgelöst werden sollte. Anders als bei Erhard herrschte keineswegs die Überzeugung, hier sei ein Kanzler am Werk, der den Kompaß verloren hatte. Im Gegenteil: jedermann sah die Regierung Brandt im Begriff, die Ernte jahrelanger Bemühungen einzufahren; weder war eine Wirtschafts- noch eine Vertrauenskrise in Sicht noch stand eine sozialistische Revolution bevor. Und was die Ostverträge betraf, so verbreitete nicht einmal mehr die CSU die Behauptung, die Regierung betreibe den »Ausverkauf deutscher Interessen«, sondern Barzel behauptete, er wolle die Ostverträge retten und sie bloß verbessern. Gerade die Ostverträge hatten viele Gruppen in der Bevölkerung mobilisiert, die sich in diesem Punkt, mochten sie sonst

auch konservativ sein und die SPD ablehnen, auf die Seite der Koalition schlugen.
Kein Zeitpunkt konnte ungünstiger sein als derjenige, den Barzel für den günstigsten hielt. Angesichts der Polarisierung im Zeichen der Ostpolitik befand sich ein großer Teil der Bevölkerung in einem hochgradig nervösen und labilen Zustand; ein Regierungssturz hätte wirken können, als halte man eine brennende Lunte an ein Pulverfaß. Die Demonstrationen nach der Bekanntgabe des Mißtrauensantrags – sie blieben nicht zuletzt wegen des Appells Brandts unter Kontrolle – und die Aufzüge zum 1. Mai wenige Tage später gaben einen Vorgeschmack dessen, was die Union erwartet hätte, wäre er ihr gelungen. Sie hätte niemals die Barriere des Widerstands überwinden können, die bei den Gewerkschaften, großen Teilen der Jugend und der Intellektuellen und der Publizistik ausgeprägt war, aber bis in den Mittelstand und den Bereich der Kirchen reichte. Man hätte ihr immer vorgeworfen, sie habe den Machtwechsel, statt ihn sich in Wahlen legal zu erstreiten, durch die Hintertür erschlichen. So mochte der Leitartikler der »Süddeutschen Zeitung« recht gehabt haben, der feststellte, Barzel sei »durch seine Niederlage gerade noch einmal davon gekommen von einer Regierungsverantwortung, die ihn in eine wenig beneidenswerte Lage gebracht hätte[8]«.
Den besten Aufschluß über den Zustand, in dem sich die Union befand, als ihr Spitzenmann sich anschickte, den Kanzlerstuhl zu erklimmen, lieferte die Union selber. Während – laut »Stern[9]« die Planungsstäbe des Fraktionsvorsitzenden schon die Personalakten der Ministerien auf der Suche nach sozialdemokratischen Beamten durchkämmten, die »beim ersten Streich fallen sollten« und Bundestagspräsident von Hassel das Präsidialamt veranlassen wollte, die Ernennungsurkunde Barzels vorab drucken zu lassen, »damit es schneller geht«, während sich die potentiellen Minister der CDU/CSU mit Sorgen plagten, wie sie die in Unordnung gebrachten Mini-

sterien wieder in die rechte Christenzucht nehmen konnten, während alles wie gebannt auf die etwaigen Überläufer, Dissidenten und Nachzügler starrte, versäumte es die CDU/CSU, sich ihrer eigenen Leute zu versichern. Als dann im Bundestag die Stimmen für ihren Antrag ausgezählt wurden, zeigte sich, daß zwar die beiden Leute aus der FDP, mit denen man gerechnet hatte, Kühlmann-Stumm und Kienbaum, für einen Kanzler Barzel gestimmt hatten, drei Mitglieder der Unionsfraktion aber nicht. Waren es auch nur drei Stimmen, die sich Barzel versagten, so konnten sie doch stellvertretend gelten für andere, die nicht wagten, sich der Disziplin zu widersetzen – jedenfalls hielt wieder einmal nicht die erforderliche Anzahl von CDU/CSU-Leuten Barzel für geeignet, Bundeskanzler zu werden.

Freilich war auch der Jubel, in den die Koalitionsabgeordneten nach Bekanntwerden des Abstimmungsergebnisses ausbrachen – 247 Abgeordnete hatten sich für Barzel ausgesprochen, 249 Stimmen hätte er gebraucht –, das Hochwerfen der Arme, die Tränenausbrüche, Umarmungen und der minutenlange Beifall, mit dem sie sich bedachten, der Situation nicht angemessen. Es fehlten nur zwei Stimmen und Barzel wäre Bundeskanzler geworden. Doch in der Politik zählt nur der Erfolg. Barzel saß auf seinem Abgeordnetenplatz und schüttelte lange den Kopf, als verstehe er die Welt nicht mehr, ein geschlagener Mann. Dann raffte er sich auf, ging zum Bundeskanzler hinüber und gab ihm die Hand. Und Herbert Wehner schickte ihm später grimmigen Spott hinterher. »Herr Barzel«, rief er in den Plenarsaal, »ist, war und bleibt Kandidat[10].«

Barzel aber, sich treu bleibend, verschwendete weiter keinen Gedanken an seine Niederlage, gab nicht zu erkennen, ob er die Konsequenz, sich zurückzuziehen, auch nur erwog, sondern war wieder auf den Beinen, kaum daß er gestolpert war. War es sein Ziel gewesen, mit einem Regierungswechsel die Ostverträge zu retten, so war, als er damit scheiterte, diese Absicht verfehlt worden. Vielleicht war es der größte Fehler des Fraktionsvorsitzenden, daß er, der sonst zu wendig taktierte, jetzt nicht rasch genug eine Wendung vollzog; statt eine neue Taktik zu entwickeln, hielt er stur an seiner Absicht fest, die Verträge nicht auch noch scheitern zu lassen und begann damit einen Kampf sozusagen gegen sich selber und gegen seine Fraktion. Sein Vorhaben fand allenthalben verdienten Beifall und Lob auch von Seiten, von denen er es nicht gewöhnt war. Aber die Methode, die er anwandte, um sein Ziel zu erreichen, war so beschaffen, daß sie, zumal sie es verfehlte, die Zahl seiner Gegner noch vermehrte.

Nichts konnte Barzel in eine ausweglosere Situation bringen als mit dem Mißtrauensantrag knapp zu unterliegen. Denn nun war er geradezu gezwungen, der Regierung nachzuweisen, daß auch sie die Mehrheit nicht mehr hatte. So bereitete der CDU/CSU-Fraktionsvorsitzende am Tag nach seiner Niederlage, am 27. April 1972, der Koalition ihrerseits eine Schlappe, setzte eine Abstimmung über den Kanzlerhaushalt durch, der bei Stimmengleichheit abgelehnt wurde, und hatte damit auch noch vor aller Welt demonstriert, wie der Geschichtswissenschaftler Arnulf Baring bemerkte, »daß die Verträge, die auch Barzel nicht scheitern sehen wollte, ohne irgendeine Form der CDU-Mithilfe nicht mehr durchzubringen waren[11]«. Noch am Abend lud Brandt Barzel, Scheel und Strauß zu sich, um mit ihnen zu beraten, wie es weitergehen solle. Niemand konnte einen Ausweg anzeigen, der für alle gleichermaßen gangbar war.

Die Ausgangsposition hatte sich nun für Barzel erheblich verschlechtert. Die Abgeordneten seiner Fraktion waren aufgestört, erregt, verbittert über den vergeblichen Anlauf zur Macht, zu Kompromissen wenig geneigt. Was die Ostverträge betraf, so hatte sich die Mehrheit der Fraktion bis zu diesem Tag wenig Gedanken darüber gemacht, ob sie in die Lage kommen könnte, ihnen zustimmen zu müssen. Nichts, keine Aussage der Fraktionsspitze, keine Resolution, kein Beschluß hatte darauf hingewiesen, daß eine derartige Absicht bestand. Mit seiner Geheimniskrämerei hatte sich Barzel selbst eine Fessel angelegt. Im Gegenteil: er hatte mehrmals alle Abgeordeten aufgefordert, die anderer Meinung waren als die, die man unterstellen durfte, nämlich die Verträge abzulehnen, zu ihm zu kommen und ihm ihre Gründe darzulegen. In vertraulichen Gesprächen hatten Mitglieder der Unionsführung jene Abgeordneten umzustimmen versucht, von denen bekannt war, daß sie abweichend von der Mehrheit der Fraktion mindestens dem deutsch-polnischen Vertrag zuzustimmen geneigt waren.

Abgeordnete, die sich anders verhielten als der konformistische Teil, etwa die Polen-Reisenden Winfried Pinger, Hans Dichgans und Peter Petersen, oder der CDU-Gewerkschaftler Adolf Müller (Remscheid), der in einer DGB-internen Abstimmung die Ostpolitik der Koalition gutgeheißen hatte, oder der CDU-Abgeordnete Richard von Weizsäcker, der es in Kauf nahm, von der Regierung zum Kronzeugen dafür genannt zu werden, daß es auch in der Opposition Männer gab, die dachten wie sie, mußten Mißbilligungen und Tadel in Kauf nehmen. Zwei Jahre lang war die CDU/CSU auf einen ablehnenden Kurs gezerrt worden; nun sollte sie innerhalb von zwölf Tagen dazu gebracht werden, das Ruder herumzuwerfen und zuzustimmen: ein unmögliches Verlangen, das die meisten Mitglieder psychisch und physisch überforderte.

Ungeeignet war das Instrument, mit dessen Hilfe Barzel die Kurskorrektur zu erzwingen gedachte: eine gemeinsame Resolution des Bundestages zu den Verträgen, in die die Opposition ihre Forderungen einbringen sollte. Brandt hatte schon im baden-württembergischen Wahlkampf der CDU/CSU angeboten, sich mit ihr über eine Resolution des Parlaments zu verständigen, die man beim Vertragspartner notifizieren könne, ohne daß die andere Seite darauf eingegangen wäre[12]. Barzel stellte lediglich indirekt seine Gegenbedingungen, daß alles, was zu den Verträgen zusätzlich vereinbart werde, in

»gehöriger Form« und »für beide Seiten verbindlich« abgemacht werden müsse[13]. Auf Kanzlersturz programmiert, griff Barzel den Gedanken solange nicht auf, als er für ihn keine Verwendung hatte, und er eignete ihn sich dann als Rettungsring an, da ihm der Weg zum Palais Schaumburg blockiert worden war.

Mit den Arbeiten an der Entschließung aber, mit denen alsbald gemischte Kommissionen beauftragt wurden, machte sich der Fraktionsvorsitzende der CDU/CSU auf eine Reise, von der er die Endstation nicht kannte, nicht einmal wußte, ob ihm die anderen Expeditionsmitglieder zu folgen gewillt waren. Oder mit anderen Worten, er glich einem Eselstreiber, der seine Karawane auf einen steilen Berg hinauf trieb, ohne vorher zu wissen, ob sich der Weg bis zum Gipfel als gangbar erweisen würde. Die CDU/CSU-Mitglieder in den Kommissionen feilten zwar eifrig am Text mit, sie gaben damit vor, wie etwa der CDU-Abgeordnete Marx, sie seien durchaus gutwillig und bereit, die Sache zu einem guten Ende zu führen; insgeheim waren die meisten von ihnen aber entschlossen, selbst bei Vorliegen eines hinreichend abgesicherten Resolutionsentwurfs allein deswegen noch nicht den Verträgen zuzustimmen. Beide Seiten befanden sich schon in einem permanenten Wahlkampf und so kam es der Oppositionsfraktion allein darauf an, den Nachweis zu erbringen, sie habe sich um eine bessere Einmantelung bemüht und sie auch durchgesetzt, da sie schon die Verträge selbst nicht mehr ändern konnte. Der völkerrechtliche Wert einer solchen Entschließung war ohnehin umstritten und die Ostblockstaaten selber waren es, die später versicherten, für sie sei allein der Vertrag gültig, nicht das, was der Bundestag einseitig unter sich ausgemacht hatte.

Zudem fehlten der Union die Argumente, die sie instand gesetzt hätten, wenigstens den Anschein zu erwecken, hier sei ihre Handschrift erkennbar. Denn es stellte sich bald heraus, daß nicht die Opposition, sondern die Regierung die Formulierungen schon gebraucht hatte, auf die sich alle einigen konnten: in einer Antwort auf eine große Anfrage der CDU/CSU-Fraktion hatte die Bundesregierung im November 1971 erklärt, die Verträge sollten einen »modus vivendi« herbeiführen; so daß sich die Auseinandersetzungen auf das Verlangen der Opposition reduzierten, die Regierung brauche nur noch gegenüber den Sowjets das zu notifizieren, was sie dem Parlament bereits gesagt habe; und die Regierung einigermaßen beruhigt feststellte, die Opposition verlange mithin nichts, was die Sowjets nicht schon kennten.

Den Schlüssel zum Gelingen seines abenteuerlichen Werks mußte Barzel bei der CSU suchen. Die bayerische Schwester war keine Partei, die durch Unterwerfung zur Fraktionsdisziplin zu zwingen war, schon gar nicht von einem Mann wie Barzel, den sie bislang in ihrer Abhängigkeit gehalten hatte. Zähneknirschend schon hatte die CSU mitangesehen, wie Barzel reibungslos mit einer Mehrheit zum CDU-Vorsitzenden gewählt worden war, die es ihr unmöglich machte, wenigstens den Preis für eine Zustimmung zu seiner Kanzlerkandidatur zu erhöhen. Hatte Barzel auch die CSU und ihren Vorsitzenden und Landesgruppenvorsitzenden Strauß und Stücklen hofiert wie kein anderer CDU-Chef vorher, so hatte er sie doch in eine Statistenrolle gedrängt, die ihr empfindliches Selbstbewußtsein kränken mußte. Ungeachtet der Frage, ob die CSU einen Kanzlerkandidaten Barzel akzeptieren oder gar favorisieren würde, hatte sie ihm alle erdenklichen Hindernisse in den Weg gelegt, ehe sie am 29. November 1971 in der bayerischen Landesvertretung in Bonn ihre formelle Einwilligung zu seiner Führungsrolle gab.

Franz-Josef Strauß, der sich zugute hielt, noch alle Bundeskanzler der CDU nach Adenauer gemacht und dann wieder entmachtet zu haben, spielte Barzels Geburtshelfer und stellte ihn danach sogleich wieder in Frage. Der Entwurf eines deutsch-sowjetischen Vertrags, den die CSU nach ihren Vorstellungen ausarbeitete, und den sie ausgerechnet veröffentlichte, als der Fraktionsvorsitzende in Amerika war, konnte als Schuß vor den Bug gelten. Die CSU war zu keinem Zeitpunkt und unter keinen Umständen bereit, den Ostverträgen Brandts zuzustimmen. In seinem Buch »Entwurf für Europa« hatte Strauß kein Hehl daraus gemacht, daß er einer Bundesregierung erst dann das Recht zugestand, die Ostgrenzen zur Disposition zu stellen, wenn »als Gegenleistung dafür auf der anderen Seite die Bereitschaft festgestellt werden kann, über die Wiederherstellung der deutschen Einheit auf der Grundlage freier Wahlen zu verhandeln und sich zu einigen[14].« Von diesen Bedingungen waren die Ostverträge weit entfernt. Und noch in der ersten Lesung der Verträge im Februar 1972 freute sich der CSU-Vorsitzende sichtlich des Dilemmas, in dem die Regierung steckte: das »Ja« sei ein Übel, meinte er, das »Nein« bringe neue, schwere Belastungen – er entscheide sich aber für das kleinere Übel »Nein«[15].

Ein sehr souveräner, sehr geschickter Fraktionsvorsitzender hätte vielleicht noch den Kampf gegen die CSU aufnehmen können, wenn die CDU auch nur halbwegs so geschlossen gewesen wäre wie ihre bayerische Nebenorganisation. Aber Barzel begann seinen Kampf um eine Zustimmung zu den Verträgen, als er nicht nur selber nicht wußte, ob er am Ende zur Zustimmung würde raten können, sondern auch keineswegs der Gefolgschaft seiner Partei sicher sein konnte. Die Überläufer aus anderen Parteien, die von der Opposition damals mit so großem Entzücken aufgenommen worden waren, da sie sie der Macht ein Stück näher brachten, erwiesen sich jetzt als Hemmschuh für jede Entscheidung; denn sie hatten unter der Voraussetzung die Fraktion gewechselt, in der neuen die Verträge ablehnen zu dürfen. Und sowohl die militanten Vertriebenenfunktionäre als auch die konservativen Gruppen in Partei und Fraktion, die sich mit Barzel vor der Vorsitzendenwahl solidarisiert und ihm zum Erfolg verholfen hatten, begannen jetzt von ihm abzurücken, da er in zweifacher Hinsicht das Gegenteil dessen anvisierte, was sie von ihm erwartet hatten: er verschaffte der Regierung wieder Auftrieb und neue Standfestigkeit und er förderte jene Ostverträge, die sie für das teuflisch getarnte Vehikel für den Sozialismus in Westdeutschland hielten. Und es bildete sich wieder die Achse zwischen den extremen Positionen, zwischen Schröder und Strauß, mit der Barzel, wenn er sich einfügte, alles erreichen konnte, gegen die er aber machtlos war. Die Kräfte in der Union, die ihn beim Mißtrauensantrag am nachdrücklichsten unterstützt hatten, entpuppten sich beim Drama zweiter Teil als seine heftigsten Widersacher.

So saßen der Kanzlerkandidat und der Kanzler nach Abschluß der Kommissionsarbeiten für die Entschließung, die eine Menge Gemeinplätze, Unvereinbarkeiten, Unverbindliches und schlechten Stil enthielt, morgens beim Bier im Bundeshausrestaurant – ein ungewohntes Stelldichein. Wenige Stunden später wetterten Strauß und Schröder gegen das Verhandlungsergebnis, nannten es »nicht ausreichend« (Schröder) und riefen zur »Geschlossenheit« der Fraktion bei der Ablehnung des Verhandlungsdiktats auf (Strauß). Am Vormittag des 9. Mai 1972, des 16. Tages seit der Abstimung über den Mißtrauensantrag, war die Stimmung in der CDU/CSU-Fraktion gereizter und nervöser denn je zuvor. Sie kam sich wie eine »Büffelherde« vor (CSU-Stücklen), die man gewaltsam vorwärts trieb, ohne daß sie wußte, wohin. Panik lag in der Luft. Strauß und Kanzleramtsminister Ehmke legten letzte Hand an den Resolutionsentwurf und brachten ihn auf den Venusberg, in Brandts Dienstvilla, wo der Kanzler und der Oppositionsführer mit Sowjetbotschafter Falin beisammen saßen. Auch das trug dazu bei, daß sich das Mißtrauen in der Fraktion verstärkte, ihr Spitzenmann verhandele hinter ihrem Rücken mit den Roten über einen faulen Kompromiß. Barzel hatte zwar den Konsultationsmechanismus mit der Fraktion routinemäßig ablaufen lassen; aber er hatte ihr immer nur in Andeutungen berichtet, sie im unklaren über den wahren Stand der Ereignisse gelassen und niemals auch nur angedeutet, in welche Richtung sie sich bewegten oder was seine Meinung sei; er hatte sie immer nur mit dürftigen Lageberichten abgespeist. Die Fraktion war entschlossen, Rache zu üben; es bereitete sich der Aufstand der Hinterbänkler gegen das Establishment vor.

Die Referate von Strauß, Barzel, Stücklen und Marx vor der Fraktion brachten keine Klärung: die Referenten versicherten, wenn das Papier bleibe, wie es sei, und wenn die Annahme in Moskau erfolge, wie Falin es zugesagt habe, könne man der Entschließung zustimmen. Auf die Frage, ob eine Zustimmung zur Resolution auch bedeute, daß die Fraktion die Ostverträge billigen könne, wagte keiner der führenden Leute eine klare Antwort zu geben. Die Situation war trotz der Einigung zwischen den Verhandlungskommissionen offen wie zuvor, als endlich am Nachmittag, als schlage ein Blitz in die bundesdeutsche Landschaft – so schilderte es später der parlamentarische Geschäftsführer Wilhelm Rawe – die Nachricht fuhr, der Kreml habe Bedenken angemeldet. Niemand wußte genau, wogegen, warum, welcher Natur sie waren. Barzel, von Kanzleramtsminister Ehmke informiert, reagierte vorschnell; er brach sofort die Fraktionssitzung ab, gab aber nicht den Grund dafür an und erklärte den Fernsehmikrofonen nur konsterniert, sein »Engagement für eine Einigung« sei so stark gewesen, daß er das neue Hindernis möglicherweise überbewerte. Wieder einmal hatte der beste Verbündete der Union, der Kreml, die Partei vor einer Spaltung bewahrt.

Zu spät erkannte Barzel, daß er mit seinem Abbruch der Fraktionssitzung eine psychologische Barriere aufgerichtet hatte, die sich als unüberwindlich erwies. Barzel, der sonst zu vieler Kontakte mit der Regierung verdächtigt worden war, schlug den einzigen Kontakt, der ihm hätte von Nutzen sein können, aus: die Bitte des Bundesaußenministers, mit ihm noch am Abend zusammenzutreffen, wurde von seiner Umgebung abgelehnt, da Barzel sich Ruhe gönnen, wohl auch Scheel erst einmal ausweichen wollte. Mit seinem Entschluß, schriftlich zu fixieren, was er mündlich nicht loswerden konnte, und einen Brief an den Fraktionsvorsitzenden zu schreiben, der ihm am nächsten Morgen zugestellt wurde, brachte Scheel Barzel in noch größere Verlegenheit; denn was im Gespräch hätte erläutert werden können, las sich schwarz auf weiß wenig glaubhaft: daß nämlich die Bedenken der Sowjets hätten »leicht ausgeräumt werden können«. Hatten die Sowjets Einwände, mußten sie schwerwiegend sein, oder die Bundesregierung ließ sich allzu leicht abspeisen. Zudem erklärte der SPD-Fraktionsvorsitzende Wehner zutreffend, aber zu diesem Zeitpunkt nicht eben geschickt, Resolutionen seien nichts, was zum Außenverhältnis von Regierungen gehöre. Und Brandt erklärte kategorisch, jetzt werde über die Verträge abgestimmt.

Der Kandidat aber gab nicht auf. Er war hartnäckig. Mit seinem untrüglichen Gespür dafür, an welchem Punkt eine meßbare Mehrheitsmeinung gerade angelangt war, merkte Barzel jetzt plötzlich, daß nur noch eine Verschiebung der Abstimmung ihn eine Runde weiterbringen konnte, wenn er auch nicht wußte, ob er sie heil überstehen würde. Aus dem Stegreif formulierte er vor der Fraktion seine erste Empfehlung in dieser Sache, die aber kein Vorschlag zur Sache war, sondern nur die taktische Haltung festlegte: Entweder werde die Abstimmung um eine Woche vertagt, schlug er vor, »oder wir stimmen geschlossen mit nein«. So töricht die Alternative war, in der sich eine sinnlose Trotzreaktion offenbarte, so sehr fand sie den Beifall der kopflos gewordenen Fraktion. Damit zog die Fraktion in den Plenarsaal, und die Sitzung, die den Höhepunkt jahrelanger intensiver Bemühungen der Regierung darstellen sollte, begann mit einem Hammelsprung über die Tagesordnung. Der Beginn der Ratifikationsdebatte wirkte um so grotesker, als danach die Berichterstatter das Wort erhielten und die CDU-Berichter Heck und Bach für die Minderheit in den Ausschüssen eben jene ablehnenden Vorbehalte der Opposition vortrugen, die die Regierung mit der

Resolution für überwunden gehalten hatte. In der Koalition breitete sich eine verzweifelte Stimmung aus, in der viele bereit waren, in Kauf zu nehmen, die Verträge scheitern zu lassen und sogar das Risiko auf sich zu nehmen, die CDU/CSU auf einem Trümmerhaufen regieren zu lassen.

Alle seine nicht unbeträchtlichen komödiantenhaften Gaben einsetzend, kämpfte der Oppositionsführer gegen diese Atmosphäre im Haus an. Es war Schmierentheater, aber ohne Barzels Auftritt wären die Verträge ernstlich in Gefahr gewesen, zu scheitern: wenn sich der Bundesrat, in dem die CDU/CSU die Mehrheit hatte, quer gestellt hätte, wären sie gescheitert gewesen, selbst wenn sie im Bundestag noch die einfache Mehrheit bekommen hätten. Barzel wedelte mit Regierungsbriefen, die zu lesen, geschweige denn mit seinen Freunden zu beraten er keine Zeit gehabt habe; er zählte alle Termine auf, zu denen er eingeladen worden war und die er nicht hatte wahrnehmen können. Er setzte sein vielgehätscheltes Image aufs Spiel, verstellte sich, gab sich desorientiert, erklärte feierlich »als Abgeordneter«, daß er zu dieser Stunde nicht imstande sei, »nach den verwirrenden Vorgängen seit gestern nachmittag den Inhalt und das Ausmaß dessen, worüber wir heute unter Zeitdruck abstimmen sollen, so klar, so präzise, so sorgfältig zu erkennen, wie ich es erkennen muß, wenn ich in dieser wichtigen historischen Gewissensentscheidung verantwortlich handeln will[16].« Er brachte es fertig, seine Unsicherheit auf alle Fraktionen zu übertragen; diejenigen, die sich schon am Rand eines Abgrundes hatten stehen sehen, traten wieder zurück. Der Bundeskanzler sprach zwar in seiner Erwiderung unwillig die Vermutung aus, das Konzept der Opposition sei es, die Verträge »zu zerfasern und zu zerreden«; doch er schickte sich und erklärte sich bereit, die Abstimmung um eine Woche zu verschieben.

Inzwischen fand tatsächlich ein gewisser Klärungsprozeß in der Union statt. Gerhard Schröder formulierte für die ablehnende Seite, egal was die Fraktion beschließe, er werde bei den Verträgen mit »nein« stimmen, denn die Opposition sei »weder Notaggregat noch Blutspender« der Regierung. CDU-Generalsekretär Kraske lobte das Verhandlungsgeschick seines Vorsitzenden und dankte ihm, daß er das Vertragswerk insgesamt annehmbar gemacht habe. Die Sozialausschüsse unter ihrem Vorsitzenden Katzer deklarierten sich zur Vorhut des Fraktionsvorsitzenden und erklärten ihr »Ja«, ebenso eine Gruppe Hamburger Abgeordneter unter ihrem Vorsitzenden Rollmann. Als auch der hessische CDU-Vorsitzende Dregger an Barzel telegrafierte und ihm von einer Ablehnung abriet, war klar, daß die schiere Opportunität im Begriff war, die Zügel zu ergreifen.

Barzel verbrachte die Zeit damit, sich auf langen Spaziergängen wieder fit zu machen und mit seiner engeren Mannschaft zu beraten. Am Wochenende vor der Entscheidung rang er sich dann zu seinem ersten Entschluß durch, von dem Beobachter meinten, er sei zugleich sein letzter in Unabhängigkeit gewesen. Während seine Freunde schon zu triumphieren begannen, endlich habe sich Barzel von dem unheilvollen Zwang befreit, auf jedermann hören und es jedem recht machen zu wollen, war er in Wirklichkeit im Begriff, sich tiefer denn je in die Abhängigkeit von Gruppen und Interessen anderer zu verstricken. Als Barzel am Montag, dem 15. Mai 1972, die Sitzung des CDU-Präsidiums mit Strauß und Stücklen, der eine Zusammenkunft des CDU-Bundesvorstands folgte, betrat, war er entschlossen, zur Zustimmung zu raten. Was er allerdings als erste Vorstufe zum »Ja« empfahl und was ihm, als der Vorstand folgte, zu Unrecht als das Verdienst angerechnet wurde, er habe sich durchgesetzt, war nur der Ausdruck neuer Ratlosigkeit: die CDU-Führung schlug den Abgeordneten vor, frei nach ihrem Gewissen zu entscheiden. Die Empfehlung war so unverbindlich, daß auch Gerhard Schröder ihr zustimmen konnte.

Die Abstimmung nach allem, was inzwischen geschehen war, freizugeben, bedeutete, die Abgeordneten wieder in die Unsicherheit ihres Gewissens zu entlassen, mit dem sie in dieser Situation wenig anfangen konnten. Der Rat des Bundesvorstands bedeutete praktisch, daß sich die Fraktion in drei Teile gespalten hätte, von denen einer zugestimmt, einer abgelehnt und der dritte sich enthalten hätte; dabei hätte es passieren können, daß Barzel mit der Minderheit, Strauß aber mit der Mehrheit stimmte. Das Schicksal des Kanzlerkandidaten wäre besiegelt gewesen. Wenn man so wollte, hat Strauß Barzel gerettet, wenn auch auf Kosten der Entscheidungsfreiheit des Fraktionsvorsitzenden. In der Sitzung des Fraktionsvorstands am gleichen Abend ließ der CSU-Vorsitzende in einer längeren Rede den Gedanken einer geschlossenen Enthaltung einfließen, ohne daß er ihn vertieft oder die anderen Mitglieder ihn bewußt aufgenommen hätten. Erst am Tag darauf, als die Fraktion desto unsicherer wurde, wie sie sich verhalten solle, je länger sie diskutierte, ließ Strauß den ehemaligen Staatssekretär Adenauers, Professor Hallstein, die »Allein-Enthaltungsdoktrin« zum offiziellen Vorschlag erheben.

Auch dieses Mal war sich Barzel selbst zuvorgekommen: zu Beginn der Fraktionssitzung am Vormittag hatte er erklärt, er würdige das Gesamtergebnis aller Verhandlungen zwischen Regierung und Opposition, »im Interesse des inneren Friedens positiv«, mit anderen Worten, er riet zur Zustimmung des gesamten Pakets, das sie geschnürt hatten. »Jetzt steht er«, sagte der Abgeordnete Pinger nach Barzels Rede erleichtert vor dem Fraktionssaal. Er irrte. Hallstein hatte, wenige Stunden danach, noch nicht zu Ende gesprochen, als sich in der Fraktion blitzartig die Erkenntnis ausbreitete, er habe den einzig akzeptablen Ausweg gewiesen: die CDU/CSU brauchte sich, wenn sie sich enthielt, in dieser Sache nicht zu entscheiden, sie konnte die Verantwortung allein der Regierungskoalition aufbürden, sie brauchte die Folgen eines Scheiterns der Verträge nicht zu befürchten und sie hatte ihre Geschlossenheit zurückerlangt. Franz-Josef Strauß hatte mit einer meisterlichen Hintergrundregie die Einigungsformel entworfen und, was mehr war, er setzte sie auch durch, wobei er seine braven 52 CSU-Männer zuerst zur taktischen Position des »nein« trieb und sie dann leichthin zu der Erklärung umstimmte, sie würden sich enthalten, wenn Barzel das gleiche mit der CDU gelang. Dabei sollten – eine zusätzliche Demütigung des CDU-Vorsitzenden – einige ablehnende Stimmen erlaubt, aber keine »Ja«-Stimmen geduldet werden. »Es gibt keinen Schrägstrich mehr zwischen CDU und CSU«, wurde ein Ausspruch von Strauß kolportiert, »wenn auch nur ein einziger CDU-Abgeordneter den Verträgen zustimmt.«

Zu nächtlicher Stunde versammelten sich einige CDU- und einige CSU-Leute im Büro des Fraktionschefs; Barzel war auf einmal isoliert. Noch immer hatte zwar der Kanzlerkandidat seine Botschaft nicht im Klartext übermittelt – sie war ihm sozusagen im Hals stecken geblieben. Aber er hatte die richtige Empfehlung zum falschen Zeitpunkt beschlossen und den Einsatz verpaßt. Hätte er bei einem früheren Stadium, als er sich einer Wertung enthielt, stattdessen aus taktischen Gründen einer Zustimmung das Wort geredet, um rechtzeitig, solange die CSU noch bei der Ablehnung verharrte, in dem Augenblick die Enthaltung vorzuschlagen, in dem er »ja« sagte, wäre er – wenig genug – taktischer Sieger geblieben. So wurde er auf einem Gebiet geschlagen, auf dem ihn jedermann für den Meister hielt. Die moralische Kraft, sich dennoch durchzusetzen, traute ihm ohnehin niemand zu und er brachte sie auch nicht auf.

Gegen zwei Uhr nachts fuhr Barzel nach Hause, zum zweiten Male geschlagen, und tiefer verwundet als jemals zuvor. Aber es war charakteristisch für Barzel, daß er sich keinen Augenblick düsteren Empfindungen, Trauer oder Resignation überließ. Das mit seiner Wahl in Saarbrücken verknüpfte Vorhaben, die Ostverträge dem Volk zu präsentieren, war fehlgeschlagen. Mit einem ans Wunderbare grenzenden Mangel an Gefühlsduselei gab sich Barzel seiner Sachlichkeit hin. Er informierte noch seine bisherigen Gesprächspartner Scheel und Ehmke und verabschiedete sich vom Experiment der Gemeinsamkeit, wobei ihm Scheel – so der »Spiegel« – riet, er an Barzels Stelle würde vor der Fraktion erklären, er stimme mit »ja« und würde den Saal verlassen: »Dann wären alle hinterhergelaufen[17]«.

Am nächsten Morgen um halb sechs setzte sich der Fraktionsvorsitzende an seinen Schreibtisch und entwarf seine Rede für die Fraktion. Die schrittweise partielle Kapitulation vor der unerbittlich nüchternen Meute des Kollektivs gelang denn auch Barzel besser als sein Versuch eines Aufbruchs zu neuen Ufern. Er stellte schrittweise Übereinstimmung her, ließ sich unterwegs bestätigen, daß er auf dem rechten Weg gewesen sei, was der Fraktion um so leichter fiel, als sie das Gegenteil beschlossen hatte, und empfahl ihr dann zu tun, was sie vorhatte: sich der Stimme zu enthalten. Die Ehrenvorsitzenden Kiesinger und Erhard, Barzel-Geschädigte aus früheren Zeiten, erhoben sich nach seiner Abschiedsrede auf einen neuen Barzel und fielen in das Lob der Geschlossenheit der Union ein, ihnen folgten Kohl und Stoltenberg. Bei einigen Probeabstimmungen traten noch geringe Schwierigkeiten auf, als drei Abgeordnete bekannten, sie wollten dem deutsch-polnischen Vertrag zustimmen. Aber auch sie wurden davon überzeugt, daß sie gegen die Interessen der Union verstießen, und sie beugten sich noch im Fraktionssaal. Frohgemut verkündete anschließend Hans Katzer öffentlich, dies sei »von der Logik her einer der seltenen Fälle, wo man es verantworten kann, sich der Stimme zu enthalten«.

Es war der 17. Mai 1972, an dem abgestimmt wurde, ein Tag, bestimmt, ein historisches Datum zu markieren, dessen jetzt niemand mehr so recht froh werden konnte. Die Verträge wurden ratifiziert, aber unter welchen Umständen! Auf Brandts »ganze Ostpolitik ist Meltau gefallen[18]«, beklagte Arnulf Baring, und Golo Mann trauerte, mit der Annahme der Resolution sei »das nur moralisch wirksame ... zur Erde heruntergezogen worden: da haben sie keine Farbe mehr und fast keine Substanz[19]«. Niedergeschlagen gingen die Abgeordneten zur namentlichen Abstimmung in die Kabinen; schweigend wurde das Ergebnis aufgenommen: 248 Stimmen der Koalitionspartein SPD und FDP für beide Verträge, 238 Enthaltungen der CDU und CSU beim Moskauer und 230 beim Warschauer Vertrag; zehn CDU/CSU-Abgeordnete stimmten gegen den deutsch-sowjetischen und 17 gegen den deutsch-polnischen Vertrag. Wenn man bedachte, daß der Kanzlerkandidat den Unionsparteien einmal zur Befürwortung des »Vertragswerks« hatte raten wollen, mußte der Umstand, daß sich nicht ein einziger Abgeordneter der CDU/CSU zur Zustimmung durchringen konnte, niederschmetternd auf Barzel und seine Gefolgschaft wirken.

Die Quittung der Wähler

In seinem Buch »Der unbequeme Präsident« schilderte Joachim Braun in kurzen, trockenen Sätzen, einem Stenogramm entscheidungsvoller Stunden, in denen nur einer nicht entscheiden konnte: der Bundespräsident, wie Gustav Heinemann in der Villa Hammerschmidt den Mißtrauensantrag der CDU/CSU und den Beschluß des Bundeskabinetts miterlebte, die Vertrauensfrage unmittelbar danach nicht zu stellen. Am Mittwoch, dem 26. April 1972, nachdem Barzel gescheitert war, sprach der Staatssekretär im Bundespräsidialamt, Dietrich Spangenberg, zunächst mit zwei Emissären der SPD-Fraktion, dann mit Kanzleramtsminister Ehmke über Neuwahlen. Die entscheidende Frage, ob der Bundespräsident das Parlament sofort nach der Vertrauensfrage auflösen könne, damit die Opposition sie nicht mit einem neuen Mißtrauensantrag unterlaufe, hatte das Bundespräsidialamt in einem Gutachten bejaht, ohne daß sich der Bundespräsident sogleich diese Meinung zu eigen machte. Hilflos darauf angewiesen, die Entscheidung der Regierung abzuwarten, spielte Heinemann in seinem Amtssitz Skat, während das Kabinett nebenan im Palais Schaumburg beriet. Um 22.30 Uhr kam Spangenberg aus der Sitzung und berichtete: »Die Regierung hat beschlossen, am kommenden Tag die Vertrauensfrage nicht zu stellen. Kanzler Brandt will keine Neuwahlen, bevor die Ostverträge verabschiedet sind«, zitierte Braun den Staatssekretär[1].

Gemessen an der Verfassungslage, wie sie ihm dargestellt wurde, dem Drängen der SPD-Spitze und der einigermaßen starken Position, in der er sich befand, bewies Brandt eine außerordentliche Nervenstärke, als er sich widersetzte, schon im April 1972 über die Vertrauensfrage zu vorzeitigen Wahlen zu kommen. Später bekannte er einem Journalisten, er habe den »mutmaßlich besten Augenblick für Neuwahlen wider bessere Neigung bereits verpaßt«; aber er sagte auch, er habe dreimal auf »widerstrebende Kräfte intimster Partner« Rücksicht genommen[2]. Tatsächlich hatte die SPD niemals vorher und nicht bis zu den Wahlen einen so hohen Stand in der Gunst der Wähler wie im April erreicht (51 Prozent zogen sie anderen Parteien vor[3]). Auch der Leiter des Infas-Instituts, Liepelt, war überzeugt, daß die SPD zum ersten Mal die Chance gehabt hätte, die absolute Mehrheit zu erringen[4]. Warum aber zögerte der Bundeskanzler? Er dürfte mindestens vier Gründe gehabt haben: 1. Glaubte er, gehe man mit nicht erledigten Ostverträgen in den Wahlkampf, in dem sie ein Hauptthema sein würden, würde das Ansehen der Bundesrepublik Schaden nehmen; 2. war die FDP-Führung zu jenem Zeitpunkt überzeugt, bei vorgezogenen Wahlen würde sie unter die Fünf-Prozent-Grenze abrutschen und er wollte sie nicht überfahren; 3. war ihm das Quälende einer Prozedur bewußt, mit der nach der Verfassung ein neuer Wahlsieg des amtierenden Bundeskanzlers nur mit einer vorherigen Abstimmungsniederlage im Parlament erkauft werden konnte; 4. traute er, mißtrauisch, der Opposition nicht ohne weiteres zu, auf einen neuen Versuch, ihn zu stürzen, zu verzichten.

Wenn das stimmte, was Professor Wildenmann schrieb, daß die britischen Parteien »bei der Auswahl der Parteiführer immer größten Wert auf Informationen gelegt haben, wie sich die betreffenden Personen in kritischen Situationen ihres Lebens verhalten haben[5]«, so hätte Brandt in den Monaten des Krisensommers, in denen die Kurve seiner Partei rapide absank, diese Qualifikation erfüllt gehabt. Allerdings brachte er mit seinem Zögern die Opposition dazu, sich intern darauf zu verständigen, daß sie jenes Instrument, das sie einmal ohne Erfolg gehandhabt hatte, nicht mehr gebrauchen wolle. Oppositionsführer Barzel gelang es, die Führungsgremien seiner Partei und auch die CSU auf zwei Beschlüsse festzulegen: 1. man strebe Neuwahlen an und 2. man werde den Zeitpunkt den dafür zuständigen Personen überlassen. Während er beim ersten Punkt keinen Widerstand mehr fand, gab es Unionspolitiker, die meinten, Wahlen seien für die CDU im Frühjahr 1973 günstiger als im Herbst 1972, da die Regierung dann, ohne Parlamentsmehrheit elend dahinsiechend, einen anschaulichen Beweis ihrer Regierungsunfähigkeit werde abgelegt haben. Barzel argumentierte dagegen, sogar der britische Premierminister Wilson, der sich den Zeitpunkt für Wahlen habe aussuchen können, habe die Wahlschlacht verloren[6]. Die Formeln, mit denen die CDU/CSU ihre Absicht zu erkennen gab, waren zunächst, Neuwahlen seien die sympathischste Lösung der Krise, dann, der Bundeskanzler müsse zurücktreten, damit gewählt werden könne.

Brandt entschloß sich, seiner Natur gemäß, zu einem reichlich altväterlichen, umständlichen und formalistischen Verfahren. »Es muß alles seine Ordnung haben«, beschied er diejenigen, die ihn deswegen tadelten. Als nach dem Ende der Parlamentsarbeit vor der Sommerpause die Führungsgremien seiner Partei am 25. Juni 1972 in Berlin tagten, dem Ort langjähriger Tätigkeit Brandts, der Stadt, die so umkämpft, deren Sicherung so umstritten war (der Bundeskanzler war der erste Bonner Regierungschef, der mit dem Zug durch die DDR nach Berlin fuhr und die Kontrollen verschlief) und in Berlin der Koalitionspartner FDP ebenfalls eine Sitzung anberaumt hatte, nahm Brandt die in jeder Hinsicht repräsentative Gelegenheit wahr, seine lange erwartete Erklärung abzugeben. Er traf sich zuerst mit dem FDP-Vorsitzenden Scheel im Rathaus, dann kündigte er vor seiner Partei an, er strebe Neuwahlen für den November an. Daran hielt er sich auch, selbst als einige Schlaumeier günstigere Termine auf dem Kalender auszumachen glaubten. Präziser wurde Brandt aber nicht, und erst, als sich der Bundestag in Bonn wieder versammelte, und jedermann alle Details schon kannte, bestand Brandt darauf, am 20. September 1972 zuerst dem Parteivorstand der SPD eine kurze Mitteilung zu machen und Bundestagspräsident von Hassel schriftlich davon zu unterrichten, er werde zwei Tage darauf die Vertrauensfrage stellen, ehe er der Öffentlichkeit mitteilte, was sie schon wußte. Die kalkulierte Niederlage stellte sich wie geplant ein und sofort darauf löste der Bundespräsident mit vorbereiteter Order, nachdem auch er der Ordnung halber die Fraktionsvorsitzenden gehört hatte, das Parlament auf; der Innenminister setzte die Bundestagswahl auf den 19. November 1972 fest.

Der Bundestagswahlkampf 1972 hatte seinen besonderen Charakter durch die statischen und die flexiblen Elemente, die ihn bestimmten, wie die vorhergehenden Landtagswahlen auch. Professor Kaltefleiter bemerkte, daß die SPD in Befragungen vor Landtagswahlen immer besser dastand als sie dann mit dem Wahlergebnis abschnitt, und er führte das darauf zurück, daß die aktuelle Ostpolitik wie ein »Schirm« gewirkt habe, der die Befrager hinderte, bis zum Kern vorzustoßen, der dann in der Wahlkabine wieder den Ausschlag gab[7]. Bei der Bundestagswahl ging die CDU/CSU aber unter anderen Voraussetzungen an den Start als bei den Landtagswahlen. Zum ersten Male führte sie einen Wahlkampf aus der Opposition heraus; sie führte ihn mit einem Kanzlerkandidaten, von dem auch seine eigene Partei nicht zu behaupten wagte, er sei eine »Wahllokomotive« wie seine Vorgänger Adenauer, Erhard und Kiesinger, was immer man von den letzten beiden halten mochte.

Die Union mußte zum ersten Male einen Wahlkampf ohne Partner führen. Adenauer hatte sich nie darauf verlassen, die CDU/CSU werde die absolute Mehrheit bekommen, und stets nach Koalitionsfreunden in anderen Lagern Umschau gehalten, selbst wenn er sie erwartete. Der FDP-Vorsitzende Scheel machte mehrmals im Wahlkampf deutlich, daß er grundsätzlich ein Zusammengehen mit der CDU/CSU in späteren Zeiten nicht ausschließe, daß sie sich aber jetzt in eine Lage manövriert habe, in der sie, auch wenn sie wollte, keinen Partner finden werde. Aus der Opposition mit einer nicht überzeugenden Führungsfigur die absolute Mehrheit zu erringen – das war ein fast unerreichbares Ziel.

Auf der anderen Seite gab es durchaus günstige Anzeichen für die Union. Die Bundesregierung mußte im Sommer 1972 einen deutlichen Sympathieverlust hinnehmen. Die Zahl derer, die sich in Befragungen mit ihr zufrieden zeigten, sank vom Frühjahr bis zum Herbst 1972 von 54 auf 41 Prozent, analog stieg die Zahl derer, die sich über sie ärgerten, von 36 auf 46 Prozent. Doch mochte auch dieses Ergebnis vom Nachlassen der sichtbaren Energieen in der Ostpolitik in dieser Zeit bestimmt gewesen sein: im April 1972 wurde die Ostpolitik von 65 Prozent der Befragten als das wichtigste Ereignis genannt, im August nur noch von neun Prozent[8]. Der Rücktritt Schillers und sein Austritt aus der SPD führte dazu, daß die SPD auf ihren tiefsten Stand seit langem absank, aber er erfolgte so rechtzeitig im Juli, und Schiller verscherzte sich mit den selbstherrlichen Methoden, mit denen er ihn vollzog, die persönlichen Sympathien so nachhaltig, daß er das Wahlergebnis mutmaßlich nicht mehr wesentlich beeinflußte.

Die CDU/CSU machte jedoch in der Anlage ihres Wahlkampfs einen entscheidenden Fehler, der allerdings in ihrer Struktur begründet war: sie setzte auf ein einziges Thema, die Stabilität, und sie führte statt eines Mannes eine Vielzahl von Politikern vor, die die Wähler nur verwirrten; Mannschaften waren stets Hilfskonstruktionen. Der Wunsch, stabile Preise zu bekommen, stand in Befragungen stets an der Spitze aller Wunschkataloge, insofern war der Wahlslogan

der Union: »Wir bauen den Fortschritt auf Stabilität« recht zugkräftig. Aber die Regierung war auf diesem Feld nicht untätig, und mit ihrem »Stabilitätsprogramm«, das Minister Schmidt für die EWG-Konferenz in Luxemburg ausarbeitete, machte sie zwar auch nur Versprechungen für eine ferne Zukunft, aber bei diesem Thema waren ohnehin mehr unbestimmbare Sehnsüchte als konkrete Erwartungen im Spiel. So half es der Union wenig, daß man ihr in Befragungen mehr als der SPD zutraute, die Wirtschaft und die Preise stabil zu halten – in der vorhergehenden Wahl hatte die Mehrheit diese Fähigkeit der SPD zugeschrieben, ohne daß sie die Mehrheit bekommen hätte; hier handelte es sich wohl mehr um einen »Oppositionsbonus«, der mit dem »Kanzlerbonus« der Regierung mehr als ausgeglichen wurde.
Die Unsicherheit der Union mit ihrer Spitzenfigur mußte sich auch auf die Wähler übertragen. Wahlkampfleiter Kraske hatte sich als Zugnummer eine »Quadriga« ausgedacht (Herbert Wehner nannte sie das »Ochsenfurter Männerquartett«), die in imposanten Auftritten durch die Wahllandschaft zog: Barzel, Strauß, Schröder und Katzer; ihre Köpfe blickten vor hellgetöntem Hintergrund von monumentalen Plakatwänden auf die Betrachter. Nicht nur von drei Ministerbewerbern umgeben, sondern in den Regionen auch noch von den jeweiligen Lokalmatadoren umrahmt, den Ministerpräsidenten oder Oppositionsführern der CDU in den Landtagen, achteten die Unionsbezirke darauf, daß Barzels Bild möglichst nicht allein an den Plakatsäulen hing. Führte seine Mannschaft ins Feld, alle Versammlungen des CDU-Vorsitzenden seien brechend voll gewesen, so war daran richtig, daß es ihm mehr als den anderen CDU-Wahlrednern gelang, Stammwähler anzuziehen; es stimmte aber auch, daß das Interesse und der Anteil der Wähler in diesem Wahlkampf überhaupt ungewöhnlich groß waren. Eine bezeichnende Nebenerscheinung war, daß in den abendlichen Wahlkampfspots der CDU/CSU im Fernsehen Schröder sich weigerte,

den Namen Barzel zu nennen; und bei Wahlreden von CSU-Politikern wie Strauß, Goppel oder Heubl, kam der Name Barzel sowieso nicht vor.

Die Dominanz der CDU/CSU auf wirtschaftspolitischem Feld wurde dadurch relativiert, daß sie zwar mit Strauß einen potenten Finanzminister, aber mit Heinz Narjes einen Wirtschaftsminister anzubieten hatte, dessen Bekanntheitsgrad auch dadurch nicht wesentlich stieg, daß er im Fernsehen vor der Wahl öfter zu Wort kam. Er vermittelte den Eindruck eines Mannes, der den Fachjargon vorzüglich beherrschte, der aber kaum das Stehvermögen haben würde, sich gegen Strauß zu behaupten, noch, auf die Wirtschaftspolitik einen nennenswerten Einfluß auszuüben; charismatische Züge gingen ihm völlig ab. So ungeheuer erfolgreich waren die früheren Wahlfeldzüge der Union aber nur mit dem Wohlstand und Sicherheit zugleich versprechenden Gespann Adenauer-Erhard gewesen. Der Rückstand dürfte auch kaum damit aufgeholt worden sein, daß Barzel zehn Tage vor der Wahl etwas dunkel andeutete, er hätte in seinem »Generalstab« für den Feldzug gegen die Inflation gern Ludwig Erhard und Karl Schiller, und die Öffentlichkeit darüber rätseln ließ, was er eigentlich damit meinte – Schiller war nur ein weiterer Ballast am schwerfälligen Führungsschiff der Union, dem das attraktive Gespann fehlte.

Auch hatte niemand, der die Wahl-Parteitage von CDU und CSU in Wiesbaden und München besuchte, den Eindruck, hier rüste eine Partei zum kraftvollen Sprung an die Macht. Der CDU-Parteitag verbreitete eher Verlegenheit, und die beherrschende Frage am Rande war nicht, wie eine neue Unionsregierung aussehen, sondern wer der nächste Kanzlerkandidat sein werde; in München zeigte sich der Behauptungswille einer Partei, die entschlossen war, sich von einem gefährlichen Gegner, dem ehemaligen SPD-Oberbürgermeister Vogel, keine Stimme abjagen zu lassen. Barzel selbst sprach in sonderbar gedämpften Tönen vom 19. November. Mit der fast zweifelnd klingenden Schlachtenlosung: »Wir können und, ich denke, wir werden siegen«, entließ er die Delegierten des Wiesbadener Parteitags in den Wahlkampf[10]. Später ging er nicht weiter als bis zu der nicht gerade enthusiastischen und auch kaum anspornenden Prophezeiung, der Wahlsieg sei »zum Greifen nahe«.

Solcher Zurückhaltung befleißigte sich nicht bloß ein Taktiker, der zweckpessimistisch auch die letzten Reserven seiner Truppe noch mobilisieren wollte wie einst Josef-Hermann Dufhues, der jedes alte Mütterchen im Land mit den flehentlichen Worten aufzurütteln suchte, hier könnten nur noch es und der liebe Gott helfen; Barzel untertrieb auch nicht nur, weil er gelernt hatte, daß der Unterlegene um so schonungsloser verhöhnt wurde, je sicherer er sich zuvor seines Sieges geglaubt hatte; nein, der Kanzlerkandidat empfand einen Rückschlag (auch selbstmitleidig) schon voraus. Im Wahlkampf entdeckten Beobachter an Barzel eine Eigenschaft, die er vordem besser verborgen hatte: der »Stern«-Reporter Kai Hermann nannte sie »Symptome von Verfolgungsangst, die nicht pure Demagogie sein können«. In Barzels Sprachschatz tauchten Wörter auf wie »Haß« und »Feindschaft«, mit der die andere Seite ihn und seine Partei verfolge.

»Haß« las der Kanzlerkandidat aus jeder Äußerung heraus, die ihm nicht wohlgesonnen war. Er zeigte nun die gleiche Dünnhäutigkeit, die man vorher an Brandt registriert hatte; es summierten sich jene Vorwürfe, die in der Vergangenheit immer wieder erhoben, von ihm scheinbar achtlos weggewischt, in Wirklichkeit aber nur verdrängt worden waren und die ihm jetzt schmerzliche Unlustgefühle verschafften, die sich bis zur Depression steigerten. Mancher Kenner Barzels hielt sogar einen Ausbruch wie jenen von Richard Nixon für denkbar, der nach der Wahlniederlage gegen Kennedy den Journalisten zurief, er stehe ihnen nicht länger dafür zur Verfügung, daß sie auf ihm herumtrampelten. Die Bewerber um höchste Ämter zogen offenbar auch eine Flut von trübem

Schlamm der Volksseele auf sich, den nur Erfolge vergessen zu machen schienen.
Kai Hermann beobachtete im Wahlkampf, daß Barzel seine »physische und psychische Verletzbarkeit« nicht mehr zu verbergen wisse, ja, daß er sie bereits zu kultivieren versuche. Es fiel tatsächlich auf, daß sich der Kandidat im Vergleich zum Kanzler, der ein immenses Wahlkampfprogramm absolvierte, bei dem fünf bis acht Veranstaltungen am Tag keine Seltenheit waren, sparsamer einsetzen ließ. Barzel steigerte sein Wahlkampfprogramm langsam, unternahm zunächst nur eintägige Reisen von Bonn aus, war dann zwischen drei und fünf Tage unterwegs, sprach höchstens dreimal am Tag, und der »Stern«-Reporter erlebte die gespenstische Szene, wie Barzel in seinem Wahlkreis plötzlich die Wagenkolonne halten ließ und einsam über eine regennasse Landstraße lief — er konnte nicht mehr, zwei Versammlungen mußten ausfallen.
Der Kampf gegen die eigenen Zweifel und gegen die seiner Parteifreunde, die wirklich harten Attacken seiner Gegner, die publizistische Glossierung seiner Auftritte, die nur verschämte Hilfe seiner Bundesgenossen zermürbte auch das vermeintliche Stehaufmännchen Barzel. Selbst die »Welt« fragte in einer längeren Auseinandersetzung mit Brandt, der mit seiner Außenpolitik eine »politische Meisterleistung, jener Metternichs vergleichbar« vollbringe (im negativen Sinn, aber immerhin), wo denn »der Volkstribun auf der Gegenseite (sei), der die Kraft dieser Aussage erschüttern könne?« Und sie antwortete mit einer Gegenfrage: »Wie könnte Rainer Barzel die Schlacht auf diesem Feld wagen«, da doch auch die Verbündeten Brandt zustimmten[11].
Barzel war mehr denn je überfordert. »Er meidet plötzlich den Kontakt mit Journalisten, vor allem, wenn er Kritiker unter ihnen vermutet«, schrieb Kai Hermann; da er doch immer auch mit seinen publizistischen Gegnern schon fast verkrampft sachlich umgegangen war. Nur seine Tochter Clau-

dia, die er zur Betreuung der Journalisten mitgenommen hatte, schien er noch »uneingeschränkt zu vertrauen« (Hermann). Hermann Schreiber vom »Spiegel« fiel gleichfalls auf, daß der ohnehin kontaktschwache und mißtrauische Barzel sich »abgekapselt« habe: »Er hat seinen ohnehin schwachen Kontakt zu jeder Form von Öffentlichkeit auf das in Anbetracht des Wahlkampfes eben noch mögliche Minimum reduziert. Barzel beteiligt sich nicht mehr an der Erörterung seiner Zukunftsaussichten[12].«

Der »Stern« vermerkte, irgendwo habe Barzel den Zwischenruf »Fertigmachen« gehört und den höre er seitdem immer wieder aus dem Protestgeschrei jugendlicher Gegner heraus. Und dann formulierte er einen Alptraum: »Vielleicht wird es ihnen gelingen – aber dann wird der Schröder, der Kohl, der Stoltenberg an meine Stelle treten[13].« Und das im Wahlkreis Paderborn, den er immer als eine Art politischen Refugiums angesehen hatte, in das freilich einer seiner hartnäckigsten Gegner, der »Spiegel«-Herausgeber Augstein (FDP), den unheiligen Wahlkampf durch die Tore hereingetragen hatte.

Auch Willy Brandt wurde wieder, wie in all den Kampagnen, in denen er um die Kanzlerschaft gestritten hatte, Opfer einer Flüster- und Verdächtigungskampagne. Nie dazu neigend, eine Märtyrerrolle zu übernehmen, reagierte er dieses Mal recht souverän. In Duisburg, wo CDU-Funktionäre den Brief eines Mannes namens August Naujok verteilt hatten (von dem sich die CDU-Bundesgeschäftsstelle intern distanzierte), ein ehemaliger Gestapo-Beamter, der nach anderen unhaltbaren Beschuldigungen mehrere Jahre in einer Heilanstalt verbracht hatte, und der jetzt behauptete, Brandt habe am Abend des 31. Januar 1933 in Lübeck einem Mann »von hinten ein Klappmesser in den Rücken gestoßen«, sagte Brandt nur beiläufig, auch die CDU-Leute hätten eigentlich wissen müssen, daß »sie sich eines Irren, eines eigentlich armen Menschen bedienen[14]«.

Brandt und Barzel, sie kämpften in unterschiedlichen Positionen, nicht nur von Amts wegen. Identifikationsschwierigkeiten hatte die SPD mit ihrer führenden Figur nicht. Die SPD führte den Wahlkampf nach einem Rezept, das demjenigen der CDU entgegengesetzt war: sie führte ihn mit einem Mann und mit vielen Themen. In nur drei Jahren hatte die SPD das Glück auszukosten gelernt, das die Union 20 Jahre genoß, das Glück, den verbindenden, einigenden, alle Konflikte überdeckenden Kanzler zu haben. Sie tauschte auch auf diesem Feld die Rolle mit der CDU/CSU und führte einen Kanzlerwahlkampf, mit dem sie es ihrer Vorgängerin mindestens gleich tat. Der Slogan, den Demonstranten vor dem Mißtrauensantrag auf selbstgemalten Plakaten durch die Straßen getragen hatten: »Willy Brandt muß Kanzler bleiben«, wurde offizieller Wahlslogan der SPD. Willy Brandt, so sagte SPD-Bundesgeschäftsführer Holger Börner, sei das »Pfund, mit dem wir wuchern«.

Brandts braungebranntes, zerfurchtes, nachdenkliches Gesicht lächelte einladend von allen Plakaten, es zierte alle SPD-Flugblätter. Zumindest in dem einen Punkt näherte sich Brandt seinem selbsterwählten Vorbild Konrad Adenauer, den zu zitieren er in seinen Wahlreden selten vergaß; die Grundzüge des Wahlkampfs wurden nicht im Parteihaus, sondern im Kanzleramt festgelegt. Brandt war es auch, der sich für die ambitionierte Parole: »Deutsche, wir können stolz sein auf unser Land, wählt Willy Brandt« entschied, um, wie er sagte, der »Miesmacherei« der Opposition etwas Konstruktives entgegenzusetzen, auf die Gefahr hin, daß junge Leute das »nicht so gut« fänden[15].

Brandt scheute sich nicht, die Wahlen zu einem Plebiszit für sich zu machen, was sie nach der Verfassung nicht sein konnten. »Ihre Zweitstimme geben Sie bitte mir«, forderte er in einem Fernsehspot die Wähler auf. Er leugnete nicht, daß bei der »patriotischen Färbung des SPD-Wahlkampfs« (Spiegel) »ein bißchen Gaullismus« dabei gewesen sei[16]. Die FAZ bemerkte dazu kritisch, Brandt sei durch den Wahlkampf »wie ein Wandler auf dem Wasser« spaziert, und der Kontrast zwischen einem »überparteilichen« Kanzler »der Deutschen« und der Partei, die Partei sei und sein wolle, lasse sich nur schwer auflösen[17]. Auch gab Brandt im Wahlkampf seine wohlwollende Überlegenheit auf und sparte nicht mit Seitenhieben gegen die Opposition – ein weiterer Widerspruch, den er indessen mit überragender Geste aufzufangen wußte. Mit den plebiszitären Elementen, die Brandt in den Wahlkampf in einem Umfang einbrachte, wie es vordem nur Adenauer gelungen war, bekam die Wahlauseinandersetzung eine spezifische Note. Es gelang ihm, unter Zuhilfenahme des amerikanischen Begriffes »compassion« (»der Fähigkeit, barmherzig zu sein«) so etwas wie die Zukunftvision einer humaneren Gesellschaft zu entwerfen[18]. Damit stand die Wahlentscheidung nicht bloß für die eine oder andere Partei, für den einen oder anderen Bundeskanzler, sondern für Brandt und gegen Barzel. Ein großer Teil der Wähler dürfte es schwer gehabt haben, sich der suggestiven Kraft dieser nur selten so kraß hervorgetretenen Personalisierung zu entziehen.

Auch nutzte die Bundesregierung ihren Platzvorteil gegenüber der Opposition, der darin bestand, daß sie sich weiter agierend darstellen konnte, während das Parlament aufgelöst war, ziemlich bedenkenlos. Am 8. November 1972, zehn Tage vor der Wahl, warf der brillante Polit-Jongleur Egon Bahr seinen schillerndsten Ball und paraphierte in Bonn mit seinem Ostberliner Kollegen Helmut Kohl den deutsch-deutschen Grundvertrag, über den die Londoner Times triumphierend bemerkte, er habe die »Zerlegung von Bismarcks Reich besiegelt, nur 101 Jahre nachdem er es zusammenfügte[19]«. Weitere Trumpfkarten der Regierung waren zwangsläufig die Vorbereitungen für die Europäische Sicherheitskonferenz, die am Mittwoch nach der Wahl in Helsinki begannen, und die Ankündigung, ab Januar 1973 würden die

Bündnissysteme in der Schweiz über eine ausgewogene Verminderung von Truppen und Rüstungen verhandeln — das alles zielte auf die verbreitete Sehnsucht nach Ruhe, Sicherheit, Neutralität und Konfliktlosigkeit. Und drei Tage vor der Wahl kündigte der Bundeskanzler auch noch an, er werde dem Volk als Weihnachtsgabe die Unterschrift unter den Grundvertrag in Ostberlin präsentieren.
Die CDU/CSU stand allen diesen Aktivitäten ziemlich hilflos gegenüber; sie wurde von ihnen einfach überrollt. Es gelang ihr nicht mehr, das Thema auf eine Inflation zu lenken von der die meisten ohnehin überzeugt gewesen sein mochten, daß es sie nicht gab. Wieder, wie bei der Debatte über die Ostverträge, stand die Union in der Gefahr, in der sich eine Opposition immer befindet, an den Realitäten vorbei zu diskutieren. Menschlichen Erleichterungen, wie sie der Grundvertrag in Aussicht stellte, ja wie sie mit der Freilassung von politischen Gefangenen, Bräuten und Kindern aus der DDR schon sichtbar wurden, konnte sich die CDU/CSU nicht verschließen, auch wenn Exkanzler Kiesinger sie in seiner Bilderbuchsprache »Brotkrumen« nannte.
Barzel reagierte darauf gleichfalls wie er auf die Ostverträge reagiert hatte: er bat erst einmal um Bedenkzeit und forderte die Koalition auf, sie ihm zu gewähren, indem sie das Thema aus dem Wahlkampf heraushielt. Damit war der Gundvertrag aber zum Wahlkampfthema geworden. Dann übte Barzel wiederum Methodenkritik und schließlich sprach er gar nicht mehr darüber. Die Regierung hatte die Opposition aufs neue in die Ecke manövriert, aus der sie im April 1972 herauszukommen versucht hatte: die CDU/CSU mußte passen. Und nicht zu Unrecht zog Staatssekretär Conrad Ahlers eine Parallele zum Bau der Mauer 1961 in Berlin kurz vor einer Bundestagswahl, mit der der politische Abstieg der Union begonnen hatte[20].
Obwohl die Union auf die Niederlage gefaßt sein mußte, hatte weder sie noch hatten ihre Gegner damit gerechnet, daß

sie so vernichtend ausfallen würde: mit 44,8 Prozent erreichte die CDU/CSU nicht einmal das Ergebnis der 61er Wahl (45,3); nicht nur das – die SPD überrundete die CDU/CSU auch und wurde zum ersten Male zur stärksten Fraktion; die Koalition erzielte mit einer Mehrheit von 48 Mandaten ein »Traumergebnis« (Bundesminister Horst Ehmke). Die Demoskopen waren sich hinterher einig, daß die SPD Einbrüche bei katholischen Wählern erzielt hatte, daß sie die Mehrheit der Jungwähler auf ihre Seite ziehen konnte, daß sie in ungewöhnlichem Maß die Frauen faszinierte, daß sie ihre Stammwähler, die Arbeitnehmer, mobilisieren konnte, in ländlichen Gebieten aufholen und daß die hohe Wahlbeteiligung ihr zugute kam.

Barzel reagierte, schon als die ersten Hochrechnungen am Abend des 19. November vorlagen, blitzschnell: er schickte ein Glückwunschtelegramm an den Wahlsieger, den Bundeskanzler, er gestand unumwunden ein, daß die Union »ihr Ziel nicht erreicht« habe und er zeigte sich entschlossen, seine Position zu verteidigen. »Auf jeden Fall werde ich weiter kämpfen«, sagte er in seiner ersten und letzten Stellungnahme an diesem Abend, und fügte hinzu, sich der resignativen Bemerkung Brandts von 1965 erinnernd: »Ich bin kein Mann der unüberlegten Entschlüsse.« Dann verließ er kurz vor 22 Uhr durch einen Hinterausgang das Konrad-Adenauer-Haus, das er als Sieger zu betreten gehofft hatte. Als ihm Demonstranten der Jungen Union unerwünschte Ovationen bereiten wollten, entschloß sich Barzel zu einem Umweg, der über einen groben Kiesweg führte. »Komm, Puppe«, sagte er zu Frau Kriemhild, »laß uns über die Steine gehen«.

Quellenhinweise

Der falsche Kaplan

1 »Stern« vom 2. Januar 1966, Reportage von Peter Grubbe
2 Friedrich Karl Fromme in der »Frankfurter Allgemeinen« vom 28. September 1971
3 Hans Habe in der »Bild«-Zeitung am 1. Oktober 1971
4 Die katholische »Neue Bildpost« im September 1971
5 Beide in einem Bericht von Mainhardt Graf von Nayhauß in »Jasmin«
6 Im »Stern« am 26. Januar 1971
7 »Deutsche Zeitung / Christ und Welt« vom 1. Oktober 1971
8 Zitiert in »Deutsche Zeitung/Christ und Welt« am 12. Mai 1972
9 Zitiert bei Ludwig von Danwitz »apropos Barzel«, Düsseldorf 1972, S. 101
10 »Stern« vom 26. Januar 1971
11 Liselotte Müllauer in »Für Sie« 1971
12 »Pardon«, Ausgabe September 1972
13 Rolf Zundel in der »Zeit« vom 1. Oktober 1971
14 Von Margarete Weimann, Wissenschaftliche Graphologin
15 Reinhard Appel in »Deutsche Zeitung/Christ und Welt« und »Bonner Rundschau« am 29. Mai 1971
16 Dagobert Lindlau über seine Fernsehsendung am 30. August 1972
17 Günter Gaus im »Spiegel« vom 22. Mai 1972
18 Martin Bernstorf in »Deutsche Zeitung/Christ und Welt« vom 12. Mai 1972
19 »Deutsche Zeitung/Christ und Welt« vom 26. Mai 1972
20 Friedrich Karl Fromme in der FAZ vom 24. April 1972
21 Fromme in der FAZ vom 18./19. Mai 1972
22 Ottfried Hennig im Gespräch mit dem Autor am 6. Januar 1972
23 Im »Stern« am 26. Januar 1971
24 Konrad Kraske im Gespräch mit dem Autor am 5. Januar 1972
25 Landrat Lahkämper im Gespräch mit dem Autor am 27. Juli 1971

26 »Deutsche Zeitung/Christ und Welt« am 8. Oktober 1971
27 Rolf Zundel in der »Zeit« vom 11. Februar 1972
28 Peter Bachér in »Bild am Sonntag« im April 1972
29 »Stern« vom 22. Januar 1966
30 Josef Rösing zum Autor am 29. Juni 1971
31 Ludwig Rehlinger im Gespräch mit dem Autor am 5. Januar 1972
32 Franz-Josef Busch zum Autor am 27. Juli 1971
33 Paul Schmandt im Gespräch mit dem Autor am 27. Juli 1971
34 Presse-Almanach der Bundespressekonferenz zum Presseball 1962
35 »Spiegel« Nr. 16 von 1963
36 Ulrich Blank in der »Süddeutschen Zeitung« am 14. November 1964
37 Streiflicht in der »Süddeutschen Zeitung« vom 13. Mai 1972
38 Ludolf Herrmann in »Deutsche Zeitung/Christ und Welt« am 26. Mai 1972
39 Klaus Dreher in »Der Monat« Oktober 1970
40 Hermann Schreiber im »Spiegel« vom 11. Oktober 1972
41 Rainer Barzel in einem Informationsgespräch am 12. September 1972

Der Vetter beim Theater

1 Rainer Barzel, Gesichtspunkte eines Deutschen, Düsseldorf, S. 32
2 Barzel, Gesichtspunkte, S. 254
3 Alexander Mitscherlich in der Sendung »Report«, abgedruckt in der »Zeit« vom 18. März 1966
4 In der Sendung »Zu Protokoll« am 19. September 1971
5 »Stern« vom 2. Januar 1966
6 Interview mit Graf Nayhauß in »Bild am Sonntag« vom 6. Juni 1971
7 Barzel in der Sendung »Zu Protokoll« am 19. September 1971
8 Jörg Sottorf in der »Stuttgarter Zeitung« vom 1. Dezember 1971
9 Ludolf Herrmann in »Deutsche Zeitung/Christ und Welt« vom 26. Mai 1972
10 Konrad Kraske zum Autor
11 Ludwig von Danwitz, apropos Barzel, Düsseldorf 1972, S. 100
12 Carl-Christian Kaiser in der »Zeit« vom 13. Oktober 1972
13. Professor Kaltefleiter vor Journalisten am 27. September 1972
14 Ludolf Herrmann in »Deutsche Zeitung/Christ und Welt« am 13. Oktober 1972
15 Herbert Kremp in der »Welt« vom 12. Oktober 1972
16 Hans Ulrich Kempski in der »Süddeutschen Zeitung« vom 11. Oktober 1972
17 Ludwig von Danwitz, apropos Barzel, S. 35
18 Hans Habe in der »Bild«-Zeitung vom 1. Oktober 1971
19 Rainer Barzel, Die geistigen Grundlagen der politischen Parteien, Bonn 1946, S. 194
20 In einer Studie über die Aufgaben der CDU 1962
21 Zu Hans Habe in »Bild« am 1. Oktober 1971

22 Barzel, Gesichtspunkte, S. 32
23 »Neue Bildpost« vom Sommer 1971
24 Lothar Ruehl in der »Welt« vom 29. April 1972
25 Günter Grass, Tagebuch einer Schnecke, Neuwied 1972, S. 120
26 Helmut Heißenbüttel, Leporello fällt aus der Rolle, Frankfurt 1971, S. 170

Das Kanzler-Image

1 Rainer Barzel, Gesichtspunkte, S. 275
2 Konrad Adenauer, Erinnerungen, 1955—1959, Stuttgart, S. 547
3 Ludwig von Danwitz, apropos Barzel, S. 87
4 Hermann Schreiber, »Spiegel« 11. Oktober 1971
5 Leitartikel in der »Süddeutschen Zeitung« vom 19. Oktober 1971
6 Klaus Liepelt am 3. Oktober 1972 zum Autor
7 Profil-Untersuchung der Arbeitsgruppe für psychologische Marktanalysen Professor Berger vom Frühjahr 1972
8 Image-Studie des Instituts für Motivforschung (IFM) im Auftrag des wissenschaftlichen Instituts der Konrad-Adenauer-Stiftung, vorgelegt im Oktober 1968
9 Umfrage des Instituts für Demoskopie Allensbach im Auftrag der Bundesregierung, veröffentlicht in der FAZ vom 14. Oktober 1972
10 Hermann Schreiber, Willy Brandt, Anatomie einer Veränderung, Düsseldorf 1970, S. 119
11 Martin Bernstorf in »Deutsche Zeitung/Christ und Welt« am 12. Mai 1972
12 Repräsentativ-Umfrage des Demoskopie-Instituts Allenbach für den »Stern«
13 Nach einer Umfrage des »Spiegel« vom Oktober 1972
14 IFM-Studie
15 Hermann Schreiber im »Spiegel« vom 13. November 1972

Die ostpreußische Herkunft

1 Das Ermland, Sonderdruck aus der Vierteljahresschrift »Unser Bocholt« 1958 von Martha Wallschläger
2 Luwig Kaiser im Gespräch mit dem Autor am 15. Januar 1972
3 Georg Kliesing zum Autor am 2. Juli 1971
4 Paul Franken zum Autor am 30. Juni 1971
5 Manfred Klein gegenüber dem Autor am 30. November 1971
6 Aussage von Fregattenkapitän Negitz im »Stern« am 2. Januar 1966
7 Barzel zu Peter Grubbe im »Stern« am 2. Januar 1966
8 Kriemhild Barzel zu Graf Nayhauß in »Jasmin« 1971

9 Josef Rösing zum Autor am 29. Juni 1971
10 Rainer Barzel, Die geistigen Grundlagen der politischen Parteien, Bonn, 1947, S. 162 ff.
11 Ungenannter CDU-Abgeordneter in »Deutsche Zeitung/Christ und Welt« vom 1. Oktober 1971
12 Aufgestellt im »Stern« von Peter Grubbe
13 H. G. Wieck, die Entstehung der CDU und die Wiedergründung des Zentrums im Jahr 1945, Düsseldorf 1953, S. 144
14 Walter Först, Geschichte Nordrhein-Westfalens 1945—1949, Köln 1970, S. 440
15 Först, S. 542

Vom Ministerialrat zum Paderborner Abgeordneten

1 Josef Rösing zum Autor
2 Rainer Barzel, Die deutschen Parteien, Geldern 1952, S. 103 ff.
3 Aussage von Josef Rösing
4 Aussage des Kreisgeschäftsführers Busch
5 Rainer Barzel, Karl Arnold, Grundlegung Christlich-Demokratischer Politik in Deutschland, Bonn 1960, S. 37
6 Bericht der »Welt« aus Essen vom 27. Juli 1957
7 Busch zum Autor
8 Paul Lahkämper zum Autor
9 Aus den Akten der CDU Paderborn
10 Paul Schmandt zum Autor
11 »Westfälisches Volksblatt« vom 3. August 1957
12 Manfred Hoffmann zum Autor

Rettet die Freiheit

1 Rainer Barzel, Karl Arnold, S. 43
2 Rainer Barzel, Karl Arnold, S. 47
3 Ernst Lemmer, Manches war doch anders, Frankfurt 1968, S. 349
4 Heinrich Krone in einem Telefongespräch mit dem Autor am 7. Dezember 1971
5 Aussage Josef Rösing
6 Nach Rolf Seeliger, Rainer Barzel, Kronprinz im Zwielicht, München 1966, S. 51
7 »Der Spiegel« Nr. 16 vom Januar 1966
8 »Stern« vom 2. Januar 1966
9 »Stern« vom 2. Januar 1966
10 »Deutsche Zeitung/Christ und Welt« vom 1. Oktober 1971
11 Rainer Barzel, Mater et Magistra
12 Terence Prittie, Konrad Adenauer, 1971, S. 41

13 Rolf Seeliger, Kronprinz im Zwielicht, S. 72
14 Rainer Barzel in einem Interview mit Peter von Zahn kurz nach der Amtsübernahme
15 Ludwig Rehlinger zum Autor

Der Sturz Erhards

1 Munzinger-Archiv vom 19. April 1969
2 Günter Gaus, Bonn ohne Regierung, München 1965, S. 44
3 Sitzung des Fraktionsvorstands vom 2. November 1966
4 Heinrich Böll, »Spiegel« Nr. 49, 1965, In einer Besprechung der Adenauer-Erinnerungen
5 Konrad Adenauer in einem Gespräch mit der »Welt« vom 9. August 1966
6 Ulrich Blank, »Süddeutsche Zeitung« vom 14. November 1964
7 »Deutsche Zeitung/Christ und Welt« vom 1. Oktober 1971
8 Konrad Adenauer in der »Politischen Meinung« und am 24. Dezember 1965 in »Deutsche Zeitung/Christ und Welt«
9 »Bayern-Kurier« vom 23. November 1965
10 Alo Hauser in der »Entscheidung« am 18. August 1966
11 Karl-Georg von Stackelberg, Attentat auf Deutschlands Talisman — Ludwig Erhards Sturz, Stuttgart 1967, S. 182
12 Eugen Gerstenmaier in einem Interview mit dem »Rheinischen Merkur« vom 30. September 1966
13 Josef Hermann Dufhues in »Bild« am 2. November 1966
14 In der Sitzung der CDU/CSU-Bundestagsfraktion am 13. September 1966
15 Veröffentlicht in der »Frankfurter Allgemeinen« vom 16. August 1966
16 Franz-Josef Strauß am 25. Oktober vor der CDU/CSU-Fraktion
17 Ludwig Erhard gegenüber Stackelberg im Frühjahr 1967, mitgeteilt von Stackelberg in: Attentat auf Deutschlands Talisman, S. 210
18 Rainer Barzel am 4. Februar 1972 bei einem Empfang im Königshof
19 Im ersten Wahlgang erhielten: Kiesinger 97, Schröder 76, Barzel 56 und Hallstein 14 Stimmen. Im zweiten Wahlgang Kiesinger 118, Schröder 80, Barzel 42 und Hallstein 3. Im dritten Wahlgang Kiesinger 137, Schröder 81 und Barzel 26 Stimmen.

Die Rivalen: Kohl und Schröder

1 Kiesinger in der Fraktionssitzung am 16. Oktober 1969
2 Gerhard Schröder in einem Interview mit Eduard Neumaier in »Publik« am 20. November 1970
3 Nach einer Umfrage des Instituts für Demoskopie in Allensbach sprachen sich bei einer Konfrontation Brandt-Barzel 50 Prozent für Brandt und 34 Prozent für Barzel aus, bei Brandt-Schröder 43 Prozent für

Brandt und 41 Prozent für Schröder. Wiedergegeben im »Stern« vom 1. Juli 1971
4 Karl Theodor Freiherr zu Guttenberg, Fußnoten, Stuttgart 1971, S. 181
5 Eduard Neumaier in »Publik« am 20. November 1970
6 Sekretär Jung zum Autor
7 Gerhard Schröder im Sommer 1955 bei der Einweihung eines »Bärenbrunnens« im Hof des Bundesinnenministeriums
8 Im Sommer 1954 in einem Beitrag für die »Welt am Sonntag«
9 Äußerungen des Ministers vor der Bundespressekonferenz am 23. April 1956
10 Wolfgang Wagner in der »Politischen Meinung« im September 1962
11 Klaus Harpprecht im »Monat« Januar 1965
12 Reinhold Maier im Bundestag am 16. September 1954
13 Gerhard Schröder in den »Kieler Nachrichten« vom 28. August 1964
14 Hans Graf Huyn, Die Sackgasse, Stuttgart 1966, S. 125
15 Peter von Zahn im Deutschlandfunk am 22. Mai 1966
16 Schröder zu Alfred Rapp, der das Buch: Wir brauchen eine heile Welt, herausgab, S. 31
17 Georg Kliesing zum Autor am 2. Juli 1971
18 Laut »Bulletin« vom 9. November 1961
19 Johannes Demmer zum Autor am 31. August 1971
20 Helmut Kohl im Gespräch mit Günter Gaus in »Zu Protokoll« am 19. September 1971
21 »Deutsche Zeitung/Christ und Welt« vor dem Saarbrücker Parteitag
22 Freiherr zu Guttenberg, Fußnoten, S. 161/162

Auf dem Weg zum Parteivorsitz

1 Rainer Barzel im Gespräch mit dem Autor am 5. Juli 1971
2 Hermann Schreiber im »Spiegel« vom 11. Oktober 1971
3 Rainer Barzel am 19. Mai 1971 im Kreis von Journalisten
4 Rainer Barzel zum Autor
5 Konrad Kraske zum Autor
6 In einem Gespräch zwischen Schröder und seinen Parteigängern
6 In einem Gespräch zwischen Schröder und seinen Parteigängern im Juni 1971 in Köln
7 Beobachtungen des Journalisten Eduard Neumaier in »Publik«
8 Gerhard Schröder im »Kölner Stadtanzeiger« vom 4. Oktober 1972
9 Helmut Kohl in der Sendung »Zu Protokoll« am 19. September 1971
10 Bericht der »Welt« vom 2. Mai 1971
11 Richard von Weizsäcker zum Autor am 20. September 1971
12 Kraske im Gespräch mit dem Autor
13 Gerhard Schröder in Interviews mit »Publik« am 29. September und mit dem »Kölner Stadtanzeiger« vom 4. Oktober 1971

Im Sog der Ostpolitik

1 Willy Brandt vor dem Bundestag am 10. Mai 1972
2 In einer Umfrage des Instituts für Demoskopie Allensbach, veröffentlicht am 7. Mai 1972, wünschten 52 Prozent der Befragten, der Bundestag möge den Verträgen jetzt zustimmen, 26 Prozent waren dagegen, 22 Prozent unentschieden. Nach der ersten Lesung der Ostverträge Ende Februar 1972 waren nach einer Untersuchung des Emnid-Instituts Bielefeld 38 Prozent dafür, die Verträge rasch zuabschieden, 27 Prozent rieten zu einer abwartenden Haltung, 10 Prozent traten für Ablehnung ein.
3 Gustav Heinemann nach der Unterzeichnung der Ostverträge im Deutschen Fernsehen am 23. Mai 1972
4 Carl-Friedrich von Weizsäcker in der Sendung »Panorama« am 17. April 1972
5 Andrej Smirnow am 14. Februar 1972 zu Hans-Ulrich Kempski, in: »Süddeutsche Zeitung« am 19. Februar 1972
6 Untersuchung des Bremer Getas-Instituts im Auftrag der Konrad-Adenauer-Stiftung, Auszüge veröffentlicht im »Spiegel«, September 1971
7 Hans Reiser in der »Süddeutschen Zeitung« 19. Oktober 1970
8 Rainer Barzel auf dem Saarbrücker CDU-Parteitag am 5. Oktober 1971
9 Hans Ulrich Kempski in der »Süddeutschen Zeitung« vom 22. Januar 1971
10 Ausarbeitung der CDU/CSU-Fraktionsführung für alle Abgeordneten, veröffentlich am 8. Dezember 1971 in der »Frankfurter Allgemeinen«
11 Hermann Schreiber im »Spiegel« vom 20. Dezember 1971
12 »Spiegel« vom 20. Dezember 1971
13 Josef Riedmiller in der »Süddeutschen Zeitung« am 15. Dezember 1971
14 »Süddeutsche Zeitung« vom 15. Dezember 1971 und »Spiegel« vom 20. Dezember 1971

Die Union enthält sich

1 »Kölnische Rundschau« vom 4. September 1972
2 Kraske auf einer Pressekonferenz nach der Sitzung des CDU-Vorstands am 24. April 1972
3 Kraske in einer Erklärung am 18. April 1972
4 Bundesaußenminister Scheel im Fernsehen am 18. April 1972
5 Lothar Ruehl in der »Welt« am 29. April 1972
6 Franz-Josef Strauß im Fernsehen am 26. Mai 1972
7 Barzel, Gesichtspunkte, S. 32
8 Hans Schuster in der »Süddeutschen Zeitung« vom 5. Mai 1972
9 »Stern« vom 7. Mai 1972

10 Herbert Wehner im Bundestag am 8. Juni 1972
11 Arnulf Baring in der »Zeit« vom 26. Mai 1972
12 Bundeskanzler Brandt am 9. April 1972 in Pforzheim
13 Rainer Barzel am 13. April 1972 in Baden-Württenberg
14 Franz-Josef Strauß, Entwurf für Europa, Stuttgart 1966, S. 82
15 Strauß im Bundestag am 24. Februar 1972
16 Rainer Barzel im Bundestag am 10. Mai 1972
17 Bericht im »Spiegel« vom 22. Mai 1972
18 Arnulf Baring in der »Zeit« vom 26. Mai 1972
19 Golo Mann in der »Süddeutschen Zeitung« im Mai 1972

Die Quittung der Wähler

1 Joachim Braun, Der unbequeme Präsident, Karlsruhe 1972, S. 73
2 Hans Ulrich Kempski in der »Süddeutschen Zeitung« vom 23. Juni 1972
3 Umfrage des Instituts für Demoskopie Allensbach, veröffentlicht im »Stern« vom 5. November 1972
4 Klaus Liepelt zum Autor
5 Professor Rudolf Wildenmann in der »Welt« vom 4. Oktober 1971
6 Rainer Barzel auf einer Sitzung des CDU-Hauptausschusses im Juli 1972 in Berlin
7 Professor Kaltefleiter in einer Pressekonferenz am 27. September 1972
8 Umfrage des Allensbacher Instituts, veröffentlicht in der FAZ vom 14. Oktober 1972
9 Rainer Barzel in einem Interview mit dem »Münchner Merkur« vom 10. Oktober 1972 und in einer CDU-Präsidiumssitzung drei Tage danach
10 Rainer Barzel in der Schlußrede auf dem Wiesbadener Parteitag am 11. Oktober 1972
11 Dieter Cycon in der »Welt« vom 7. November 1972
12 Hermann Schreiber im »Spiegel« vom 13. November 1972
13 Kai Hermann im »Stern« vom 12. November 1972
14 Willy Brandt in einer Wahlrede in Duisburg am 9. November 1972
15 Willy Brandt in einem Interview mit dem Zweiten Deutschen Fernsehen am 13. November 1972
16 »Spiegel« vom 13. November 1972
17 Leitartikel in der »Frankfurter Allgemeinen Zeitung« von Friedrich-Karl Fromme am 17. November 1972
18 Willy Brandt auf dem SPD-Parteitag in Dortmund am 12. Oktober 1972
19 »Times« vom 9. November 1972
20 Conrad Ahlers auf einer Pressekonferenz am 7. November 1972

Lebenslauf

20. Juni 1924	in Braunsberg/Ostpreußen geboren.
1931	Besuch der Volksschule und eines humanistischen Gymnasiums in Berlin.
1941	Mit Notabitur freiwilliger Eintritt in die Luftwaffe, EK II und Goldene Frontflugspange.
1945	Übersiedlung nach Köln, Studium der Rechtswissenschaften und Volkswirtschaft.
1. Januar 1949	Referent in der Vertretung des Landes Nordrhein-Westfalen beim Bi-Zonen-Wirtschaftsrat in Frankfurt unter der Leitung Carl Spieckers.
1949	Promotion zum Dr. jur.
1. April 1950	Umzug nach Bonn, persönlicher Referent beim NRW-Minister für Bundesangelegenheiten Spiecker.
Januar 1954	Ministerialrat und kommissarischer Leiter der Landesvertretung nach dem Tod Spieckers.

Oktober 1956	Beurlaubung auf eigenen Antrag nach dem Sturz des Ministerpräsidenten Karl Arnold. Sekretär bei Arnold. Geschäftsführer des CDU-Landespräsidiums.
2. August 1957	Wahl zum Direktkandidaten der CDU im Wahlkreis Paderborn-Wiedenbrück.
September 1957	Abgeordneter im Bundestag.
9. Dezember 1958	1. Vorsitzender des Komitees »Rettet die Freiheit«
1960	Mitglied des Bundesvorstandes der CDU und des CDU-Landesvorstands Westfalen-Lippe.
11. Dezember 1962	Minister für gesamtdeutsche und Berliner Fragen im Kabinett Adenauer.
Mitte Oktober 1963	Aus Gründen der Koalitions-Neubildung von Bundeskanzler Erhard aus dem Ministeramt entlassen.
3. Dezember 1963	Stellvertretender Vorsitzender der CDU/CSU-Bundestagsfraktion.
1. Dezember 1964	Vorsitzender der CDU/CSU-Fraktion nach dem Tod Heinrich von Brentanos.
23. März 1966	1. Stellvertretender CDU-Vorsitzender (Parteivorsitz: Ludwig Erhard)
2. November 1966	Bundeskanzler Erhard erklärt seinen Rücktritt.
8. November 1966	Mit Kurt-Georg Kiesinger, Eugen Gerstenmaier und Gerhard Schröder als Bewerber für das Kanzleramt nominiert. Kiesinger wird Bundeskanzler.

19. Mai 1971 — Bekanntgabe des Entschlusses, für Parteivorsitz und Kanzlerkandidatur zu kandidieren.

4. Oktober 1971 — Wahl zum CDU-Vorsitzenden in Saarbrücken.

29. November 1971 — Ernennung zum Kanzlerkandidaten der CDU/CSU.

24. April 1972 — Beschluß, ein konstruktives Mißtrauensvotum gegen Bundeskanzler Brandt einzubringen.

26. April 1972 — Der Mißtrauensantrag schlägt fehl.

17. Mai 1972 — Bei der Abstimmung über die Ostverträge enthält sich die CDU/CSU der Stimme.

19. November 1972 — Vorgezogene Wahl des 7. Deutschen Bundestages. Als Kanzlerkandidat der CDU/CSU gescheitert.

Personenregister